Herman van Twillert

Vijf Eeuwen
Zeeuwse
Zorge

Genealogie

2

Voorwoord

Wat u hier in handen hebt is een geweldig stuk werk van Herman van Twillert uit Franeker, de schoonvader van mijn zoon Marc Zorge.

Als een echte Zorge ben ik hem namens de hele familie hiervoor zeer dankbaar.

Hij heeft kans gezien het verleden van het geslacht Zorge weer aan het heden te verbinden. Met deze genealogie blijft het verleden, het heden en de toekomst voor de familie van nu en voor de komende generaties bewaard.

Het heden komt voort uit het verleden en de toekomst op wat er nu is.

Vita mortuorum in memoria est posita vivorum (Cicero)
Het leven der gestorvenen is neergelegd in de herinnering der levenden

Piet Zorge, Ouderkerk aan den IJssel
Juni 2012

4

Van de schrijver

Historie is een vast gegeven, gefixeerd in feiten en gebeurtenissen, interessante aanleidingen en samenloop van omstandigheden.

Genealogie is een fascinerende tijdsbesteding waar een onderzoeker heel veel voldoening van kan ondervinden en nog meer wanneer hij het resultaat van zijn noeste werk kan delen met anderen. Als die "anderen" dan verwanten zijn van het onderwerp van zijn onderzoek dan geeft dat momenten van ultieme voldoening. Zo ook de genealogie van het geslacht Zorge dat met mijn familie verwant raakte door het huwelijk van mijn dochter Astrid met Marc Zorge in 2005.

Misschien moet ik nog een stapje terug gaan naar 1977, het ontstaan van mijn belangstelling voor stambomen en genealogie. Op een avond voorafgaande aan een reis naar Amerika kreeg ik bezoek van een zekere Willem van Twillert Wzn, een verre neef, die van mijn reis had vernomen. Hij toonde lijsten op enorme vellen printpapier met een stamboom van onze familie, het resultaat van jarenlang archieven bezoek en onderzoek. Hij liet zien dat mijn vader destijds stamhouder was van het geslacht van Twillert en ik als oudste zoon natuurlijk zijn opvolger in spé. Dat betekende toen nog niets maar na verloop van enige tijd werd mijn belangstelling toch wel gewekt en eens te meer toen hij liet zien dat ooit een illustere "van Twiller" in Nieuw Amsterdam, het huidige New York, historische sporen had nagelaten. Het verzoek van Willem was dan ook of ik tijdens mijn verblijf in Amerika niet eens wat wilde opzoeken.
Niet veel later deed de computer zijn intrede en werd direct het belangrijkste gereedschap in mijn beroep. Het bleek al snel ook het perfecte gereedschap te zijn voor het vastleggen van historische- en genealogische gegevens: het begin van het genealogische bestand en het digitale tijdperk.

In de negentiger jaren werd stamboomonderzoek heel populair en vele onderzoekers vulden hun bestanden waarvan de meeste informatie was (is) verbrokkeld en zonder verband en vaak ook zonder bewijsvoering.
Mijn geboorteplaats Bunschoten-Spakenburg kenmerkt zich door een aantal die zich in de laatste eeuw met duizenden uitbreidden. De oorspong van families als Koelewijn, De Graaf, Van de Geest, Van Halteren en Van Twillert was gelegen in de omliggende streken: de Veluwe, het Gooi en het Sticht, het huidige Utrecht. Voor mij lag daar de reden om mijn onderzoek te richten op het onderzoeken van de onderlinge verwantschappen en de verwantschap met de streekhistorie. Het resulteerde in een aantal fantastische ontdekkingen van verwantschap met bijvoorbeeld de Amerikaanse president Roosevelt en zelfs de familie Bush en nog vele anderen.

Het komt maar een enkele keer voor dat ik personen of families in mijn bestand opneem waarmee niet op één of andere wijze een verwantschap is of wordt vermoed en zo kreeg ook het geslacht Zorge een plek. (Stief)kleindochter Emma Zorge kreeg via Facebook contact met Han Wolfert. Hij was geïnteresseerd in contact aangezien zijn moeder ook een Zorge was. Er had zich in het verleden tussen beide families het nodige afgespeeld en hij wilde zijn verhaal graag delen. Dat verhaal vond via de opa van Emma, Piet Zorge, zijn weg tot ook ik het onder ogen kreeg en daarin een waardevolle anekdote zag dat de moeite waard was om op te nemen in de genealogie. Helaas bleek Han's voorgeslacht Zorge in eerste instantie niet dezelfde te zijn als die van Emma. Er was nog geen bewezen verbinding tussen de geslachten op Schouwe-Duiveland en Goeree-Overflakkee. Met de digitale toegankelijkheid van archieven bleek het niet moeilijk aansluiting te vinden tussen de verschillende geslachten Zorge. De informatie en de omvang ervan, tot waar het inmiddels was uitgegroeid, deden mij besluiten om eens voorzichtig tot een uitgave te komen met als resultaat dit boekwerk
Met dank aan Piet Zorge die ook veel tijd en energie heeft gestoken in het in kaart brengen van de jongste generaties van zijn tak en onze samenwerking maakte het mogelijk alles tot één geheel te smeden.

Het spreekt vanzelf dat de informatie in dit werkje een momentopname is. Ik hoop dan ook dat dit boekje aanleiding geeft tot veel discussie en een aansporing is tot meer onderzoek, temeer nu ook veel archieven worden gedigitaliseerd. Een stamboom of genealogie handelt over mensen die leefden in hun eigen tijd en met hun eigen beslommeringen en gedenkwaardige momenten. Ik ben me ervan bewust geen deel te zijn van het geslacht Zorge en daarom ontbreekt het mij helaas aan overleveringen, herinneringen en anekdotes die een genealogie zo veel interessanter kunnen maken. Ik hoop dan ook dat dit boek een aansporing zal zijn om veel informatie, aanvullingen en correcties, afbeeldingen en foto's te sturen voor een nieuwe druk gelardeerd met mooie, waardevolle en interessante verhalen.

Franeker, Juni 2012
Herman van Twillert

ISBN: 978-1-4716-1667-9

Inhoud

Toelichting op het gebruik van de genealogie _____ 11

Het Zeeuwse geslacht Zorge _____ 13

De geschiedenis van Schouwen Duiveland _____ 23

Bijzondere archief vermeldingen _____ 29

Overzicht en kaarten _____ 33

Stamreeks van Stamvader Jan Zorge _____ 37

DE TAK VAN ADRIAAN JANSE _____ 53

DE TAK VAN CORNELIS JANSE _____ 57

DE TAK VAN TONIS JANSE _____ 117

Bijlagen

Enkele veel gebruikte afkortingen en bronnen: _____ 145
Voorbeeld van een inwoner- of ingezetenenlijst _____ 147
Statistieken _____ 151
Index (1083 personen)_____ 165

Kwartierstaat Melle Harmen Anne Zorge _____ 192

9

Toelichting op het gebruik van de genealogie

Stamboom, Kwartierstaat, Parenteel, Genaelogie

De term "stamboom" wordt het meest gebruikt maar vaak verkeerd. Meestal wordt hier de zogenaamde *kwartierstaat* mee bedoeld. Een kwartierstaat toont vanaf een persoon (die proband of probandus wordt genoemd) het voorgeslacht via de vader en de moeder en hun ouders. Het gaat dus terug in tijd. Elke generatie heet dan een kwartier omdat het steeds met 4 wordt vermenigvuldigd. Dus, ik de proband, mijn vader en moeder, hun vaders en moeders enzovoort. Na een aantal geslachten neemt het aantal personen sterk toe en wordt het onoverzichtelijk. (zie het voorbeeld op blz 192)

Een *parenteel* laat alle afstammelingen zien van een ouderpaar, ook weer via mannelijke en de verkorte vrouwelijke lijn, en laat dus het nageslacht zien inclusief de kinderen.

Een *stamboom*, zoals de naam ook al aangeeft, begint bij een voorvader en gaat vervolgens uitsluitend via de mannelijke lijnen door het nageslacht.

Een *genealogie* is een parenteel maar uitsluitend via de mannelijke lijn en dan met alle voorkomende informatie over de kinderen en ook hun partners..

Een *genealogisch bestand* of archief omvat genealogieën van meerdere families met alle informatie en is de meest uitgebreide vorm van vastlegging van nageslacht.

De stamreeksen

Stamreeksen zoals in dit werk gebruikt laat in een overzicht alle personen zien met dezelfde familienaam inclusief hun verband. Er zijn meerdere manieren om dat in beeld te brengen. De methode die hier is gebruikt wordt de d'Aboville reeks genoemd. Iedere persoon heeft een nummer en elke generatie krijgt er een punt bij plus nog een nummer.

Als voorbeeld: mijn opa heeft nr I en mijn vader is II en mijn oom is II.b
Ik ben de oudste en dus III.a terwijl mijn broer III.b is.
Mijn oudste nicht is dan III.c en haar broer, mijn neef, is III.e enzovoort.

Staken en takken

De stamreeks toont alle Zorge's die in het bestand zijn opgenomen. Elke op zich staande familie met een nummer wordt een Staak genoemd, een staak is dus een op zich staande stamboom. Binnen een familie vormen de zoons met hun nageslacht de takken van de stamboom. In het genealogische bronbestand staan nog een aantal staken vermeld. Tot nu toe is van deze staken geen verbinding met de Dreischorse Zorge's aangetoond en zijn daarom ook niet in dit boek opgenomen.

Hoe wordt een Genealogie gebruikt

Dit boekwerk is in hoofdzaak een naslagwerk en is gedateerd. Dat wil zeggen dat de inhoud een moment opname is van alles wat op die datum bekend was. Met het voortschrijden van het digitaliseren zullen in steeds rapper tempo steeds meer gegevens openbaar worden gemaakt waardoor de stamboom kan worden uitgebreid, aangevuld of gecorrigeerd. Nog mooier zou het zijn om het te verrijken met anekdotes en wetenswaardigheden over de vermelde families. Anders dan bij documenten of registers gaan anekdotes vaak verloren doordat ze niet meer van de ene generatie naar het volgende worden overgedragen terwijl die verhalen vaak zeer waardevol zijn. Door deze ook in een boekwerk op te nemen kunnen ze bewaard worden voor het nageslacht.

In de stamreeks kan men elke persoon vinden met het jaar van geboorte en overlijden en, als er een partner is, ook het huwelijksjaar. De stamreeks laat al zien hoe iemand is verwant. Overzichtelijk worden de ouders, broers en zussen en kinderen getoond met generatienummering. Alleen de stamhouders zijn voorzien van bladzijdennummer. Voor alle overige bladzijdeverwijzingen kan de naamindex worden gebruikt.

Het parenteel, of eigenlijk de genealogie, geeft alle informatie per persoon weer, gerangschikt in generaties door een Romeins cijfer aangeduid. De kinderen krijgen dan het Romeinse cijfer met een punt en een vervolg cijfer. Maar pas op: kinderen van een persoon van een bepaalde generatie (bv generatie IV) krijgen allemaal het nummer plus 1 mee dus het eerste kind is V.1, het tweede V.2 enz. Wanneer een kind nageslacht heeft of is getrouwd krijgt het een verwijzing mee maar nu niet met het cijfer maar met een vervolg letter. Van kinderen die vervolgens GEEN nageslacht met de naam Zorge hebben, zoals dat bij kinderloze zoons en bij de dochters het geval is, wordt er nog één vermelding gemaakt direct onder het gezin. Daarna worden eerst alle andere personen van generatie IV getoond met hun vervolgletter en pas daarna komen de broers of zussen met hun nageslacht in generatie V aan de beurt. Dat kan een heel zoekwerk worden en om dat te vereenvoudigen is er na het parenteel een index op alfabet opgenomen met een verwijzing naar generatienummer en naar de bladzijde.

Het Zeeuwse geslacht Zorge

In het *"Genealogisch Bestand Van Twillert"* staan naast de Veluwse geslachten ook de staken en takken van het geslacht Zorge die hun oorsprong vinden in Zeeland en Zuid-Holland.

In Nederland komen naast elkaar meerdere geslachten voor met ongeveer dezelfde naam: Zorge. De omvangrijkste stamt uit Zeeland, meer specifiek, van Schouwen-Duiveland. Maar ook op Walcheren, in Limburg en Groningen zijn Zorge's, maar een onderlinge verwantschap tussen deze geslachten is tot nu toe nog niet aangetoond. De Walcherse tak noemt zich overigens eenduidig " Van Sorge" en "De Sorge". De schrijfwijze voor personen van dezelfde familie verschilt. Er bestonden vroeger namelijk geen voorschiften over hoe bijvoorbeeld de letters Z/S en G/GH geschreven dienden te worden. Die werden dan ook door elkaar gebruikt waardoor Sorge en Zorge maar ook Sorghe in dezelfde families voorkomt. In alle takken komen de verschillende schrijfwijzen voor, soms zelfs binnen één gezin. Er kan dus geen waarde worden gehecht aan een afwijkende schrijfwijze want pas onder Napoleon, bij de invoering van de Burgerlijke Stand werden familienamen exact vastgelegd. Daartoe werd elk familiehoofd opgeroepen om op de Mairie te verschijnen zoals het gemeentehuis tijdens de Franse overheersing werd genoemd. Elk hoofd van het gezin ondertekende dan een verklaring van naamsaanneming waarin de kinderen werden genoemd en hun officiële naam. En zo kon het gebeuren dat een vader voor zijn kinderen verschillende namen opgaf of het verkeerd schreef. En zo kon in één gezin de naam Sorge, Sorghe en Zorge voorkomen.

Wanneer de historische context dit verlangt zijn er wel notities vermeld met de betreffende naam. De personen en families die in dit bestand zijn opgenomen en die aan elkaar zijn verwant of waarvan het vermoeden is dat er verwantschap is, staan hierin consequent als " Zorge" genoteerd. Wanneer historische duiding dat verlangt staat dat wel in notities vermeld.

Het geslacht Zorge heeft zich verspreid over het oostelijk deel van Schouwen-Duiveland en van daaruit naar Tholen en Goeree-Overflakkee. Vanaf Goeree-Overflakkee verspreidden zich de Zorge's weer verder over de Zuid-Hollandse eilanden, Haarlem, Amsterdam en ook in Friesland duiken ze op.

Via de website van het Zeeuws Archief is ook het Gemeentearchief Schouwen-Duiveland te bezoeken. Deze website geeft toegang tot één van de beste archieven van Nederland en is geheel gedigitaliseerd. Daar was ook een heel goede reden voor. Een groot deel namelijk van de Zeeuwse archieven zijn in mei 1940 verloren gegaan en ook tijdens de watersnood in 1953 zijn veel archieven verwoest. Gelukkig zijn vrijwel alle kerkboeken wel bewaard gebleven en deze boeken zijn gebruikt om, samen met resterende documenten en lijsten een soort van Burgerlijke Stand op te bouwen. Deze nieuwe aktes worden "Retroacta Burgerlijke Stand" genoemd (in de parenteel aangeduid als RaBS).

Een bijkomend historisch gegeven is dat Zeeland één van de eerste gebieden was waar, halverwege de 16e eeuw, de hervorming voet aan de grond kreeg. Kerkboeken werden vanaf die tijd precies en correct bijgehouden. Het bijhouden van protestantse kerkboeken gebeurde namelijk in het algemeen uiterst nauwkeurig omdat het doorgaans door een geletterde (bijvoorbeeld de Dominee) werd uitgevoerd onder streng toezicht van een kerkenraad.

Na het on-line doorzoeken van stambomen, genealogieën en documenten in de Zeeuwse en Zuid-Hollandse archieven, kerkboeken en bevolkings-registers van 1500 tot 1800 zijn er voorzichtig enkele conclusies te trekken en veronderstellingen te maken.

Uit de inwonersbladen van het bevolkingsregister blijkt dat de Zorge's in Dreischor hoofdzakelijk op drie adressen waren gehuisvest en wel op de straat/huisnummers 139, 89c en 27b. Waarschijnlijk waren dat boerenhoeven waar ze gezamenlijk met nog wat andere families woonden, de hoeven waren echter niet in hun bezit. Het zou interessant zijn om de oude kadasters te onderzoeken hoe deze woningen ten opzichte van elkaar waren gelegen, wie de eigenaren waren en of de huidige "Zorge's weg" nabij het huidige Dreischor daar mee te maken heeft. Het is zeer wel mogelijk dat destijds in de wandelgangen een wijk, buurtschap of Meent "de Zorge" werd genoemd.

Jan Zorge is de stamvader van de Zorge's. Van Jan zijn drie zoons met nageslacht bekend namelijk: Adriaan, Cornelis en Tonis. Adriaan en Tonis worden beide in bevolkingsregisters vermeld met het patroniem Jansz of Janse. Echter van Cornelis is geen vader of patroniem bekend en is geen eenduidige vermelding gevonden. Het is daarom niet bewezen dat hij inderdaad ook een zoon is van Jan. Toch zijn er wel aan aantal argumenten die het aannemelijk maken dat het hier om één gezin handelt.

In de eerste plaats de naamgeving. Bij alle drie worden de namen Adriaan, Jan en Cornelis gebruikt. Letten we daarbij ook op het tijdvak waarin de drie gezinnen leefden en daarbij opgeteld het feit dat het in één en hetzelfde dorp was, dan is het zeer onwaarschijnlijk dat zij niet uit dezelfde familie zouden stammen.
Hoe het ook zij: zou Cornelis geen broer van Adriaan en Tonis zijn dan is hij toch zeker een volle neef. In dat geval weten we dus niets over zijn vader en zou er nog

zeker één generatie aan vooraf gaan waar van enkele leden zeker meer bekend zouden moeten zijn en dat is helaas niet het geval. Daarom is er in dit overzicht toch voor gekozen om Cornelis als broer op te nemen.

De 2e Dreischorse tak van Cornelis is de meest uitgebreide en het meest verspreidt. In zijn nageslacht komen heel veel grote gezinnen voor waardoor het geslacht zich snel kon verspreiden. Cornelis en zijn kinderen werden gedoopt in Nieuwerkerk, maar in die tijd werden geboorteplaatsen niet in de kerkboeken vermeld.

Reijer Cornelisz is oorzaak van veel verwarring omdat hij in de archiefstukken zowel Rogier (huwelijk en overlijden) als Reijer (geboorte) werd genoemd. De documenten maken duidelijk dat het wel degelijk om dezelfde persoon gaat. Daardoor komen ook in zijn nageslacht beide namen veelvuldig voor waarbij Reijer ook weer verder werd geschreven als Reijner en Reijnier. Dit zelfs tot in de huidige generaties.

Nazaten van Cornelis treffen we op Tholen (Stavenisse) aan waar we ook weer die zeer grote gezinnen zien ontstaan. Uit het feit dat ze zich Van Zorge noemden of dat ze zo werden genoemd acht ik het mogelijk dat deze Cornelis dus ook uit Dreischor kwam en daarom ook (afkomstig) Van Zorge werd genoemd. Het was in de lage landen gebruikelijk om personen te noemen naar de streek of plaats waar ze vandaan kwamen. Het speurwerk werd beloond door de vondst van de (Retro)doopakte van Cornelis dat hij op 22 Jan 1702 werd gedoopt te Dreischor. Nu is ook duidelijk waar de naam Daniel vandaan komt. In de doopinschrijving van Apollonia wordt namelijk de moeder genoemd als Maetje Daniels.

Andere Zorge families.

Zou er toch een familiewapen bestaan?

Zowel in Oost-Groningen als in Limburg komen ook Zorge's voor, maar met geen van de bekende Zeeuwse families is een verwantschap met deze groepen aantoonbaar.

Van tijd tot tijd duiken er ook berichten op als zou het geslacht zijn oorsprong hebben in Duitsland. In het Kreis Osterode, in het Duitse Harz gebertgte, ligt de gemeinde Zorge. Maar ook hiervan is geen bewijs te vinden dat deze plaats een rol speelt of heeft gespeeld met naam van de families Zorge. Er stroomt ook een riviertje met de naam Zorge.

Zoals bij veel families duikt ook hier van tijd tot tijd het verhaal op over het bestaan van een familiewapen. Het blijkt dan meest te gaan om het stadswapen van de stad Zorge en alleen al daardoor kan dat wapen dus nooit een familiewapen zijn hoewel een familiewapen daar wel vaak van wordt afgeleid.
In een uitgave van De Nederlandse Leeuw komt een vermelding voor over Freiherr Ludwich Ernst Karl, Herr auf Sorge und Hermannsstein, geboren te Zorge in 1814. Zijn vermelding betreft het huwelijk van zijn dochter. En nog een tweede vermelding van Freiherr von Sorge die dan als militair gezand optreedt in de Nederlanden. Of hij al dan niet nageslacht in Nederland heeft nagelaten, feit is dat de Zeeuwse Zorgen er al eeuwen voordien waren met de naam Zorge zodat van een relatie met de stad Zorge en de Freiherr geen sprake kan zijn.
De genoemde Groninger en Limburger families zijn oppervlakkig onderzocht naar verwantschap met de Zeeuwen (die zijn niet gevonden) dus of die een verwantschap hebben met Freiherr Ludwich?

Maar Zorge in de Harz is wel een prachtig gebied voor een Zorge-loze vakantie.

Bij het Van Meertensinstituut is over het ontstaan van de naam Zorge informatie over een vermelding uit 1958 in het WFZ , het "Woordenboek van de familienamen in Zeeland", van Frans Debrabandere.:
"Anno 1382 Roeger Zorghe, Desselgem West-Vlaanderen"

We missen dus een paar eeuwen waarna de naam aan het eind van de 16e eeuw weer in Zeeland opduikt. Frappant is dat dan ook weer de voornaam Rogier te voorschijn komt.

Gruß aus ZORGE i.Südharz

Blick vom Glockenturm

Anlagen

Conclusie

De Zeeuwse Zorge's hebben hun oorsprong op Schouwen-Duiveland in het gebied tussen Zierikzee en Bruinisse. Van daaruit vertrokken Zorge's naar Tholen en Goeree-Overflakkee waar ook veel nageslacht ontstond.

De Dirklandse Zorge's treffen we eind 19^e eeuw ook aan rond Haarlem en Amsterdam. In de laatste 50 jaar zijn van oorsprong Zeeuwse Zorge's verspreid over heel het land maar er is geen verwantschap met de Groninger en Limburger Zorge's welke laatsten overigens veelal als "Van Zorgen" worden vermeld.

In alle takken komen de verschillende schrijfwijzen voor, soms zelfs binnen één gezin. Er kan dus geen waarde worden gehecht aan een afwijkende schrijfwijze.

.

Dreischor

De omvangrijkste en meest in het oog springende families bevonden zich in Dreischor, dan een tak in Dirksland en nog een tak op Tholen die zich lange tijd ook "van Zorge" noemden.

Dreischor was een dorp dat destijds direct aan de Grevelingen was gelegen en werd omringd door de kerkelijke gemeenten Ouderkerk, Nieuwerkerk, Oosterland, Noordgouwe en Zonnemaire.

Poorters in dit gebied werden ingeschreven als Poorters van Zierikzee.

Boven de ingangspoort van het slot Windenburg in Dreischor stond een stenen leeuw met in de rechterpoot een vaandel met daarop het wapen van Dreischor afgebeeld. Het toonde een blauw veld met drie schapen elk staande op een groene schor. Dit werd veelal aangevoerd als bewijs dat Dreischor drie schorren zou betekenen. Het drietal is echter een heraldische vlakverdeling binnen het vlak van een schild dat naar beneden smaller wordt. Dreischor betekend dus een als schapenweide gebruikte schor (waar schapen worden gedreven).

Het grafelijk slot Windenburg in Dreischor is rond 1400 gebouwd door Hertog Albrecht van Beieren en werd bewoond door de tolgaarder van de hertog aan wie de schepen die de Gouwe bevoeren tol moesten betalen.

Na het overlijden van de hertog werd de heerlijkheid verkocht aan de familie van zijn weduwe van Cleve. Dit geslacht bewoonde het slot generaties lang tot het door uitsterven van de familie toeviel aan koning Philips de II.

Het werd uiteindelijk in 1837 gesloopt waarna later op de fundamenten het huidige gemeentehuis werd gebouwd .

Dirksland

De Dirkslandse stamvader Willem Zorge bleek rond 1763 in Nieuwerkerk te zijn gedoopt, terwijl zijn overlijden is vermeld in de registers van Dirksland. Willem heeft nogal wat omzwervingen gemaakt. Hij stond als Poorter vermeld als woonachtig te Nieuwerkerk. Via Zonnemaire vertrok hij naar Sommelsdijk en later weer naar Dirksland. Zie ook het voorbeeld van de inwonerslijst. (blz 147).

Bij de Dirkslandse takken is het opmerkelijk dat in de archieven het huwelijk van Pieter Adriaansz Zorge staat vermeld in 1775. Dit is de vroegste vermelding en voert tot de aanname dat hij van elders kwam en de eerste gedachte gaat uit naar de omgeving van Dreischor. Echter de naam Paulus kwam niet voor in Dreischor maar wel weer veelvuldig op Tholen (Stavenisse). Van broer Wouter is wel bekend dat hij afkomstig was van Dreischor maar er is (nog) geen verband gevonden tussen deze Dirkslandse/Sommelsdijkse tak en Dreischor.

Om verwantschap te zien tussen de afstammelingen van de Dreischorse takken en de Dirkslandse moeten we naar het verleden, vele generaties terug naar de stamvader..

Overigens lijkt de Dirkslandse tak van Arent en Kaatje Deure te zijn uitgestorven.

Geschiedenis van Schouwen-Duiveland

Het leef- woon- en werkgebied van de de verschillende geslachten Zorge heeft zijn oorprong op het oostelijk en midden van Schouwen-Duivenland. Al bladerend door de genealogie ontstaat een lijst van de doop- huwelijk- en begraafplaatsen waarvan de belangtijkste in een overzicht zijn opgenomen.

De eeuwen zien op ons neer in steden en dorpen van Schouwen-Duiveland. De meesten dateren uit de 12de en 13de eeuw. De vier eilanden: Schouwen, Duiveland, Dreischor en Bommenede kregen toen ringdijken. De strijd tegen het water komt telkens weer terug in de lange geschiedenis. Inpolderingen en dijkdoorbraken wisselden elkaar af. Veel land ging verloren aan de zuidzijde van Schouwen. Maar daartegenover stond winst door de afdamming van het noordelijk deel van de Gouwe, het water tussen Schouwen en Dreischor (1374). In 1610 volgde een dam tussen Schouwen en Duiveland. Maar Bommenede, ook vastgeklonken aan de overige eilanden, ging verloren. Later werd het gedeeltelijk herdijkt.

In de Middeleeuwen groeide Zierikzee uit tot een van de belangrijkste steden van Holland en Zeeland. Koopvaardij, visserij, lakennijverheid en zoutindustrie waren de pijlers van de welvaart. In het eerste kwart van de 13de eeuw kreeg Zierikzee stadsrechten, die in 1248 opnieuw werden bevestigd. Veel jonger is Brouwershaven, dat vanaf 1440 als stad wordt vermeld. Beide steden deden hun invloed gelden. Zierikzee had veel macht doordat haar burgers grote zakelijke belangen hadden op het eiland. Al sinds oude tijden fungeerde de stad als centrum voor tal van regionale activiteiten. Vele lijnen van het eiland kwamen in Zierikzee samen. Vanaf de 18de eeuw taande de invloed van de beide steden. Meer en meer werd Schouwen-Duiveland een eiland waar de landbouw de boventoon voerde.

Die bestuurlijke schaalvergrotingen waren deels een reactie op de vele veranderingen, die zich voltrokken. De Watersnoodramp van 1953 trok met 531 slachtoffers diepe sporen. Herstel volgde, maar niet alleen dat. In 1965 kreeg Schouwen-Duiveland vaste verbindingen; de Grevelingendam en de Zeelandbrug. In 1972 volgde de Brouwersdam en in 1986 de Oosterscheldekering. De ontsluiting van het eiland betekende een grote stimulans voor de recreatie.

De dorpskernen op Schouwen-Duiveland
Brouwershaven

Brouwershaven is de tweede stad van Schouwen-Duiveland. Het is relatief jong: 1285 of 1286. Brouwershaven heeft niets te maken met bier. De naam komt van Brouwer, vermoedelijk een lokale machthebber, naar wie deze haven werd genoemd. De meest bekende inwoner was Jacob Cats, die hier werd geboren en er een deel van zijn jeugd doorbracht. Vooral dankzij zijn gedichten heeft Vader Cats

nationale bekendheid gekregen. Een aan hem gewijd standbeeld - het derde standbeeld van Nederland - staat op de Markt tegenover het stadhuis. Indrukwekkend is ook de Nicolaaskerk.

Bruinisse

Op de oostelijke punt van Duiveland ligt Bruinisse, dat van oudsher een nauwe binding met het water heeft. In 1468 werden de schorren aan de oostelijke zijde van Duiveland ingedijkt. Aanvankelijk werd de polder en het hier gestichte dorp Oost-Duiveland genoemd. De naam Bruinisse, die reeds in gebruik was, heeft het echter gewonnen. Nesse of nisse betekent een uitstekend stuk land. Bruin is een voornaam. Al sedert eeuwen zijn visserij en landbouw belangrijke bestaansmiddelen.

Burgh

De naam is ontleend aan de Karolingische burg, die in het landschap goed te zien is. Dit imposante verdedigingswerk, dat dateert uit het eind van de 9de eeuw, werd gebruikt wanneer de Noormannen binnenvielen. Het dorp werd gebouwd aan de rand van deze burg. Evenals in Haamstede is het ook hier in de zomermaanden een drukte van belang in verband met de vele toeristen. Beide dorpen zijn inmiddels zodanig naar elkaar toegegroeid, dat ze vaak als een eenheid worden gezien. Ten onrechte, want het zijn en blijven twee dorpen.

Dreischor

Vermoedelijk in de 12de eeuw is de polder Dreischor ontstaan. De naam betekent waarschijnlijk drie delen of districten. Die drie delen, Beldert, Mareland of Maye en Sirjansland, vormden samen Dreischor. De ring in dit dorp wordt aangemerkt als de meest fraaie in Zeeland. Daaraan draagt de Hervormde kerk zeker bij. In vroeger dagen was de vlasteelt belangrijk. Deze en andere facetten van het landbouwleven op Schouwen-Duiveland worden belicht in het museum Goemanszorg.

Ellemeet

Waarschijnlijk moeten we het ontstaan van Ellemeet ook in de 12de eeuw dateren. Aanvankelijk werd het dorp aangeduid als Ellimed. Een med of made is een weiland. Ella of Eli is een voornaam. Toen het dorp met deze naam verdween, ging de naam over naar het huidige, meer noordelijk gelegen plaatsje, dat Oudendijke heette. De kerk verdween op het eind van de 16de eeuw. Dat was mede een gevolg van het feit dat het aantal inwoners steeds bescheiden is gebleven.

Haamstede

Haamstede is vermoedelijk in de 12de eeuw ontstaan. Haam of heem betekent woning. Stede is een verouderd woord voor plaats. Combineren we de beide woorden, dan krijgen we als verklaring voor de naam Haamstede: woonplaats. De meest bekende inwoner was Witte van Haamstede, de bastaardzoon van graaf Floris V. Het slot is een tastbare herinnering aan de edelen en andere voorname heren en vrouwen, die hier verbleven. Haamstede is het grootste dorp in de westhoek van Schouwen.

Kerkwerve

In de polder Schouwen ligt Kerkwerve, dat vermoedelijk in de 12de eeuw is ontstaan. In 1298 wordt het dorp voor het eerst in schriftelijke bronnen vermeld. Het dorp ontstond op en rond een hoogte of werf. Op deze werf werd de kerk gebouwd en op die wijze ontstond de naam Kerkwerve. Tot Kerkwerve behoorden ook de gehuchten Nieuwerkerke (Schutje), Moriaanshoofd en het nu verdwenen Rengerskerke of Houtenpoppen.

Nieuwerkerk

Waarschijnlijk is Nieuwerkerk in de 12de eeuw ontstaan. Ook hier een traditionele opzet van het dorpspatroon: een kerk, met daaromheen een ring met huizen. Opvallend is dat deze ring aan de binnenzijde nog gedeeltelijk bebouwd is, een situatie die van veel later dateert en niet de oorspronkelijke is. Evenals Ouwerkerk heeft ook Nieuwerkerk zwaar geleden tijdens de watersnoodramp van 1953. Van het herstel na deze ramp zijn nog vele voorbeelden in het dorp te zien. Opvallend is de zeskantige toren.

Noordgouwe

De eilanden Schouwen, Dreischor en Duiveland werden van elkaar gescheiden door de Gouwe. In de 14de eeuw was een deel van dit water voor de scheepvaart onbruikbaar geworden door de sterke verzanding. Daarom werd in 1374 het noordelijk deel ingepolderd door het leggen van twee dammen tussen Schouwen en Dreischor. Daardoor ontstond de polder Noordgouwe. Op korte afstand van het dorp ligt Schuddebeurs, met zijn talrijke buitenhuizen.

Noordwelle

Noordwelle is vermoedelijk in de 12de of 13de eeuw ontstaan. In de middeleeuwen werd een oever of kade een welle genoemd. Het dorp werd gebouwd aan de noordelijke zijde van een kreek met zo'n kade waardoor het de naam Noordwelle kreeg. Aan de overkant lag het nu verdwenen Zuidwelle. Samen vormden ze de heerlijkheid Welland. Enerverend waren de gebeurtenissen in het dorp tijdens het beleg van Zierikzee in 1576. Spaanse soldaten sprongen van de toren, die door de geuzen in brand was gestoken.

Oosterland

In de 14de eeuw lagen ten oosten van het eiland Duiveland een aantal kleine eilandjes, die met elkaar werden verbonden. In 1353/1354 werden de resterende schorren bedijkt. Omdat de nieuwe polder ten oosten van Duiveland lag, kwam de naam Oosterland in gebruik. Bij de dorpsaanleg is het er allesbehalve planmatig aan toegegaan. Daardoor is het dorpspatroon weinig samenhangend. Opvallend is de toren, die, in tegenstelling tot de andere kerktorens op het voormalige eiland, een zadeldak heeft. Het Gasthuis uit de 18de eeuw aan de Sint Joostdijk is een bijzonder monument.

Ouwerkerk

Waarschijnlijk is Ouwerkerk in de 11de of 12de eeuw ontstaan. Het dorpspatroon is zoals dat van vele dorpen: de kerk in het midden met daaromheen een ring met huizen. De ring is ruim opgezet. De watersnoodramp van 1953 heeft hier diepe sporen nagelaten. Een op de zes inwoners kwam om het leven. Bij Ouwerkerk werd ook het laatste dijkgat gesloten in de nacht van 6 op 7 november van dat jaar. De caissons herinneren aan die operatie. Na de ramp kreeg Ouwerkerk een nieuwe toren en een nieuwe kerk.

Sirjansland

Het betreft het kleinste dorp van Duiveland. Oorspronkelijk lag hier een deel van de polder Dreischor. Bij de stormvloed van 1288 ging een groot deel van die polder verloren en ontstond het Dijkwater. In 1305 werd het verloren gegane gebied gedeeltelijk herdijkt. Omdat het ging om een deel van Dreischor, werd de polder aanvankelijk Nieuw- of Klein-Dreischor genoemd. Een andere naam heeft het evenwel gewonnen. Opdrachtgever voor de inpoldering was Jan van Beaumont. Naar hem werd de polder en het dorp genoemd: 's-Heer Jansland, later ingekort tot Sirjansland.

Zierikzee

Zierikzee is centrumplaats voor Schouwen-Duiveland. De geschiedenis van deze stad is lang en boeiend. Vermoedelijk in de 10de eeuw is Zierikzee ontstaan.

Omstreeks 1200 kreeg de plaats stadsrechten. De eerste bevestiging daarvan vond in 1248 plaats. De 14de en 15de eeuw is de onbetwiste bloeiperiode. Zierikzee behoorde toen tot de belangrijkste steden van Holland en Zeeland. Koopvaardij, visserij, zouthandel, lakennijverheid en landbouw zorgden ervoor dat de stad groeide en bloeide. Veel van die middeleeuwse welvaart is nog terug te vinden. Vooral de talrijke monumenten geven de stad allure.

Zonnemaire

Een van de oudste waternamen in de Zeeuwse delta is de Sunnonmeri, die in 776 voor het eerst wordt genoemd. Toen in 1401 een nieuwe polder ontstond werd deze genoemd naar het water, dat hier stroomde. Sunne of Zonne betekent water. Toen de betekenis van dat woord vergeten was, werd het algemene woord voor water - meri - daaraan toegevoegd. Zo ontstond de naam Zonnemaire. De meest bekende inwoner was Pieter Zeeman, die hier werd geboren en in 1902 samen met Lorentz de Nobelprijs ontving.

Gehuchten en buurtschappen

Behalve deze kernen telt Schouwen-Duiveland verschillende gehuchten en buurtschappen, die om uiteenlopende redenen niet als dorp kunnen worden aangemerkt. Het zijn Brijdorpe, Burghsluis, Elkerzee, Kapelle, Nieuwerkerke (Schutje), Looperskapelle, Moriaanshoofd, Nieuw-Haamstede, Den Osse, Schuddebeurs, Westenschouwen en Zijpe.

(bron: Huib Uil, gemeentearchivaris van Schouwen-Duiveland)

Bijzondere archief vermeldingen

In de Zeeuwse archieven zijn nog een aantal interessante vermeldingen aangetroffen betreffende militairen en emigranten. Weliswaar hebben die niet geleid tot een verwantschap met de stamboom Zorge maar ze zijn het vermelden en verder onderzoek wel waard. De namen geven wel degelijk aanleiding tot het vermoeden dat het om personen gaat die in de stamboom thuishoren.

Militairen

Na het vertrek van de Franse troepen uit de lage landen werd de Landmacht opgericht als Nationaal leger. Daarmee werd ook een ordelijke administratie opgebouwd. Elke provincie-hoofdstad moest dit bijhouden en in het *Register van de Zeeuwse Mobiele Schutterij* staan vermeld:

1830 Schutter Frederik van Sorge uit Middelburg 17-07-1803
1838 Schutter Kornelis van Sorge uit Domburg   18-01-1808
1829 Te Breda geregistreerd Cornelis van Zorgen, 21jaar
1836 Schutter Pieter van Sorge uit Domburg   12-08-1810
1834 Schutter Anthonie van Zorge uit Stavenisse 29-07-1909
1830 Schutter Frans van Zorge uit Domburg 25-07-1805
1830 Schutter Marinus Zorge uit Dreischor 28-05-1805
1837 Korporaal Samual Zorge uit Dreischor

In het militaire Register van commissie en instructie:
18-04-1707 Adriaen van Sorge.
Vaandrig in de compagnie van kapitein Jan Drevis, in het regiment van Steenhuijse.

17-11-1724 Johan Huijbert van Sorge.
Vaandrig in de compagnie van kapitein Gosewijn Stevelin, in regiment van kolonel Rechteren van Hemert.

11-09-1690 Pieter de Sorge.
Adjudant in het regiment te paard van kolonel Weibenum, nu kolonel de Huybert.

Emigranten

Jacomina van Sorge

Woonplaats:	Sint Philipsland
Rol	Emigrant
Leeftijd	72
Beroep	Arbeidster/ Labourer
Kerkelijk gezindte	Christelijk Afgescheiden
Kinderen	1
Reden	Hoop op bestaansverbetering
Vertrek	1866
Bestemming	Verenigde Staten van Noord-Amerika
Betreft	Staten van landverhuizingen Bestuur Zeeland

Joost Zorge

Woonplaats:	Nieuwerkerk
Rol	Emigrant
Leeftijd	28
Beroep	Landmansknecht/ famers's apprentice
Kerkelijk gezindte	Nederlands-Hervormd
Reden	Verbetering van bestaan
Vertrek	1850
Bestemming	Noord-Amerika
Betreft	Staten van landverhuizingen Bestuur Zeeland

Joppe Zorge

Woonplaats:	Nieuwerkerk
Rol	Emigrant
Leeftijd	18
Beroep	Arbeidster/labourer
Kerkelijk gezindte	Nederlands-Hervormd
Reden	Verbetering van bestaan
Vertrek	1856
Bestemming	Noord-Amerika
Betreft	Staten van landverhuizingen Bestuur Zeeland

Leendert Zorge

Woonplaats:	Ellemeet
Rol	Emigrant
Leeftijd	24
Beroep	Koopman / salesman
Kerkelijk gezindte	Nederlands-Hervormd
Reden	Zucht naar bestemmingsverbetering
Vertrek	1888
Bestemming	Verenigde Staten van Noord-Amerika
Betreft	Staten van landverhuizingen Bestuur Zeeland

Maria Zorge

Woonplaats:	Ouwerkerk
Rol	Emigrant
Leeftijd	25
Beroep	Dienstmeid/ maid-servant
Kerkelijk gezindte	Nederlands-Hervormd
Reden	Zucht om hare vooruitgegane familie te volgen
Vertrek	1852
Bestemming	Verenigde Staten van Noord-Amerika
Betreft	Staten van landverhuizingen Bestuur Zeeland

Rogier Zorge

Woonplaats:	Nieuwerkerk
Rol	Emigrant
Leeftijd	17
Beroep	Arbeider / labourer
Kerkelijk gezindte	Nederlands-Hervormd
Reden	Gebrek aan werk
Vertrek	1851
Bestemming	Noord-Amerika
Betreft	Staten van landverhuizingen Bestuur Zeeland

Adriana Zorge

Woonplaats:	Nieuwerkerk
Rol	Emigrant
Leeftijd	16
Beroep	Arbeidster/ labourer
Kerkelijk	
gezindte	Nederlands-Hervormd
Reden	Verbetering van bestaan
Vertrek	1856
Bestemming	Noord-Amerika
Betreft	Staten van landverhuizingen Bestuur Zeeland

Jacobus Zorge

Woonplaats:	Nieuwerkerk
Rol	Emigrant
Leeftijd	56
Beroep	Arbeider/ labourer
Kerkelijk	
gezindte	Nederlands-Hervormd
Reden	Verbetering van bestaan
Vertrek	1854
Bestemming	Cincinatti
Betreft	Staten van landverhuizingen Bestuur Zeeland

Overzicht en kaarten

Een mooi voorbeeld van de "migratielust" van de Zorge's is te zien bij Johannes Reijniersz Zorge (1803-1922). Geboren in Dreischor vertrok hij naar Noordwelle. Waar hij huwde met Jacoba Oole, afkomstig uit Noordgouwe, en waar hun dochters Stoffelina en Maria werden geboren. Het gezin vertrok naar Bommenede (zie de lijst van ingezetenen) Op dat adres woonden meerdere gezinnen waaronder de familie Goffau, een kleermaker uit Zonnemaire. Op 1 mei 1949 vertrokken de families Zorge en Goffau naar Zonnemaire. Bommenede was een zelfstandig dorp, later opgegaan in Zonnemaire en in 1961 overgegaan naar Brouwershaven

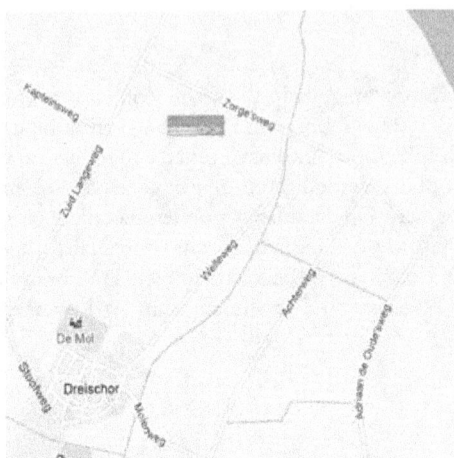

Dreischor lag vroeger direct aan de Grevelingen. Ten noorden van Dreischor lag de **Zorgerweg**, dat nu de **Zorge's weg** heet. Het bevestigt het eerdere vermoeden dat Zorge een buurtschap betreft en op onderstaand kaart is dat ook herkenbaar.

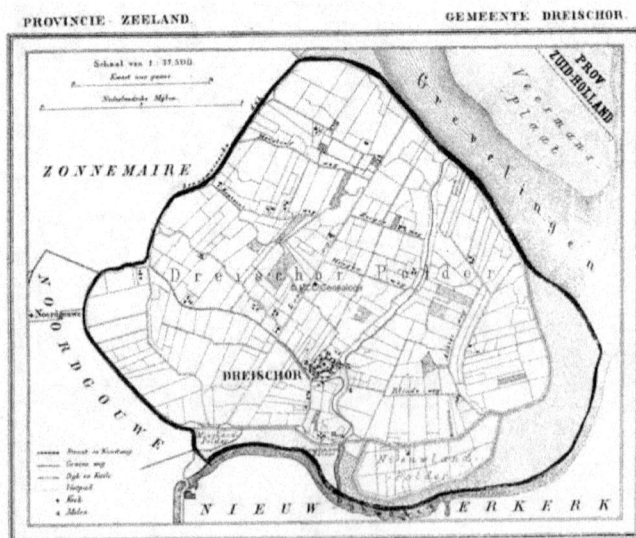

Het **Meertensinstituut** publiceert overzichten van de volkstellingen in 1947 en 2007, genoteerd per provincie.

aantal naamdragers per provincie in 1947

Groningen	30
Friesland	0
Drenthe	14
Overijssel	12
Gelderland	2
Utrecht	10
Amsterdam	21
Noord-Holland	47
Noord-Holland totaal	68
Den Haag	11
Rotterdam	25
Zuid-Holland	15
Zuid-Holland totaal	51
Zeeland	20
Noord-Brabant	1
Limburg	20
totaal	**228**

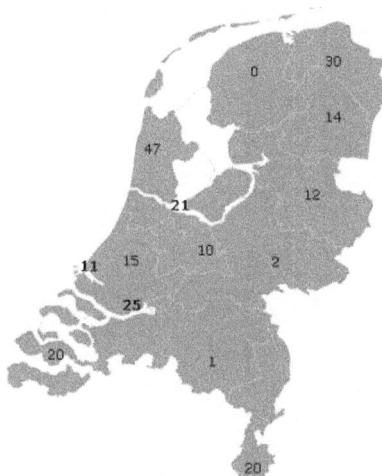

volkstelling 1947

Volkstelling 2007

Zorge : 273 personen

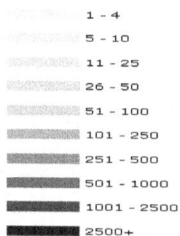

1 - 4
5 - 10
11 - 25
26 - 50
51 - 100
101 - 250
251 - 500
501 - 1000
1001 - 2500
2500+

Staak 1 Stamreeks van Stamvader Jan Zorge

1.1 STAMVADER Jan Zorge (±1595-)

├── **II.1 Stamvader 1ste Dreischor tak Zorge, Adriaan** (blz.53)
│ ∞ <1644 Meesse, Grietje Jacobs
│ ├── III.1 (v) Zorge, Neeltje (1644-)
│ │ ∞ 1666 Muste, Cornelis
│ ├── III.2 (m) Zorge, Cornelis (1645-)
│ ├── III.3 (m) Zorge, Dingeman (1647-<1653)
│ ├── III.4 (m) Zorge, Wouter (1649-<1655)
│ ├── III.5 (m) Zorge, Lowijntje (1651-)
│ ├── III.6 (m) Zorge, Dingeman Adriaanse (1653-)
│ │ ∞ Pieters, Maria (->1651)
│ │ ├── IV.1 (m) Zorge, Jan Dingemanse
│ │ │ ∞ Klink, Teuntje Pieters
│ │ │ └── V.1 (v) Zorge, Cornelia (1744-)
│ │ └── IV.2 (m) Zorge, Adriaan Dingemans (1681-)(blz.53) .
│ │   ∞ 1707 Bloois, Dina Hermans van
│ │   ├── V.1 (m) Zorge, Dingeman (1708-)
│ │   │ ∞ 1732 Kloote, Cornelia
│ │   ├── V.2 (m) Zorge, Hermannus (1709-)
│ │   │ ∞ 1736 Harze, Annie de
│ │   ├── V.3 (v) Zorge, Levijna (1711-)
│ │   ├── V.4 (v) Zorge, Maria Adriaanse (1711-)
│ │   │ ∞ 1743 Velde, Jan van der
│ │   ├── V.5 (v) Zorge, Maetje (1713-)
│ │   │ ∞ 1743 Lotte, Jacob
│ │   ├── V.6 (m) Zorge, Martinus (1714-<1717)
│ │   ├── V.7 (v) Zorge, Cornelia Arentse (1715-)
│ │   │ ∞ 1740 Eijck, Marinus Janse
│ │   ├── V.8 (m) Zorge, Martinus (1717-)
│ │   ├── V.9 (m) Zorge, Jan (1719-<1725)
│ │   ├── V.10 (m) Zorge, Wouter (1720-)
│ │   ├── V.11 (v) Zorge, Magdalena Adriaanse (1722-)
│ │   │ ∞ Jonge, Pieter Claasz de
│ │   ├── V.12 (m) Zorge, Cornelis (1723-)
│ │   └── V.13 (m) Zorge, Jan (1725-)
│ ├── III.7 (m) Zorge, Wouter Adriaanse (1655->1717) (blz.55)
│ │ ∞ Wittekoeke, Josina (1640-<1717)
│ │ ├── IV.1 (m) Zorge, Aren (1682-1684)
│ │ ├── IV.2 (m) Zorge, Aren (1684-)
│ │ └── IV.3 (v) Zorge, Eva Wouters (1689-)
│ │   ∞ 1713 Janse, Arnoldus
│ │   ∞ 1726 Spanien, Adriaan van
│ │   ∞ 1717 Stokke, Lijsbeth
│ └── III.8 (v) Zorge, Jozijntje (1657-)
├── **II.b Stamvader Sorghe 2e Dreischor tak Zorge, Cornelis**(blz.57)
│ ∞ 1652 Lek, Maatje Daniels van de (-<1654)
│ ├── III.1 (v) Zorge, Apollonia Cornelisse (1653-)

```
└── III.2 (v) Zorge, Commertje Cornelisse (±1654-)
    ∞ 1670 Weert, Anthony Florisse van der
 ∞ 1654 Heer, Lijsbeth Jans
 ├── III.1 (v) Zorge, Cornelia (1656-)
 ├── III.2 (v) Zorge, Krijntje (1657-)
 ├── III.3 (v) Zorge, Wouterijntje Cornelisse (1660-)
 │   ∞ 1686 Oole, Claes Cornelis
 ├── III.4 (m) Zorge, Janneke (1663-)
 ├── III.5 (m) Zorge, Cornelis Cornelisse (1665-)(blz.55)
 │   ∞ Rogierse, Mary
 │   ├── IV.1 (v) Zorge, Lijsbeth (1691-)
 │   ├── IV.2 (m) Zorge, Reijer (1693-<1698)
 │   ├── IV.3 (m) Zorge, Rogier (1698-)
 │   │   ∞ 1722 Bibbe, Adriana Kornelisse (1694-)
 │   │   ├── V.1 (m) Zorge, Cornelis (1722-1740)
 │   │   ├── V.2 (m) Zorge, Jan (1724-)
 │   │   ├── V.3 (v) Zorge, Jacomina (1727-)
 │   │   ├── V.4 (v) Zorge, Cornelia (1729-)
 │   │   │   ∞ 1750 Vos, Jan Cornelisse de
 │   │   ├── V.5 (v) Zorge, Lauwrina (1730-)
 │   │   ├── V.6 (m) Zorge, Adriaan (1731-<1732)
 │   │   ├── V.7 (m) Zorge, Adriaan (1732-<1737)
 │   │   ├── V.8 (v) Zorge, Leuntje (1734-)
 │   │   ├── V.9 (v) Zorge, Maria Reijerse (<1735-1759)
 │   │   │   ∞ <1749 Stoutjesdijk, Jacobus Isaacs (1714-1773)
 │   │   ├── V.10 (m) Zorge, Adriaan Rogierse (1737-<1771)
 │   │   │   ∞ 1764 Schaft, Susanne van der (-1796)
 │   │   │   ├── VI.1 (m) Zorge, Herman Adriaanse (-<1789)
 │   │   │   │   ∞ 1736 Hooge, Anna Lievense de (-<1759)
 │   │   │   │   └── VII.1 (v) Zorge, Dina
 │   │   │   │       ∞ 1760 Luijcaerdt, Jacob Adams
 │   │   │   │       ∞ 1760 Ruijping, Anna Catharina
 │   │   │   ├── VI.2 (m) Zorge, Reijer (1764-1823) (blz.61)
 │   │   │   │   ∞ 1787 Dankerse, Lena Lievense (-1834)
 │   │   │   │   ├── VII.1 (m) Zorge, Cornelis Rogierse
 │   │   │   │   │   ∞ 1807 Dussen, Adriaantje van
 │   │   │   │   │   ├── VIII.1 (m) Zorge, Reijer (1809-1839)
 │   │   │   │   │   │   ∞ 1837 Baudewijn, Colleta (1815-1848)
 │   │   │   │   │   │   └── IX.1 (v) Zorge, Regina Amelia Pieternella (1839-)
 │   │   │   │   │   └── VIII.2 (v) Zorge, Janna (1810-)
 │   │   │   │   │       ∞ 1834 Tigchom, Johannes (1810-)
 │   │   │   │   ├── VII.2 (m) Zorge, Adriaan (1788-1860)
 │   │   │   │   │   ∞ 1823 Graafeijland, Joppa van (1793-1865)
 │   │   │   │   │   ├── VIII.1 (m) Zorge, Reinier (1827-1872)
 │   │   │   │   │   │   ∞ 1856 Jonge, Pieternella de (1831-1920)
 │   │   │   │   │   │   ├── IX.1 (v) Zorge, Joppa (1857-)
 │   │   │   │   │   │   │   ∞ 1880 Blaeij, Cornelis de (1856-)
 │   │   │   │   │   │   ├── IX.2 (m) Zorge, Adriaan (1860-1880)
 │   │   │   │   │   │   ├── IX.3 (m) Zorge, Leendert (1862-1863)
 │   │   │   │   │   │   ├── IX.4 (m) Zorge, Leendert (1864-)
 │   │   │   │   │   │   ├── IX.5 (v) Zorge, Sara (1866-1868)
 │   │   │   │   │   │   └── IX.6 (m) Zorge, Johannes Wijnaldus (1869-1870)
 │   │   │   │   │   ├── VIII.2 (v) Zorge, Sara (±1830-1888)
 │   │   │   │   │   │   ∞ 1862 Velde, Abraham van der (1821-)
```

```
├── VIII.3 (m) Zorge, Jacob (±1833-)
│   ∞ Tuinman, Maatje
│   ├── IX.1 (v) Zorge, Pieternella (1864-1934)
│   │   ∞ 1884 Verboom, Dirk (1860-)
│   ├── IX.2 (v) Zorge, Kornelia (1864-1923)
│   │   ∞ Boer, Leendert den
│   ├── IX.3 (v) Zorge, Janna (1868-1922)
│   ├── IX.4 (v) Zorge, Marina (1869-1940)
│   │   ∞ 1904 Strietman, Hendrik
│   ├── IX.5 (v) Zorge, Martina (1871-)
│   │   ∞ 1909 Minders, Pieter (1839-)
│   ├── IX.6 (v) Zorge, Maatje Johanna (1875-1929)
│   │   ∞ 1896 Splunter, Leendert van (1872-)
│   ├── IX.7 (m) Zorge, Jacob Reinier (1877-1877)
│   ├── IX.8 (v) Zorge, Maria Clasina (1878-)
│   │   ∞ 1903 Boom, Machiel van den (1884-)
│   ├── IX.9 (m) Zorge, Reinier Jacob (1881-)
│   │   ∞ 1914 Fabriek, Arendina (1886-)
│   └── IX.10 (m) Zorge, Marinus Samuel (1883-)
│       ∞ Siegman, Adolphine Ewaldine Maria (1882-1933)
└── VIII.4 (m) Zorge, Nehemia (1834-1866)
    ∞ 1863 Steur, Anna (1835-)
    └── IX.1 (v) Zorge, Cornelia (1865-1937)
        ∞ 1888 Evertse, Jan (1846-)
├── VII.3 (m) Zorge, Lieven (1791-)
│   ∞ 1814 Jagt, Anna van der (1790-)
│   ├── VIII.1 (v) Zorge, Lena (1815-)
│   │   ∞ 1840 Hage, Marinus Johannes (1814-)
│   ├── VIII.2 (v) Zorge, Rachel (1818-1874)
│   │   ∞ 1847 Fase, Arie (1823-1894)
│   ├── VIII.3 (v) Zorge, Janna (1823-)
│   │   ∞ 1849 Elve, Marienis (1821-)
│   └── VIII.4 (v) Zorge, Maria (1825-1893)
│       ∞ 1847 Hack, Pieter (1826-1893)
└── VII.4 (m) Zorge, Lieven (1791-)
    ∞ 1794 Velde, Maria Janse van de (1772-1834)
    ├── VII.1 (v) Zorge, Jacomina (1794-)
    ├── VII.2 (v) Zorge, Jacomijntje (1795-1823)
    │   ∞ 1813 Bakker, Dingenes de (1790-)
    ├── VII.3 (m) Zorge, Jan (1797-) (blz.70)
    │   ∞ 1826 Fonteijne, Cornelia (1805-)
    │   ├── VIII.1 (m) Zorge, Reinier (1826-1891)
    │   │   ∞ 1851 Felius, Jacomijntje van (1827-1895)
    │   │   ├── IX.1 (v) Zorge, Cornelia (1853-1871)
    │   │   ├── IX.2 (m) Zorge, Pieter (1860-1928)
    │   │   │   ∞ 1885 Verboom, Jacomijntje (1862-)
    │   │   │   ├── X.1 (v) Zorge, Jacomijntje (1892-)
    │   │   │   ├── X.2 (v) Zorge, Wilhelmina Maria (1897-)
    │   │   │   │   ∞ 1920 Bonte, Jacobus (1897-)
    │   │   │   └── X.3 (v) Zorge, Cornelia Marina (1898-)
    │   │   ├── IX.3 (v) Zorge, Maria van (1865-1865)
    │   │   └── IX.4 (m) Zorge, Jan (1872-1872)
```

```
├── VIII.2 (m) Zorge, Cornelis (1828-)
∞ 1856 Maas, Janna van der (1834-)
├── IX.1 (v) Zorge, Cornelia (1857-)
│   ∞ 1882 Verschoor, Arij (1860-)
├── IX.2 (v) Zorge, Janna (1860-1919)
│   ∞ 1879 Krieken, Hubrecht van (1859-1915)
├── IX.3 (v) Zorge, Maria (1861-1933)
│   ∞ Klop, Adrianus
├── IX.4 (m) Zorge, Iman (1864-)
│   ∞ Evelingen, Gesina Johanna Petronella van (1869-1925)
│   ├── X.1 (v) Zorge, Janna (1901-)
│   ├── X.2 (v) Zorge, Maria (1902-)
│   ├── X.3 (m) Zorge, Cornelis (1904-)
│   ├── X.4 (v) Zorge, Wilhelmina Jacoba (1907-)
│   │   ∞ 1929 Slotboom, Willem (1907-)
│   └── X.5 (v) Zorge, Cornelia (1908-)
│   ∞ 1891 Ridderhof, Jannetje (1864-)
└── IX.5 (m) Zorge, Marinus (1867-1943) (blz.73)
    ∞ 1890 Later, Wilhelmina Cornelia de (1868-1950)
    ├── X.1 (v) Zorge, Janna (1891-1944)
    │   ∞ 1913 Verton, Cornelis (1894-)
    ├── X.2 (m) Zorge, Abraham (1893-<1895)
    ├── X.3 (m) Zorge, Jacob Abraham (1895-1895)
    ├── X.4 (v) Zorge, Pieternella (1899-1903)
    ├── X.5 (m) Zorge, Iman (1901-1967)
    │   ∞ 1922 Menheere, Leuntje Wilhelmina (1901-1990)
    │   ├── XI.1 (v) Zorge, Wilhelmina Cornelia
    │   ├── XI.2 (v) Zorge, Susanne Marina
    │   ├── XI.3 (m) Zorge, Marinus Pieter
    │   │   ∞ Bijl, Maatje Cornelia van der
    │   ├── XI.4 (m) Zorge, Jan
    │   ├── XI.5 (m) Zorge, Johannes Willem
    │   ├── XI.6 (m) Zorge, Cornelis
    │   └── XI.7 (v) Zorge, Jahanna Marina
    ├── X.6 (m) Zorge, Abraham (1902-)
    │   ∞ 1934 Jonge, Adriana de (1905-)
    └── X.7 (m) Zorge, Pieter Jacobus (1903-1986)
        ∞ Berrevoets, Neeltje Cornelia (1909-2001)
├── VIII.3 (v) Zorge, Maria (1830-)
├── VIII.4 (m) Zorge, Jan (1834-) (blz.74)
∞ 1863 Hoogerland, Elizabeth Johanna
├── IX.1 (v) Zorge, Cornelia (1865-)
│   ∞ 1886 Dijke, Maarten van (1861-1922)
├── IX.2 (m) Zorge, Cornelis (1865-1931)
│   ∞ Rietveld, Maria
│   ├── X.1 (v) Zorge, Elizabeth (1897-)
│   └── X.2 (m) Zorge, Jan Willem (1899-)
├── IX.3 (v) Zorge, Jannetje (1867-)
│   ∞ 1893 Blok, Pieter (1864-)
├── IX.4 (v) Zorge, Martina (1869-)
│   ∞ 1894 Wandel, Leendert (1868-)
├── IX.5 (v) Zorge, Johanna (1871-1945)
│   ∞ 1891 Oeveren, Johannus Wilem van (1869-1929)
├── IX.6 (m) Zorge, Jan (1873-1924)
```

```
│ │ │ │ │ │ │ │  ∞ 1905 Uijl, Maria Johanna (1873-)
│ │ │ │ │ │ │ ├── IX.7 (m) Zorge, Reinier (1875-)
│ │ │ │ │ │ │ │  ∞ 1898 Coenraad, Theodora Elizabeth (1878-)
│ │ │ │ │ │ │ │  ├── X.1 (v) Zorge, Elizabeth Johanna (1899-)
│ │ │ │ │ │ │ │  │  ∞ 1919 Vaal, Hermanus Marinus de (1899-)
│ │ │ │ │ │ │ │  ├── X.2 (m) Zorge, Willem (1907-1976) (blz.76)
│ │ │ │ │ │ │ │  │  ∞ 1933 Pol, Pietertje van der (1910-1994)
│ │ │ │ │ │ │ │  │  ├── XI.1 (v) Zorge, Wilhelmina (1934-)
│ │ │ │ │ │ │ │  │  │  ∞ Harrewijen, Adrie van (1931-)
│ │ │ │ │ │ │ │  │  ├── XI.2 (m) Zorge, Reinier (1935-)
│ │ │ │ │ │ │ │  │  │  ∞ 1957 Otte, Jacoba (1938-)
│ │ │ │ │ │ │ │  │  │  ├── XII.1 (v) Zorge, Conny
│ │ │ │ │ │ │ │  │  │  │  ∞ Hans Karens (1960-)
│ │ │ │ │ │ │ │  │  │  ├── XII.2 (v) Zorge, Petra
│ │ │ │ │ │ │ │  │  │  │  ∞ Jaap Koudstaal (1963-)
│ │ │ │ │ │ │ │  │  │  └── XII.3 (m) Zorge, Willem
│ │ │ │ │ │ │ │  │  │     ∞ Marion Krabbendam (1974-)
│ │ │ │ │ │ │ │  │  │     ├── XIII.1 (v) Zorge, Nancy (2001-)
│ │ │ │ │ │ │ │  │  │     └── XIII.2 (v) Zorge, Sanne (2004-)
│ │ │ │ │ │ │ │  │  ├── XI.3 (v) Zorge, Suzanne (1937-)
│ │ │ │ │ │ │ │  │  │  ∞ 1969 Otte, Hendrik (1933-)
│ │ │ │ │ │ │ │  │  ├── XI.4 (m) Zorge, Nicolaas Willem (1939-)
│ │ │ │ │ │ │ │  │  │  ∞ 1964 Sinke, Adriane Dirkje (1941-)
│ │ │ │ │ │ │ │  │  │  └── XII.1 (v) Zorge, Claire(1976-)
│ │ │ │ │ │ │ │  │  │     ∞ Bas Mekking (1977-)
│ │ │ │ │ │ │ │  │  │     ∞ 2005 Ruitenberg, Betty
│ │ │ │ │ │ │ │  │  ├── XI.5 (v) Zorge, Theodora Elizabeth (1941-)
│ │ │ │ │ │ │ │  │  │  ∞ 1962 Goedegebuur, Cornelis (1941-)
│ │ │ │ │ │ │ │  │  ├── XI.6 (m) Zorge, Pieter Cornelis (1943-) (blz.87)
│ │ │ │ │ │ │ │  │  │  ∞ 1965 Keijzer, Anna Cornelia (1944-)
│ │ │ │ │ │ │ │  │  │  ├── XII.1 (m) Zorge, Cornelis Willem Pieter (1966-) (blz.87)
│ │ │ │ │ │ │ │  │  │  │  ∞ 1990 Heiden, Anna Cornelia Elisabeth van der (1966-)
│ │ │ │ │ │ │ │  │  │  │  ├── XIII.1 (v) Zorge, Anna Kirsten Nelline (1994-)
│ │ │ │ │ │ │ │  │  │  │  ├── XIII.2 (v) Zorge, Rhodé Petra Carola (1998-)
│ │ │ │ │ │ │ │  │  │  │  ├── XIII.3 (m) Zorge, Adrianus Werner Pieter (1999-)
│ │ │ │ │ │ │ │  │  │  │  └── XIII.4 (v) Zorge, Julliët Margje Mariska (2002-)
│ │ │ │ │ │ │ │  │  │  ├── XII.2 (m) Zorge, Marc Reinier Rudolf (1970-) (blz.88)
│ │ │ │ │ │ │ │  │  │  │  ∞ 1992 Heuvelman, Johanna Marrigje (1969-)
│ │ │ │ │ │ │ │  │  │  │  ├── XIII.1 (v) Zorge, Elizabeth Marrigje Cornelia (1994-)
│ │ │ │ │ │ │ │  │  │  │  └── XIII.2 (m) Zorge, Cornelis Marcus Reinier (1995-)
│ │ │ │ │ │ │ │  │  │  │  ∞ 2005 Twillert, Astrid Mathilde van (1974-) (blz.88)
│ │ │ │ │ │ │ │  │  │  │  └── XIII.3 (m) Zorge, Melle Harmen Anne (2006-)
│ │ │ │ │ │ │ │  │  │  └── XII.3 Zorge, Astrid Wilhelmina Gertruda (1973) (blz.89)
│ │ │ │ │ │ │ │  │  │     ∞ 2001 Olde, Marinus Willem de (1970-)
│ │ │ │ │ │ │ │  │  ├── XI.7 (v) Zorge, Elizabeth Johanna (1944-)
│ │ │ │ │ │ │ │  │  │  ∞ 1965 Roon, Pieter Jozeph van (1939-)
│ │ │ │ │ │ │ │  │  │  ∞ 1977 Kootstra, Hendrikus Jan (1938-)
│ │ │ │ │ │ │ │  │  ├── XI.8 (m) Zorge, Cornelis Jan (1947-)
│ │ │ │ │ │ │ │  │  │  ∞ 1973 Velden, Alida Jannigje van der (1952-)
│ │ │ │ │ │ │ │  │  │  ├── XII.1 (v) Zorge, Corine Ingeborg(1975-)
│ │ │ │ │ │ │ │  │  │  │  ∞ 2000 Broekhuizen, Walter (1969-)
│ │ │ │ │ │ │ │  │  │  └── XII.2 (m) Zorge, Christian Emanuel(1978-)
```

41

```
                              ∞ 2000 Kooi, Grietje van der (1978-)
                          ├── XI.9 (v) Zorge, Petronella Claziena (1949-)
                          │    ∞ 1970 Vlies, Hendrik Alexander van der (1947-)
                          ├── XI.10 (v) Zorge, Cornelia Suzanna Pietertje (1953-)
                          │    ∞ Koenen, Jacob(1953-)
                          └── XI.11 (m) Zorge, Willem (1958-)
                     └── X.3 (m) Zorge, Jan (1917-1984)
                       ∞ Ven, Lijntje van der (1917-2004)
                          ├── XI.1 (m) Zorge, Reinier (1943-) (blz.94)
                          │    ∞ 1967 Zimmermann, Ursula Rose (1944-)
                          │       ├── XII.1 (m) Zorge, Owen Derek (1970-) (blz.94)
                          │       └── XII.2 (m) Zorge, Neal Shannon (1975-) (blz.94)
                          │          ∞ 2000 Diedrick, Heather Ann (1976-)
                          │             ├── XIII.1 (m) Zorge, Dallin Reinier (2004-)
                          │             └── XIII.2 (m) Zorge, Tanner Philip (2005-)
                          │       ∞ 1995 Wall, Sheryl Raye (1948-)
                          └── XI.2 (v) Zorge, Lena (1946-)
                             ∞ 1967 Ploum, Christiaan (1943-)
                 ├── IX.8 (v) Zorge, Kathalina (1882-1953)
                 │    ∞ 1905 Heijboer, Pieter
                 └── IX.9 (v) Zorge, Maria (1885-)
                    ∞ 1905 Ronde, Marinus de (1881-)
            ├── VIII.5 (m) Zorge, Samuel (1841-1877)
            ├── VIII.6 (m) Zorge, Marinus (1843-1892)
            │    ∞ 1871 Hanse, Lena (1850-1894)
            │       ├── IX.1 (m) Zorge, Jan Pieter (1872-)
            │       ├── IX.2 (v) Zorge, Adriana Cornelia (1879-1894)
            │       └── IX.3 (v) Zorge, Cornelia (1891-1891)
            ├── VIII.7 (v) Zorge, Martina (1848-)
            │    ∞ 1866 Haan, Pieter de (1839-)
            ├── VIII.8 (v) Zorge, Joppa (1848-)
            ├── VIII.9 (v) Zorge, Cornelia (1865-)
            │    ∞ 1886 Dijke, Maarten van (1861-)
            └── VIII.10 (v) Zorge, Martina (1869-)
               ∞ Wandel, Leendert (1858-)
      ├── VII.4 (m) Zorge, Johannes (1798-<1803)
      ├── VII.5 (m) Zorge, Jacob (1799-) (blz.96
      │    ∞ 1833 Fernabuk, Maatje (1809-)
      │       ├── VIII.1 (v) Zorge, Maria (1833-)
      │       │    ∞ 1830 Winter, Jop de (1830-)
      │       ├── VIII.2 (v) Zorge, Jacomina (1838-)
      │       ├── VIII.3 (v) Zorge, Johanna (1840-)
      │       │    ∞ 1864 Vermeulen, Adriaan (1820-)
      │       └── VIII.4 (m) Zorge, Rogier (1843-) (blz.97)
      │          ∞ 1869 Vijver, Adriaantje van de (1848-)
      ├── VII.6 (m) Zorge, Marinus (1800-<1805)
      ├── VII.7 (m) Zorge, Samuel (1801-<1812)
      ├── VII.8 (m) Zorge, Marinus (1805-)
      │    ∞ Riesberg, Anna Theodora (-<1840)
      │    ∞ 1840 Schriers, Maatje (1815-)
      │       ├── VIII.1 (v) Zorge, Johanna Maria (1843-1880)
      │       │    ∞ 1865 Gilde, Jan (1835-)
      │       ├── VIII.2 (m) Zorge, Reinier Johannes (1845-)
      │       ├── VIII.3 (v) Zorge, Suzanne (1847-)
```

```
│ │ │ │ │ │   │      ∞ 1879 Kinders, Leonardus (1847-)
│ │ │ │ │ │   └── VIII.4 (v) Zorge, Francina (1848-)
│ │ │ │ │ │    ∞ 1875 Steffhaam, Jacob
│ │ │ │ │ ├── VII.9 (m) Zorge, Johannis (1811-1853) (blz.98)
│ │ │ │ │ │  ∞ 1835 Oole, Jacoba (1809-1869)
│ │ │ │ │ │   ├── VIII.1 (v) Zorge, Maria (1831-1866)
│ │ │ │ │ │   │   ∞ 1866 Evertse, Jan (1846-)
│ │ │ │ │ │   ├── VIII.2 (v) Zorge, Stoffelina (1838-1922)
│ │ │ │ │ │   │   ∞ 1861 Verwest, Adriaan (1835-1880)
│ │ │ │ │ │   ├── VIII.3 (v) Zorge, Janna (1842-1845)
│ │ │ │ │ │   ├── VIII.4 (v) Zorge, Jacomijna (1842-1844)
│ │ │ │ │ │   ├── VIII.5 (v) Zorge, Willemina (1845-1846)
│ │ │ │ │ │   ├── VIII.6 (m) Zorge, Jan (1848-1898)
│ │ │ │ │ │   │   ∞ 1885 Bastiaanse, Aagtje (1852-1931)
│ │ │ │ │ │   │   ├── IX.1 (m) Zorge, Johannes (1886-)
│ │ │ │ │ │   │   │   ∞ N, Oerip
│ │ │ │ │ │   │   │   └── X.1 (v) Zorge, Petronella Louisa (1918-1942)
│ │ │ │ │ │   │   │   ∞ 1917 Elenbaas, Bartelina (1888-)
│ │ │ │ │ │   │   ├── IX.2 (v) Zorge, Pieternella Jacoba (1888-)
│ │ │ │ │ │   │   │   ∞ 1913 Zalm, Pieter Fredericus Wilhelmus van (1892-)
│ │ │ │ │ │   │   ├── IX.3 (v) Zorge, Jacoba (1889-1922)
│ │ │ │ │ │   │   │   ∞ 1915 Sluijs, Jacob van (1888-)
│ │ │ │ │ │   │   └── IX.4 (m) Zorge, Izaak (1892-1982)
│ │ │ │ │ │   │       ∞ 1924 Slaager, Hermina Adriaantje (1900-)
│ │ │ │ │ │   │       └── X.1 (v) Zorge, Aagtje Pieternella Jacoba (1925-2009)
│ │ │ │ │ │   │           ∞ Fierens, Hendrik (-2004)
│ │ │ │ │ │   └── VIII.7 (v) Zorge, Johanna (1852-1923)
│ │ │ │ │ │       ∞ Klaren, Johannes
│ │ │ │ │ ├── VII.10 (m) Zorge, Rogier (1811-)
│ │ │ │ │ └── VII.11 (m) Zorge, Samuel (1812-)
│ │ │ │ │   ∞ 1843 Mentzel, Anna Theodora Elisabeth (1818-)
│ │ │ │ │   ├── VIII.1 (m) Zorge, Samuel (1838-1839)
│ │ │ │ │   ├── VIII.2 (m) Zorge, Francsiscus Antonius Marinus (1843-)
│ │ │ │ │   │   ∞ 1874 Nassette, Caroline Petronella
│ │ │ │ │   └── VIII.3 (v) Zorge, Johanna Maria Fransisca (1846-)
│ │ │ │ │       ∞ 1868 Sluijter, Gerardus Johannes (1846-)
│ │ │ │ ├── VI.3 (v) Zorge, Maria (1766-)
│ │ │ │ ├── VI.4 (m) Zorge, Johannes (1767-)
│ │ │ │ └── VI.5 (v) Zorge, Adriana (1770-)
│ │ │ └── V.11 (m) Zorge, Cornelis (1740-1764)
│ │ │   ∞ 1755 Doele, Anna van den
│ │ │   ├── VI.1 (m) Zorge, Rogier (1756-<1759)
│ │ │   ├── VI.2 (v) Zorge, Johanna (1758-)
│ │ │   │   ∞ 1786 Stoutjesdijk, Josua
│ │ │   ├── VI.3 (m) Zorge, Rogier (1759-)
│ │ │   │   ∞ 1781 Ouden, Marina van den
│ │ │   │   ├── VII.1 (v) Zorge, Anna (1782-)
│ │ │   │   ├── VII.2 (m) Zorge, Kornelis (1786-)
│ │ │   │   │   ∞ Wagemaker, Klazina (-1833)
│ │ │   │   │   ∞ 1834 Schaleven, Liesebeth (1787-)
│ │ │   │   ├── VII.3 (m) Zorge, Willem (1794-)
│ │ │   │   │   ∞ 1821 Rutgers, Steventje (1792-)
```

```
              ├── VIII.1 (v) Zorge, Marina (1820-)
              │    ∞ 1849 Welsman, Karel
              └── VIII.2 (v) Zorge, Cornelia Wilhelmina (1823-)
                   ∞ 1845 Ockenburg, Johannes Hermanus van (1822-)
         └── VII.4 (m) Zorge, Jacobus (1798-)
              ∞ Vaane, Maatje (-1838)
              ∞ 1839 Farowe, Pieternella van (1802-)
              ├── VIII.1 (m) Zorge, Pieter (1840-1841)
              └── VIII.2 (m) Zorge, Krijn (1844-1846)
    ├── VI.4 (m) Zorge, Maximiliaan (1760-)
    └── VI.5 (m) Zorge, Willem (1763-1822)
         ∞ 1790 Nieuwenhuijsen, Willemijna van (-<1793)
         ├── VII.1 (v) Zorge, Cornelia (1791-)
         └── VII.2 (v) Zorge, Willemina Pieternella (1793-)
         ∞ 1793 Vos, Pieternella de (1775-1812)
```

├── **IV.4   Stamvader tak van Tholen Cornelis Zorge** (blz.104)

```
∞ ?., ?.
└── V.1 (m) Zorge, Anthony van (1722-1798) (blz.105)
    ∞ Roos, Francina
    ├── VI.1 (m) Zorge, Abraham van (1774-1831)
    │    ∞ 1789 Rooijen, Pieternella van (1757-1827)
    │    ├── VII.1 (v) Zorge, Janna van (1783-1853)
    │    ├── VII.2 (m) Zorge, Paulus van (1784-) (blz.108)
    │    │    ∞ Klooster, Lijdia van de (1789-)
    │    │    ├── VIII.1 (v) Zorge, Adriana van (1807-)
    │    │    └── VIII.2 (m) Zorge, Anthonij van (1808-1855)
    │    │         ∞ 1841 Stoutjesdijk, Johanna (1814-)
    │    │         ├── IX.1 (m) Zorge, Abraham Cornelis van (1842-1924)
    │    │         │    ∞ 1901 Kievit, Davida Maria (1875-)
    │    │         │    ├── X.1 (m) Zorge, Anthonie Pieter van (1902-1982)
    │    │         │    └── X.2 (m) Zorge, Pieter Johannus van (1909-1910)
    │    │         ├── IX.2 (m) Zorge, Paulus van (1843-1922)
    │    │         ├── IX.3 (v) Zorge, Geertrui van (1845-1876)
    │    │         │    ∞ 1868 Dalen, Quirijn van
    │    │         ├── IX.4 (v) Zorge, Lijdia van (1848-1922)
    │    │         │    ∞ 1875 Bierens, Willem
    │    │         ├── IX.5 (m) Zorge, Jan van (1852-)
    │    │         │    ∞ 1879 Hage, Catharina (1857-)
    │    │         │    ├── X.1 (v) Zorge, Jannetje Davida van (1884-<1912)
    │    │         │    │    ∞ 1904 Slikke, Christiaan Pieter van der (1879-)
    │    │         │    └── X.2 (v) Zorge, Catharina Janna van (1885-)
    │    │         │         ∞ 1912 Slikke, Christiaan Pieter van der (1879-)
    │    │         │    ∞ 1890 Klos, Willemina Cornelia (1848-)
    │    │         │    ∞ 1901 Poot, Cornelia (1853-)
    │    │         └── IX.6 (m) Zorge, Jacob van (1855-1929)
    │    │              ∞ 1891 Gaakeer, Jacoba Cornelia (1866-)
    │    │              ├── X.1 (m) Zorge, Anthonie Johannes van (1892-1892)
    │    │              ├── X.2 (v) Zorge, Neeltje Anthonetta van (1893-)
    │    │              ├── X.3 (v) Zorge, Johanna Abramina van (1894-)
    │    │              ├── X.4 (m) Zorge, Anthonie Abraham van (1895-)
    │    │              ├── X.5 (v) Zorge, Jannetje Jacoba van (1896-1896)
    │    │              ├── X.6 (m) Zorge, Abraham Jan van (1897-)
    │    │              │    ∞ 1926 Baas, Marrigje (1897-)
```

    └─ X.7 (m) Zorge, Paulus Abraham van (1907-)
     ∞ 1932 Smit, Jantje (1911-)
   ∞ 1795 Potappel, Neeltje Leenders (1770-)
   ├─ VIII.1 (v) Zorge, Luctretia van (1796-)
   └─ VIII.2 (m) Zorge, Antonis van (1798-)
   ∞ 1799 Hof, Cornelia van 't
   └─ VIII.1 (m) Zorge, Jacob van (1800-1862)
    ∞ 1821 Wagemaker, Tannetje (1795-<1845)
    ├─ IX.1 (v) Zorge, Cornelia van (1822-)
    │ ∞ 1841 Wesdorp, Pieter (1819-)
    ├─ IX.2 (m) Zorge, Paulus van (1826-)
    │ ∞ Klein, Maria Wilhelmina van der
    │ ├─ X.1 (v) Zorge, Tannetje Lucretia van (-1873)
    │ ├─ X.2 (m) Zorge, Jacob van (1866-)
    │ ├─ X.3 (v) Zorge, Adriana Wilhelmina van (1869-)
    │ │ ∞ Pierlot, August Hendricus Jacobus
    │ └─ X.4 (m) Zorge, Marinus Willem van (1877-1878)
    ├─ IX.3 (v) Zorge, Adriana van (1828-1829)
    └─ IX.4 (v) Zorge, Lucretia van (1829-)
     ∞ 1877 Dijkema, Hendrik (1833-)
   ∞ 1845 Haan, Eva de (1799-)
  ├─ VII.3 (v) Zorge, Lauwerina van (1786-1833)
   ∞ Quist, Johannis (1769-)
  ├─ VII.4 (v) Zorge, Anthonia (1789-1826)
   ∞ Speet, Hendrik
  ├─ VII.5 (v) Zorge, Sara van (1793-1816)
   ∞ 1815 Jonge, Cornelis de (1785-)
  └─ VII.6 (m) Zorge, Adriaan van (1795-)
  ∞ Stel, Sara van der (1794-<1822)
  └─ VIII.1 (m) Zorge, Abraham van (1820-<1835)
  ∞ 1823 Westdorp, Catharina van (1800-1850)
  ├─ VIII.1 (v) Zorge, Pieternella van (1823-1832)
  ├─ VIII.2 (m) Zorge, Marinus van (1825-1825)
  ├─ VIII.3 (v) Zorge, Maatje van (1826-)
  │ ∞ 1854 Smit, David (1807-)
  ├─ VIII.4 (v) Zorge, Janna van (1827-)
  │ ∞ 1852 Hoogerheide, Adriaan (1829-)
  ├─ VIII.5 (v) Zorge, Carolina van (1829-1829)
  ├─ VIII.6 (v) Zorge, Lauwerina van (1830-1832)
  ├─ VIII.7 (v) Zorge, Maria van (1831-1831)
  ├─ VIII.8 (v) Zorge, Pieternella van (1833-1833)
  ├─ VIII.9 (v) Zorge, Pieternella van (1833-)
  ├─ VIII.10 (m) Zorge, Abraham van (1835-)
  │ ∞ 1857 Wagemaker, Lena (1839-)
  ├─ VIII.11 (v) Zorge, Carolina van (1836-)
  │ ∞ 1870 Smit, Pieter (1939-)
  ├─ VIII.12 (v) Zorge, Willemina van (1837-1838)
  ├─ VIII.13 (v) Zorge, Willemina van (1839-1)
  │ ∞ 1865 Anthonisse, Jacobus (1835-)
  ├─ VIII.14 (v) Zorge, Pieternella van (1841-1844)
  └─ VIII.15 (m) Zorge, Marinus van (1843-1892)
   ∞ 1873 As, Janna van (1848-1922)

```
                              ┌── IX.1 (m) Zorge, Adriaan van (1874-)
                              ├── IX.2 (m) Zorge, Wouter Cornelis van (1875-)
                              ├── IX.3 (v) Zorge, Catharina Janna van (1877-)
                              │   ∞ 1904 Uijl, Cornelis Marinus (1874-)
                              ├── IX.4 (v) Zorge, Cornelia Adriana van (1878-1956)
                              │   ∞ 1904 Nieuwdorp, Johannes (1879-1966)
                              ├── IX.5 (m) Zorge, Johannis Marinus van (1879-)
                              ├── IX.6 (m) Zorge, Cornelis van (1881-1881)
                              ├── IX.7 (m) Zorge, Cornelis van (1882-)
                              │   ∞ 1899 Franke, Leentje Paulina (1881-)
                              ├── IX.8 (m) Zorge, Marinus Willem van (1883-)
                              ├── IX.9 (m) Zorge, Helena Janna van (1885-1887)
                              ├── IX.10 (v) Zorge, Carolina Wilhelmina van (1887-1887)
                              └── IX.11 (m) Zorge, Janna Marina van (1889-)
                    ├── VI.2 (v) Zorge, Jacomina van (1779-)
                    │   ∞ 1806 Dootjes, johannes Anthonie (1775-)
                    └── VI.3 (m) Zorge, Jan van (1782-)
                        ∞ 1808 Vries, Janna de
               ∞ 1752 Vos, Janna Pieters de (1728-1764)
                    ├── VI.1 (m) Zorge, Joost Anthonisse van
                    │   ∞ 1792 Siereveld, Paulina Mattheeuwse
                    │        ├── VII.1 (m) Zorge, SYbilla van (1793-)
                    │        ├── VII.2 (v) Zorge, Cathalijntje van (1794-)
                    │        ├── VII.3 (v) Zorge, Antonia (1797-1807)
                    │        ├── VII.4 (m) Zorge, Anthonij van (1797-1809)
                    │        ├── VII.5 (v) Zorge, Martina van (1798-)
                    │        ├── VII.6 (v) Zorge, Jacomina van (1801-)
                    │        │   ∞ 1822 Slootmaker, Cornelis (1794-)
                    │        ├── VII.7 (v) Zorge, Johanna van (1803-)
                    │        ├── VII.8 (m) Zorge, Maatje van (1806-)
                    │        ├── VII.9 (m) Zorge, Anthonij van (1809-1854)
                    │        │   ∞ 1833 Nelisse, Maria
                    │        │        ├── VIII.1 (v) Zorge, Paulina van (1828-)
                    │        │        ├── VIII.2 (m) Zorge, Leendert Cornelis van (1834-)
                    │        │        │   ∞ 1861 Graaf, Laurina Levina de (1839-)
                    │        │        ├── VIII.3 (v) Zorge, Cornelia van (1842-)
                    │        │        │   ∞ 1837 Geluk, Jan (1837-)
                    │        │        └── VIII.4 (v) Zorge, Izabella van (1845-)
                    │        │            ∞ 1869 Nieuwelink, Cornelis (1840-)
                    │        └── VII.10 (m) Zorge, Mattheus van (1813-)
                    ├── VI.2 (m) Zorge, Abraham van (1756-1831)
                    ├── VI.3 (v) Zorge, Ariaantje van (1757-)
                    ├── VI.4 (m) Zorge, Jan van (1759-)
                    │   ∞ 1783 Boogaard, Jacoba
                    ├── VI.5 (v) Zorge, Jacoba van (1760-)
                    └── VI.6 (m) Zorge, Janus van (1764-)
          └── IV.5 (m) Zorge, Jan (1706-)
    ├── III.6 (v) Zorge, Crina (1668-)
    ├── III.7 (m) Zorge, Rochus (1668-)
    ├── III.8 (m) Zorge, Jan (1669-<1671)
    └── III.9 (m) Zorge, Jan (1671-)
```

II.c Stamvader 3ᵉ Dreischor tak (m) Zorge, Tonis Janse (blz.116)

∞ Dammans, Susanne
└── III.1 (v) Zorge, Adriaantje (1649-)

46

∞ 1656 Brune, Aaltje Guiliaems de (1628-)
├── III.1 (m) Zorge, Jan Tonisse (1657-1726)
│ ∞ 1680 Pijpeling, Dina Leenderts (1660-)
│ ├── IV.1 (v) Zorge, Tona
│ │ ∞ Heesbees, Leendert
│ ├── IV.2 (m) Zorge, Leendert Jansz (1685-)
│ │ ∞ 1709 Frankce, Matij Jans
│ │ ├── V.1 (m) Zorge, Jan (1709-1710)
│ │ ├── V.2 (m) Zorge, Jan (1710-1723)
│ │ ├── V.3 (m) Zorge, Jan (1712-)
│ │ │ ∞ 1740 Kroon, Martijntje (1717-)
│ │ │ └── VI.1 (m) Zorge, Leendert (1740-)
│ │ ├── V.4 (v) Zorge, Pietertje (1714-)
│ │ └── V.5 (m) Zorge, Tonis (1718-)
│ ├── IV.3 (v) Zorge, Aaltje (1687-1701)
│ ├── IV.4 (m) Zorge, Aelbreght Janse (1688-)
│ │ ∞ 1718 Schietekate, Lena
│ │ ├── V.1 (v) Zorge, Dina (1719-1721)
│ │ ├── V.2 (v) Zorge, Dina (1721-)
│ │ │ ∞ 1741 Dooge, Maarten Jannisse
│ │ ├── V.3 (m) Zorge, Samuel (1721-)
│ │ │ ∞ 1741 Locker, Lena Rengers
│ │ │ ├── VI.1 (v) Zorge, Lena Samuels
│ │ │ │ ∞ 1767 Wielen, Johannes Marinus van der
│ │ │ ├── VI.2 (v) Zorge, Janna Samuels (1755-1816)
│ │ │ │ ∞ 1776 Klaasse, Marinus Jacobse (-<1790)
│ │ │ │ ∞ 1791 Have, Joost Jans van der
│ │ │ └── VI.3 (v) Zorge, Grietje (1757-1846)
│ │ │   ∞ 1779 Kip, Pieter (1756-1822)
│ │ │ ∞ 1767 Berge, Crijntje Abrahams van den
│ │ ├── V.4 (m) Zorge, Jan (1723-1723)
│ │ ├── V.5 (m) Zorge, Jan Aelbrechtse (1724-)
│ │ │ ∞ 1749 Guilkenaar, Magdalena Carelse
│ │ │ ├── VI.1 (v) Zorge, Lena Jans (1749-<1786)
│ │ │ │ ∞ 1771 Linde, Pieter Joost van der
│ │ │ ├── VI.2 (v) Zorge, Suzanne (1752-±1753)
│ │ │ ├── VI.3 (v) Zorge, Suzanne (1754-1818)
│ │ │ │ ∞ Fonteijne, Pierre
│ │ │ ├── VI.4 (v) Zorge, Tanna (1756-)
│ │ │ └── VI.5 (v) Zorge, Sara (1757-)
│ │ │   ∞ 1783 Montfoort, Jan
│ │ ├── V.6 (m) Zorge, Jacobus (1727-)
│ │ ├── V.7 (v) Zorge, Tanna (1729-1809)
│ │ │ ∞ 1751 Velde, Abraham Janse van de (-<1808)
│ │ ├── V.8 (v) Zorge, Aeltie (1732-)
│ │ └── V.9 (m) Zorge, Leendert (1734-)
│ ├── IV.5 (v) Zorge, Geertruid van (1690-)
│ │ ∞ 1712 Bernards, Philippus (1683-)
│ ├── IV.6 (v) Zorge, Geertruijd (1690-)
│ ├── IV.7 (v) Zorge, Toontje (1691-<1694)
│ ├── IV.8 (v) Zorge, Toontje (1694-)
│ ├── IV.9 (m) Zorge, Tonis (1695-)

├─ **IV.9 Stamvader Dirklandse tak (m) Zorge, Adriaan**(blz.122)
│ ∞ 1722 Alegoet, Neeltje (1700-<1746)
│ │ ├─ V.1 (v) Zorge, Jacoba
│ │ ├─ V.2 (m) Zorge, Jan (1723-<1736)
│ │ ├─ V.3 (v) Zorge, Segerina (1724-)
│ │ │ ∞ 1763 Broekhuizen, Floris Christiaans van
│ │ ├─ V.4 (m) Zorge, Cornelis Adriaans (1725-1797) (blz.123)
│ │ │ ∞ Visser, Lena
│ │ │ ∞ 1753 Bewesier, Cornelia Willems (1732-)
│ │ │ │ ├─ VI.1 (v) Zorge, Neeltje
│ │ │ │ ├─ VI.2 (v) Zorge, Dina
│ │ │ │ │ ∞ 1785 Visbeen, Marinus Cornelisse (1746-)
│ │ │ │ ├─ VI.3 (m) Zorge, Willem (1755-)
│ │ │ │ ├─ VI.4 (v) Zorge, Dina (1757-)
│ │ │ │ ├─ VI.5 (v) Zorge, Lena (1758-)
│ │ │ │ ├─ VI.6 (m) Zorge, Willem (1762-1822)
│ │ │ │ │ ∞ 1806 Vink, Neeltje (1767-<1810)
│ │ │ │ │ ∞ 1810 Kolff, Cornelia Davids (1773-1852)
│ │ │ │ │ │ ├─ VII.1 (m) Zorge, Cornelis (1810-1891)
│ │ │ │ │ │ │ ∞ Biert, Geertje van
│ │ │ │ │ │ │ ∞ 1833 Visbeen, Geertrui (±1808-1880)
│ │ │ │ │ │ │ │ ├─ VIII.1 (v) Zorge, Cornelia (1833-1868)
│ │ │ │ │ │ │ │ │ ∞ 1864 Snijder, Dirk (1838-)
│ │ │ │ │ │ │ │ ├─ VIII.2 (v) Zorge, Hendrika (1835-<1845)
│ │ │ │ │ │ │ │ ├─ VIII.3 (v) Zorge, Hendrika (1835-)
│ │ │ │ │ │ │ │ │ ∞ 1860 Silvis, Hendrik (1832-)
│ │ │ │ │ │ │ │ ├─ VIII.4 (v) Zorge, Lijdia (1838-1839)
│ │ │ │ │ │ │ │ ├─ VIII.5 (v) Zorge, Wilhelmina (±1841-1908)
│ │ │ │ │ │ │ │ │ ∞ Snijder, Paulus
│ │ │ │ │ │ │ │ ├─ VIII.6 (m) Zorge, Willem (1842-1843)
│ │ │ │ │ │ │ │ ├─ VIII.7 (m) Zorge, Hendrik (1842-1916)
│ │ │ │ │ │ │ │ │ ∞ 1868 Broekhoven, Maatje van (1843-1919)
│ │ │ │ │ │ │ │ │ │ ├─ IX.1 (v) Zorge, Geertje (1869-1900)
│ │ │ │ │ │ │ │ │ │ │ ∞ 1897 Jong, Joost de (1866-)
│ │ │ │ │ │ │ │ │ │ ├─ IX.2 (m) Zorge, Jaques (1870-1918)
│ │ │ │ │ │ │ │ │ │ │ ∞ 1895 Struik, Cornelia (1869-)
│ │ │ │ │ │ │ │ │ │ ├─ IX.3 (m) Zorge, Cornelis (1872-)
│ │ │ │ │ │ │ │ │ │ ├─ IX.4 (m) Zorge, Cornelis (1873-1928)
│ │ │ │ │ │ │ │ │ │ │ ∞ 1897 Touw, Bertha (1876-)
│ │ │ │ │ │ │ │ │ │ ├─ IX.5 (v) Zorge, Jannetje (1874-1901)
│ │ │ │ │ │ │ │ │ │ │ ∞ Kwak, Jan Leendert (1867-)
│ │ │ │ │ │ │ │ │ │ │ ∞ 1899 Ast, Marinus van (1863-)
│ │ │ │ │ │ │ │ │ │ ├─ IX.6 (v) Zorge, Cornelia (1878-1881)
│ │ │ │ │ │ │ │ │ │ ├─ IX.7 (v) Zorge, Aartje (1879-1880)
│ │ │ │ │ │ │ │ │ │ ├─ IX.8 (m) Zorge, Hendrik (1882-)
│ │ │ │ │ │ │ │ │ │ ├─ IX.9 (m) Zorge, Willem (1882-)
│ │ │ │ │ │ │ │ │ │ │ ∞ 1905 Guldemeester, Aagje (1883-)
│ │ │ │ │ │ │ │ │ │ │ │ ├─ X.1 (m) Zorge, Hendrik
│ │ │ │ │ │ │ │ │ │ │ │ │ ∞ Tanis, Commertje Hillegonda
│ │ │ │ │ │ │ │ │ │ │ │ │ └─ XI.1 (m) Zorge, Willem
│ │ │ │ │ │ │ │ │ │ │ │ └─ X.2 (v) Zorge, Maatje (1907-)
│ │ │ │ │ │ │ │ │ │ │ │   ∞ 1926 Oostenbrugge, Maarten van (1897-)
│ │ │ │ │ │ │ │ │ │ └─ IX.10 (v) Zorge, Aartje (1885-1886)

```
└── IX.11 (m) Zorge, Cornelia (1887-)
      ∞ 1911 Visser, Jan Leendert (1885-)
├── VIII.8 Stamvader Haarlemmer tak Zorge, Willem (blz.131)
    ∞ Tiggelman, Leentje (1852-1942)
    ∞ 1870 Vaalburg, Leentje (1846-1920)
    ├── IX.1 (v) Zorge, Geertje (1871-1872)
    ├── IX.2 (m) Zorge, Adrianus (1873-1951)
    │    ∞ 1897 Broertjes, Hiltje (1877-1924)
    │    ├── X.1 (m) Zorge, Willem (1897-)
    │    │    ∞ 1922 Plessius, Geertje (1899-)
    │    ├── X.2 (m) Zorge, Dirk (1899-1920)
    │    ├── X.3 (m) Zorge, Cornelis (1900-)
    │    │    ∞ 1922 Langenberg, Sijntje (1903-)
    │    ├── X.4 (m) Zorge, Nicolaas (1902-)
    │    ├── X.5 (v) Zorge, Leentje (1905-)
    │    ├── X.6 (v) Zorge, Fijtje (1906-)
    │    └── X.7 (v) Zorge, Aaltje (1916-1916)
    ├── IX.3 (v) Zorge, Geertje (1875-1955)
    │    ∞ 1897 Dompeling, Arie (1871-1948)
    ├── IX.4 (m) Zorge, Cornelis (1877-1965)
    │    ∞ 1906 Janssen, Grietje Eisse (1883-1969)
    │    ├── X.1 (m) Zorge, Eisse
    │    ├── X.2 (v) Zorge, Willie
    │    │    ∞ Lijsse, ?
    │    ├── X.3 (v) Zorge, Leentje (1907-)
    │    │    ∞ Penninga, ?
    │    └── X.4 (m) Zorge, Gerrit (1914-1969)
    │         ∞ Nooijer, Neeltje Magdalena de (1915-2009)
    │         ├── XI.1 (m) Zorge, Cornelis
    │         │    ∞ Kaper, Hannie
    │         │    ├── XII.1 (v) Zorge, Hester (1967-)
    │         │    └── XII.2 (v) Zorge, Merel (1978-)
    │         │         ∞ Lint, Rogier de
    │         ├── XI.2 (m) Zorge, Jeremias (1943-2010)
    │         │    ∞ Beek, Margaretha Johanna van (1945-)
    │         │    ├── XII.1 (m) Zorge, Dino (1969-)
    │         │    │    ∞ Blees, Danielle (1966-)
    │         │    │    ├── XIII.1 (m) Zorge, Bruno (2000-)
    │         │    │    └── XIII.2 (m) Zorge, Jonah (2004-)
    │         │    └── XII.2 (m) Zorge, Yuri (1972-)
    │         │         ∞ Hulleman, Mandy Michelle (1982-)
    │         └── XI.3 (m) Zorge, Eisse (1947-)
    │              ∞ Jaspers, Willy
    │              ├── XII.1 (v) Zorge, Maike (1975-)
    │              └── XII.2 (v) Zorge, Ynske (1979-)
    │                   ∞ Meurs, Machiel van
    ├── IX.5 (m) Zorge, Jacob (1879-)
    │    ∞ 1909 Vonk, Ida (1877-)
    ├── IX.6 (v) Zorge, Neeltje (1880-)
    │    ∞ 1904 Pekelharing, Gerrit (1881-)
    ├── IX.7 (v) Zorge, Cornelia (1880-)
    ├── IX.8 (m) Zorge, Hendrik (1882-1969)
```

```
                              ∞ 1909 Bras, Jannetje Hendrika Cornelia (1887-1973)
                              ├── IX.9 (v) Zorge, Leentje (1884-)
                              │    ∞ 1906 Hoogmoed, Jan (1881-)
                              └── IX.10 (v) Zorge, Josina (1889-)
                                   ∞ 1912 Hogenhout, Janus (1888-)
                         ├── VIII.9 (m) Zorge, Abraham (1850-1850)
                         └── VIII.10 (v) Zorge, Lijdia (1852-1885)
                    └── VII.2 (v) Zorge, Lijdia (1816-1895)
                         ∞ 1842 Ochten, Gerrit van (1811-)
                         ∞ 1856 Koedam, Floris (1815-1857)
               └── VI.7 (v) Zorge, Adriana (1765-)
                    ∞ 1794 Dongen, Jacob van (1763-1834)
          ├── V.5 (v) Zorge, Jacoba (1728-1821)
          │    ∞ 1764 Nederveen, Gijsbert van
          ├── V.6 (v) Zorge, Dina (1732-1733)
          ├── V.7 (v) Zorge, Segerink (1733-)
          ├── V.8 (v) Zorge, Dina (1734-)
          ├── V.9 (m) Zorge, Jan (1736-1743)
          ├── V.10 (v) Zorge, Johanna (1740-)
          └── V.11 (m) Zorge, Jan (1743-)
     ∞ 1746 Duurt, Kaatje Pieters
     ├── V.1 (m) Zorge, Adrianus (1748-)
     ├── V.2 (m) Zorge, Pieter Adriaans (1749-)
     │    ∞ 1775 Molenaar, Maria (1753-)
     │    ├── VI.1 (v) Zorge, Kaatje (1779-)
     │    ├── VI.2 (m) Zorge, Adriaan (1781-1829)
     │    │    ∞ Bijl, Tijntje Gijsberts
     │    │    └── VII.1 (m) Zorge, Arij (1800-)
     │    │         ∞ Boshart, Maria
     │    ├── VI.3 (m) Zorge, Daniel Pieters (1783-1846)
     │    │    ∞ Redding, Maria (-<1817)
     │    │    ├── VII.1 (m) Zorge, Pieter Adrianus (1807-1847)
     │    │    │    ∞ 1831 Hof, Sara van t' (1805-1854)
     │    │    │    ├── VIII.1 (m) Zorge, Daniel (1832-1861)
     │    │    │    │    ∞ 1857 Spek, Maria (1830-1889)
     │    │    │    │    ├── IX.1 (v) Zorge, Sara (1857-1913)
     │    │    │    │    │    ∞ 1887 Noordijk, Adrianus (1855-)
     │    │    │    │    ├── IX.2 (v) Zorge, Elizabeth (1858-1859)
     │    │    │    │    └── IX.3 (m) Zorge, Paulus (1860-1944)
     │    │    │    │         ∞ 1883 Spaan, Teuntje van der (1860-1931)
     │    │    │    │         ├── X.1 (m) Zorge, Daniel (1884-)
     │    │    │    │         │    ∞ 1911 Trommel, Cornelia (1885-)
     │    │    │    │         ├── X.2 (m) Zorge, Jan Cornelis (1886-1918)
     │    │    │    │         │    ∞ 1911 Putten, Neeltje van (1886-)
     │    │    │    │         │    └── XI.1 (m) Zorge, Paulus (1911-1911)
     │    │    │    │         ├── X.3 (v) Zorge, Maria (1887-)
     │    │    │    │         │    ∞ 1914 Werf, Willem van de (1889-)
     │    │    │    │         └── X.4 (v) Zorge, Krijntje Hendrika (1897-1976)
     │    │    │    │              ∞ 1921 Oosters, Doris Filippus (1896-1980)
     │    │    │    ├── VIII.2 (m) Zorge, Willem (1833-<1835)
     │    │    │    ├── VIII.3 (m) Zorge, Willem (1835-1894)
     │    │    │    │    ∞ 1861 Boogerd, Adriana (1838-)
     │    │    │    │    ├── IX.1 (v) Zorge, Sara (1862-1876)
     │    │    │    │    ├── IX.2 (m) Zorge, Pieter (1866-<1870)
```

50

```
│ │ │ │ │ │   ┌── IX.3 (v) Zorge, Neeltje (1869-)
│ │ │ │ │ │   │  ∞ 1890 Verbrugge, Cornelis (1866-)
│ │ │ │ │ │   │  ∞ 1891 Groen, Willem van (1860-)
│ │ │ │ │ │   ├── IX.4 (m) Zorge, Pieter (1870-1956)
│ │ │ │ │ │   │  ∞ 1895 Rijswijk, Geertrui van (1869-1951)
│ │ │ │ │ │   │   ┌── X.1 (v) Zorge, Wilhelmina (1896-)
│ │ │ │ │ │   │   │  ∞ 1919 Bokhorst, Petrus (1894-)
│ │ │ │ │ │   │   ├── X.2 (v) Zorge, Adriana (1898-)
│ │ │ │ │ │   │   │  ∞ 1920 Bokhorst, Cornelis (1899-)
│ │ │ │ │ │   │   ├── X.3 (v) Zorge, Geertrui (1901-)
│ │ │ │ │ │   │   │  ∞ 1919 Kulk, Jan (1899-)
│ │ │ │ │ │   │   ├── X.4 (v) Zorge, Helena (1902-1988)
│ │ │ │ │ │   │   │  ∞ 1928 Bokhorst, Simon (1928-)
│ │ │ │ │ │   │   └── X.5 (v) Zorge, Neeltje (1903-1993)
│ │ │ │ │ │   │      ∞ Café, Joost (1896-1969)
│ │ │ │ │ │   ├── IX.5 (v) Zorge, Maria (1873-1873)
│ │ │ │ │ │   ├── IX.6 (v) Zorge, Lena Maria (1876-1878)
│ │ │ │ │ │   ├── IX.7 (v) Zorge, Sara (1876-)
│ │ │ │ │ │   └── IX.8 (v) Zorge, Hendrika (1887-1890)
│ │ │ │ │ ├── VIII.4 (m) Zorge, Gilles (1836-1838)
│ │ │ │ │ ├── VIII.5 (m) Zorge, Gilles (1839-1840)
│ │ │ │ │ ├── VIII.6 (v) Zorge, Neeltje (1842-1842)
│ │ │ │ │ ├── VIII.7 (v) Zorge, Adriaantje (1842-1842)
│ │ │ │ │ └── VIII.8 (v) Zorge, Maria (1842-1842)
│ │ │ │ ├── VII.2 (m) Zorge, Gillis (1810-1826)
│ │ │ │ ├── VII.3 (m) Zorge, Adrianus (1810-1877)
│ │ │ │ │  ∞ 1843 Balen, Maria van (1815-1844)
│ │ │ │ │  ∞ 1844 Siebrandse, Maria (1815-1852)
│ │ │ │ │   └── VIII.1 (m) Zorge, Daniël (1845-1868)
│ │ │ │ │  ∞ 1854 Grevenstuk, Maria (1815-1870)
│ │ │ │ │   └── VIII.1 (m) Zorge, Daniel (1845-)
│ │ │ │ ├── VII.4 (v) Zorge, Maria (1813-1866)
│ │ │ │ │  ∞ 1836 Gast, Leendert de (1816-)
│ │ │ │ └── VII.5 (v) Zorge, Adriana (1815-1834)
│ │ │ │  ∞ 1817 Bakker, Maria (1782-1836)
│ │ │ │   └── VII.1 (v) Zorge, Arentje (1823-1859)
│ │ │ │      ∞ 1846 Breur, Mattheus (1819-)
│ │ │ └── VI.4 (v) Zorge, Geertrui (1801-)
│ │ └── V.3 (v) Zorge, Dina (1754-)
│ ├── IV.11 (v) Zorge, Maria (1698-)
│ └── IV.12 (v) Zorge, Aeltje (1701-)
├── III.2 (v) Zorge, Geertje (1659-)
├── III.3 (v) Zorge, Neeltje (1661-)
├── III.4 (m) Zorge, Guilliaem (1664-1667)
└── III.5 (m) Zorge, Guilliaem (1667-)
```

Stamvader Jan Zorge van Dreischor

I **Jan Zorge** is geboren omstreeks 1595 [bron: hvt schatting], Jan trouwde met **NN**

Kinderen van Jan

> 1 **Adriaan Janse Zorge**. Volgt II-a (blz.53) .
> 2 **Cornelis Zorge**. Volgt II-b (blz.57) .
> 3 **Tonis Janse Zorge**, geboren in 1629. Volgt II-c (blz.116) .

DE TAK VAN ADRIAAN JANSE

II-a **Adriaan Janse Zorge** zoon van Jan Zorge (zie I (blz.53)) en ???? Adriaan is overleden vóór 1659 [bron: 2e huwelijk weduwe Grietje]. Adriaan trouwde met **Grietje Jacobs Meesse** vóór 1644.
Grietje trouwde later op vrijdag 10 oktober 1659 in Dreischor [bron: RaBS163 opname nr.h107490] met Jacob Dingemanse Kortman.
Stamvader van de uitgestorven oude Dreischor tak

Kinderen van Adriaan en Grietje:

> 1 **Neeltje Zorge**, geboren op zondag 26 juni 1644 in Dreischor. Volgt III-a (blz.53) .
> 2 **Cornelis Zorge**, geboren op zondag 31 december 1645 in Dreischor.
> 3 **Dingeman Zorge**, geboren op zondag 17 november 1647 in Dreischor. Dingeman is overleden vóór 1653, ten hoogste 6 jaar oud.
> 4 **Wouter Zorge**, geboren op zondag 12 september 1649 in Dreischor. Wouter is overleden vóór 1655, ten hoogste 6 jaar oud.
> 5 **Lowijntje Zorge**, geboren op zondag 26 februari 1651 in Dreischor.
> 6 **Dingeman Adriaanse (Sorge) Zorge**, geboren op zondag 21 december 1653 in Dreischor. Volgt III-b (blz.53) .
> 7 **Wouter Adriaanse Zorge**, geboren op zondag 5 september 1655 in Dreischor. Volgt III-c (blz.55) .
> 8 **Jozijntje Zorge**, geboren op zondag 24 juni 1657 in Dreischor.

III-a **Neeltje Zorge** is geboren op zondag 26 juni 1644 in Dreischor, dochter van Adriaan Janse Zorge (zie II-a (blz.53)) en Grietje Jacobs Meesse Neeltje trouwde met **Cornelis Muste** op dinsdag 9 februari 1666 in Brouwershaven [bron: LDS].

III-b **Dingeman Adriaanse (Sorge) Zorge** is geboren op zondag 21 december 1653 in Dreischor, zoon van Adriaan Janse Zorge (zie II-a (blz.53)) en Grietje Jacobs Meesse Sorge trouwde met **Maria Pieters**. Maria is overleden na 1651.
Zij was op 1651 weduwe toe zij als bewoonster van de Oude Moolblok stond vermeld. Vermoedelijk kort daarop overleden.
Volgens JL Braber:
Hij neemt aan dat de Zorgesweg naar hem is genoemd. Dingeman woonde in de boerderij de Oude Moolblok te Dreischor en was daarvan de eigenaar. Hij woonde er in 1630 en is ook daar ook vermeld in 1644. In 1651 staat alleen zijn weduwe daar vermeld die vermoedelijk kort daarop is overleden.

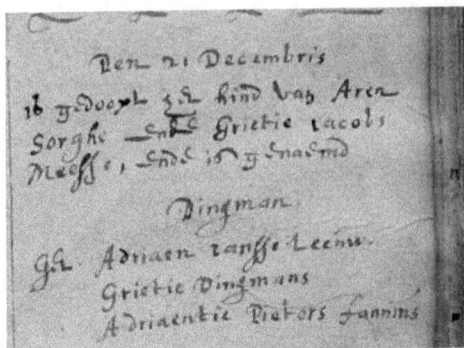

Kinderen van Sorge en Maria:

1 Jan Dingemanse Zorge. Volgt IV-a (blz.54) .
2 Adriaan Dingemans (Arent) Zorge, geboren in november 1681 in Dreischor. Volgt IV-b (blz.54) .

IV-a Jan Dingemanse Zorge zoon van Dingeman Adriaanse (Sorge) Zorge (zie III-b (blz.53)) en Maria Pieters Beroep: Schoolmeester en voorzanger van 1743 - 1765.
Jan trouwde met **Teuntje Pieters Klink**.
ZA Kerkelijke Dienaren, Archief Rekenkamer van Zeeland B

Kind van Jan en Teuntje:

1 Cornelia Zorge, geboren op zaterdag 12 september 1744 in Haamstede.

IV-b Adriaan Dingemans (Arent) Zorge is geboren in november 1681 in Dreischor, zoon van Dingeman Adriaanse (Sorge) Zorge (zie III-b (blz.53)) en Maria Pieters Hij is gedoopt op zondag 9 november 1681 in Dreischor. Arent trouwde met **Dina Hermans van Bloois** op vrijdag 15 april 1707 in Dreischor [bron: RaBS163 opname nr. _H107539]. Dina is geboren in Dleischor.

Kinderen van Arent en Dina:

1 Dingeman Zorge, geboren op zondag 1 april 1708 in Dreischor. Volgt V-a (blz.55) .
  2 Hermannus Zorge, geboren op zondag 3 november 1709 in Dreischor. Volgt V-b (blz.55) .
  3 Levijna Zorge, geboren op zaterdag 25 juli 1711 in Dreischor.
  4 Maria Adriaanse Zorge, geboren op zondag 26 juli 1711 in Dreischor. Volgt V-c (blz.55) .
  5 Maetje Zorge, geboren op zondag 8 januari 1713 in Dreischor. Volgt V-d (blz.55) .
  6 Martinus Zorge, geboren op zondag 19 augustus 1714 in Dreischor. Martinus is overleden vóór 1717, ten hoogste 3 jaar oud.
  7 Cornelia Arentse Zorge, geboren op zondag 29 september 1715 in Dreischor. Volgt V-e (blz.55) .
  8 Martinus Zorge, geboren op zondag 13 juni 1717 in Dreischor.
  9 Jan Zorge, geboren op zondag 12 maart 1719 in Dreischor. Jan is overleden vóór 1725, ten hoogste 6 jaar oud.
  10 Wouter Zorge, geboren op donderdag 28 november 1720 in Dreischor [bron: RaBS, inventaris nr. 161 opname nr. _H107275].

54

11 Magdalena Adriaanse Zorge, geboren op nieuwjaarsdag donderdag 1 januari 1722 in Dreischor. Volgt V-f (blz.55) .
12 Cornelis Zorge, geboren op zondag 3 oktober 1723 in Dreischor.
13 Jan Zorge, geboren op vrijdag 7 september 1725 in Dreischor.

V-a Dingeman Zorge is geboren op zondag 1 april 1708 in Dreischor, zoon van Adriaan Dingemans (Arent) Zorge (zie IV-b (blz.54)) en Dina Hermans van Bloois Dingeman trouwde met **Cornelia Kloote** op woensdag 17 december 1732 [bron: LDS].

V-b Hermannus Zorge is geboren op zondag 3 november 1709 in Dreischor, zoon van Adriaan Dingemans (Arent) Zorge (zie IV-b (blz.54)) en Dina Hermans van Bloois Hermannus trouwde met **Annie de Harze** op vrijdag 4 mei 1736 [bron: LDS].
Alias: Sorge

V-c Maria Adriaanse Zorge is geboren op zondag 26 juli 1711 in Dreischor, dochter van Adriaan Dingemans (Arent) Zorge (zie IV-b (blz.54)) en Dina Hermans van Bloois Maria trouwde met **Jan van der Velde** in januari 1743 [bron: LDS].

V-d Maetje Zorge is geboren op zondag 8 januari 1713 in Dreischor, dochter van Adriaan Dingemans (Arent) Zorge (zie IV-b (blz.54)) en Dina Hermans van Bloois Maetje trouwde met **Jacob Lotte** op donderdag 2 mei 1743 [bron: LDS].

V-e Cornelia Arentse Zorge is geboren op zondag 29 september 1715 in Dreischor, dochter van Adriaan Dingemans (Arent) Zorge (zie IV-b (blz.54)) en Dina Hermans van Bloois Cornelia trouwde met **Marinus Janse Eijck** op dinsdag 26 januari 1740 in Dreischor [bron: RaBS163 opname nr. _H107558]. Marinus is geboren in Stavenisse.

V-f Magdalena Adriaanse Zorge is geboren op nieuwjaarsdag donderdag 1 januari 1722 in Dreischor, dochter van Adriaan Dingemans (Arent) Zorge (zie IV-b (blz.54)) en Dina Hermans van Bloois Zij is gedoopt op maandag 5 januari 1722 in Dreischor [bron: RaBS, inventaris nr. 161 opname nr. _H107278]. Magdalena trouwde met **Pieter Claasz de Jonge**.

Kinderen van Magdalena en Pieter:

   1 Claas de Jonge, geboren op vrijdag 17 juni 1746 in Oosterland.
   2 Adriaan Jonge, geboren op donderdag 23 november 1752 in Oosterland.

III-c Wouter Adriaanse Zorge is geboren op zondag 5 september 1655 in Dreischor, zoon van Adriaan Janse Zorge (zie II-a (blz.53)) en Grietje Jacobs Meesse Wouter is overleden na 1717, minstens 62 jaar oud.

(1) Wouter trouwde met **Josina Wittekoeke**. Josina is geboren in 1640 in Sommelsdijk. Josina is overleden vóór 1717, ten hoogste 77 jaar oud.
(2) Wouter trouwde met **Lijsbeth Stokke** op donderdag 1 juli 1717 in Brouwershaven [bron: RaBSinventaris nr. 113 (oud nummer Brouwershaven nr. 9) opn._H105628].

Kinderen van Wouter en Josina:

> **1 Aren Zorge**, geboren op zondag 8 november 1682 in Sommelsdijk. Aren is overleden in 1684, ± 2 jaar oud.
> **2 Aren Zorge**, geboren op zondag 7 mei 1684 in Sommelsdijk.
> **3 Eva Wouters Zorge**, geboren in 1689 in Herkingen. Volgt IV-c (blz.56) .

referentie: ot
huwelijksafkondiging: 08 januari 1682 Sommelsdijk (bron DTB 10) JM van Dreijsschoor, weduwe van Kornelis Stevense Verhoeck en beijde woonachtig alhier.
Ook te OT (DTB 56:I
Den 8 Januarij 1682 zijn bij de predikant van Sommelsdijk in ondertrouw opgenomen volgens attestatie Wouter Adriaanze Zorge JM van Dreijschoor met Josijntje Cornelis weduwe van Cornelis Stevens Verhoeck beijde wonende te Sommelsdijk ten einde haare geboden mede alhier mogen afgekondigt werden,Dese zijn met attestatie van dat haere houwelijksche voorstellingen alhier onverhindert gegaen waren vertrokken na Sommelsdijk teneinde zij aldaar (voor soo veel ons aangaat) in de houwelijke staat moghte bevestight werden.

IV-c Eva Wouters Zorge is geboren in 1689 in Herkingen [bron: LDS], dochter van Wouter Adriaanse Zorge (zie III-c (blz.55)) en Josina Wittekoeke
(1) Eva trouwde met **Arnoldus Janse** op zondag 28 mei 1713 in Herkingen [bron: LDS].
(2) Eva trouwde met **Adriaan van Spanien** in 1726 in Herkingen [bron: LDS].

DE TAK VAN CORNELIS JANSE

II-b   Cornelis Zorge zoon van Jan Zorge (zie I (blz.53)) en ????
(1) Cornelis trouwde met **Maatje Daniels van de Lek** op zaterdag 6 april 1652 in
Dreischor [bron: RaBS163 opname nr. _H107482]. Maatje is overleden vóór 1654.
(2) Cornelis trouwde met **Lijsbeth Jans Heer** op zondag 18 januari 1654 in Dreischor
[bron: RaBS163 opname nr. _H107483].

********stamvader Sorghe van Dreischor***************
Bij de doop in Dreischor van Apllonia op 31 aug 1653 zijn als getuigen aanwezig:
*Tonis Sorghe en Rochnusie Sorghe. Hieruit blijk de afkomst van de Tholense stam uit Dreischor en tevens
de verwantschap aantonend tussen Cornelis(Dr en Tonis*

Kinderen van Cornelis en Maatje:

> **1 Apollonia Cornelisse Zorge**, geboren op zondag 31 augustus 1653 [bron: RaBS,
> inventaris nr. 160 opname nr. _H107072].
> **2 Commertje Cornelisse Zorge**, geboren omstreeks mei 1654. Volgt III-d (blz.57) .

Kinderen van Cornelis en Lijsbeth:

> **3 Cornelia Zorge**, geboren op zondag 6 februari 1656 in Dreischor [bron: RaBS,
> inventaris nr. 160 opname nr. _H107075].
> **4 Krijntje Zorge**, geboren op zondag 30 december 1657 in Dreischor.
> **5 Wouterijntje Cornelisse Zorge**, geboren op zondag 14 maart 1660 in Dreischor.
> Volgt III-e (blz.57) .
> **6 Janneke Zorge**, geboren op zondag 28 januari 1663 in Dreischor.
> **7 Cornelis Cornelisse Zorge**, geboren op zondag 18 januari 1665 in Dreischor.
> Volgt III-f (blz.58) .
> **8 Crina Zorge**, geboren op paaszondag 1 april 1668 in Dreischor.
> **9 Rochus Zorge**, geboren op paaszondag 1 april 1668 in Dreischor.
> **10 Jan Zorge**, geboren op zondag 7 juli 1669 in Dreischor [bron: RaBS, inventaris
> nr. 160 opname nr. _H107097]. Jan is overleden vóór 1671, ten hoogste 2 jaar oud.
> **11 Jan Zorge**, geboren op zondag 12 april 1671 in Dreischor [bron: RaBS,
> inventaris nr. 160 opname nr. _H107101].

III-d   Commertje Cornelisse Zorge is geboren omstreeks mei 1654, dochter van
Cornelis Zorge (zie II-b (blz,57)) en Maatje Daniels van de Lek Commertje trouwde met
Anthony Florisse van der Weert op vrijdag 10 oktober 1670 in Dreischor [bron:
RaBS163 opname nr. _H107500].
Alias: Sorge

Kind van Commertje en Anthony:

> **1 Cornelis van der Weert**, geboren op zondag 8 november 1676 in Dreischor.

III-e Wouterijntje Cornelisse Zorge is geboren op zondag 14 maart 1660 in Dreischor [bron: RaBS, inventaris nr. 160 opname nr. _H107081], dochter van Cornelis Zorge (zie II-b (blz.57)) en Lijsbeth Jans Heer Wouterijntje trouwde met **Claes Cornelis Oole** op zondag 13 oktober 1686 in Dreischor [bron: RaBS163 opname nr. _H107516]. Claes is geboren in Zonnemaire.

Kinderen van Wouterijntje en Claes:

1 Cornelis Oole, geboren op zondag 13 april 1687 in Dreischor.
2 Jannetje Oole, geboren op pinkstermaandag 23 mei 1695 in Dreischor.

III-f Cornelis Cornelisse Zorge is geboren op zondag 18 januari 1665 in Dreischor [bron: RaBS, inventaris nr. 160 opname nr. _H107088], zoon van Cornelis Zorge (zie II-b (blz.57)) en Lijsbeth Jans Heer Cornelis trouwde met **Mary Rogierse**.

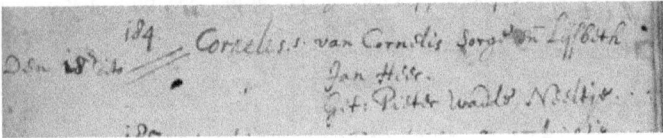

Kinderen van Cornelis en Mary:

1 Lijsbeth Zorge, geboren op zondag 12 augustus 1691 in Dreischor.
2 Reijer Zorge, geboren op zaterdag 28 maart 1693 in Dreischor [bron: RaBSinventaris nr. 740 opname nr. _H100339]. Reijer is overleden vóór 1698, ten hoogste 5 jaar oud.
3 Rogier (Reijer) Zorge, geboren op maandag 1 december 1698 in Dreischor. Volgt IV-d (blz.58) .
4 Cornelis Zorge, geboren op zondag 22 januari 1702 in Dreischor. Volgt IV-e (blz.104) .
5 Jan Zorge, geboren op zondag 4 juli 1706 in Dreischor.

IV-d Rogier (Reijer) Zorge is geboren op maandag 1 december 1698 in Dreischor, zoon van Cornelis Cornelisse Zorge (zie III-f (blz.58)) en Mary Rogierse Hij is gedoopt op zondag 21 december 1698 in Dreischor [bron: RaBS, inventaris nr. 160 opname nr. _H107177].

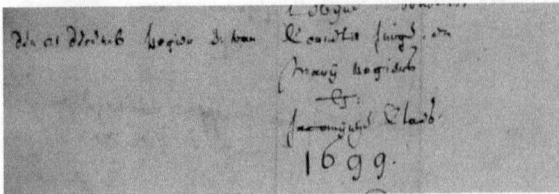

Reijer trouwde met **Adriana Kornelisse Bibbe**, ± 28 jaar oud, in 1722 in Nieuwerkerk.
Bron:, Jan Willem Bolkenbaas
Zij is gedoopt op paaszondag 11 april 1694 in Nieuwerkerk.

Kinderen van Reijer en Adriana:

1 Cornelis Zorge, geboren op zondag 20 december 1722 in Dreischor. Cornelis is overleden in 1740, ± 18 jaar oud.
2 Jan Zorge, geboren op zondag 2 januari 1724 in Dreischor.
3 Jacomina Zorge, geboren op zondag 20 juli 1727 in Nieuwerkerk, Schouwen.
4 Cornelia Zorge, geboren op zondag 9 januari 1729 in Nieuwerkerk, Schouwen. Volgt V-g (blz.59).
5 Lauwrina Zorge, geboren op zondag 5 februari 1730 in Nieuwerkerk, Schouwen.
6 Adriaan Zorge, geboren op zondag 29 juli 1731 in Nieuwerkerk. Adriaan is overleden vóór september 1732, ten hoogste 1 jaar oud.
7 Adriaan Zorge, geboren op zondag 21 september 1732 in Nieuwerkerk [bron: LDS]. Adriaan is overleden vóór september 1737, ten hoogste 5 jaar oud.
8 Leuntje Zorge, geboren op zondag 28 november 1734 in Nieuwerkerk, Schouwen.
9 Maria Reijerse Zorge, geboren vóór 1735. Volgt V-h (blz.59).
10 Adriaan Rogierse Zorge, geboren op donderdag 5 september 1737 in Nieuwerkerk, Schouwen. Volgt V-i (blz.59).
11 Cornelis Zorge, geboren in 1740 in Dreischor. Volgt V-j (blz.102).

V-g Cornelia Zorge is geboren op zondag 9 januari 1729 in Nieuwerkerk, Schouwen, dochter van Rogier (Reijer) Zorge (zie IV-d (blz.58)) en Adriana Kornelisse Bibbe Cornelia trouwde met **Jan Cornelisse de Vos** op zondag 15 november 1750 in Nieuwerkerk. Jan is geboren in Kortgene.

V-h Maria Reijerse Zorge is geboren vóór 1735, dochter van Rogier (Reijer) Zorge (zie IV-d (blz.58)) en Adriana Kornelisse Bibbe Maria is overleden in augustus 1759, minstens 24 jaar oud [bron: LDS]. Maria trouwde met **Jacobus Isaacs Stoutjesdijk**, ten hoogste 35 jaar oud, vóór 1749. Jacobus is geboren in 1714. Beroep: Marco Hage. Jacobus is overleden op dinsdag 30 maart 1773 in Nieuwekerk, ± 59 jaar oud.

Kinderen van Maria en Jacobus:

1 Adriana Isaacs, geboren op zondag 23 maart 1749 in Nieuwerkerk.
2 Marinus Isaacs, geboren op zondag 24 september 1752 in Nieuwerkerk.

V-i Adriaan Rogierse Zorge is geboren op donderdag 5 september 1737 in Nieuwerkerk, Schouwen, zoon van Rogier (Reijer) Zorge (zie IV-d (blz.58)) en Adriana Kornelisse Bibbe Hij is gedoopt op zondag 15 september 1737 in Nieuwerkerk, Schouwen [bron: Archief Dopen Nieuwerkerk]. Adriaan is overleden vóór maart 1771 in Oosterland, ten hoogste 33 jaar oud.

In de diverse akten worden de namen als Rogierse en Rijerse door elkaar gebruikt (bv doop Maria is Rogierse).
Adriaan deed in 176 belijdenis te Nieuwerkerk en vetrok 5 october 1764 met attestatie naar Oosterland.

Adriaan trouwde met **Susanne van der Schaft** op vrijdag 24 februari 1764 in Nieuwerkerk [bron: Zeeuws Archief,,trouwgeld 45181]. Susanne is geboren in Renesse [bron: , Jan Willem Bolkenbaas]. Susanne is overleden op vrijdag 30 december 1796 in Dreischor. Susanne trouwde later op vrijdag 24 juli 1772 in Dreischor [bron: Archief Dreischor] met Johannes Jansz van den Velde.
De nagelaten goederen van Suzanna Johannisse van der Schaft, laatst weduwe van Johannis Janse van de Velde, eerder weduwe van Adriaan Zorge, bestonden o.a. uit "een hof of boomgaard groot 28 ½ roeden liggende binnen deese jurisdictie in het bevang genaamd het groote Schorre 37e Mate in No. 6, in erfpagt bezittende van Schout Maarte Berman (Staat en Inventaris 12.1.1797)

Kinderen van Adriaan en Susanne:

1 **Herman Adriaanse Zorge**. Volgt VI-a (blz.60) .
2 **Reijer Zorge**, geboren op maandag 26 november 1764 in Oosterland. Volgt VI-b (blz.61) .
3 **Maria Zorge**, geboren op Goede Vrijdag 28 maart 1766 in Oosterland. Zij is gedoopt op paaszondag 30 maart 1766 in Oosterland.
4 **Johannes Zorge**, geboren op vrijdag 26 juni 1767 in Oosterland. Hij is gedoopt op zondag 28 juni 1767 in Oosterland.
5 **Adriana Zorge**, geboren op donderdag 4 oktober 1770 in Dreischor.

VI-a Herman Adriaanse Zorge zoon van Adriaan Rogierse Zorge (zie V-i (blz.59)) en Susanne van der Schaft Herman is overleden vóór woensdag 21 januari 1789 in Noordgouwe.
Hervormde Gemeente te Noordgouwe 1591-1999, inv. nr. 21 Opname nr. LidmatenNo0911
NB ! Deze godzalige man is reeds voor het huis-bezoek in den Here ontslapen den 21-01-1789

(1) Herman trouwde met **Anna Lievense de Hooge** op paasmaandag 2 april 1736 in Dreischor. Anna is overleden vóór 1759.
(2) Herman trouwde met **Anna Catharina Ruijping** op woensdag 16 april 1760 in Zierikzee [bron: Archief Huwelijken Dreischor]. Anna is geboren in Utrecht.

Kind van Herman en Anna (1):

    1 Dina Zorge, geboren in Dreischor. Volgt VII-a (blz.61) .

VII-a Dina Zorge is geboren in Dreischor, dochter van Herman Adriaanse Zorge (zie VI-a (blz.60)) en Anna Lievense de Hooge Dina trouwde met **Jacob Adams Luijcaerdt** op Goede Vrijdag 4 april 1760 in Dreischor [bron: RaBS163 opname nr. _H107570].

VI-b Reijer Zorge is geboren op maandag 26 november 1764 in Oosterland, zoon van Adriaan Rogierse Zorge (zie V-i (blz.59)) en Susanne van der Schaft Hij is gedoopt op zondag 2 december 1764 in Oosterland [bron: RaBSinv. nr. 778 opname nr. _H105333]. Beroep: Landbouwer. Reijer is overleden op zondag 2 maart 1823 in Dreischor (zee), 58 jaar oud [bron: , Jan Willem Bolkenbaas].

(1) Reijer trouwde met **Lena Lievense Dankerse** op zondag 30 september 1787 in Drfeischor [bron: Archief Trouwgeld Zeeuwse Eilanden 1763-1805/ inv 45411]. Lena is geboren in Oosterland, dochter van Lieven Cornelisse Dankerse en Janna Janse Fasol. Lena is overleden op maandag 15 december 1834 in Dreischor.
(2) Reijer trouwde met **Maria Janse van de Velde**, 21 jaar oud, in februari 1794 in Oosterland [bron: ,]. Maria is geboren op donderdag 11 juni 1772 in Oosterland. Maria is overleden op maandag 15 december 1834 in Dreischor, 62 jaar oud.

Bij overlijden van Reijier laat hij na: *"een hofsteede, zijnde een woonhuis, schuur, keet en verdere gebouwen, gemerkt nr. 139 met twee en dertig Bunders vijf en dertig Roeden drie en dertig een tweede ellen koorn en wey-*
land, staande en gelegen op het grondgebied der gemeente van Dreischor"
(negatieve memorie van aangifte dd.14 september 1823)

Kinderen van Reijer en Lena:

    1 Cornelis Rogierse Zorge. Volgt VII-b (blz.62) .

2 Adriaan Zorge, geboren op zaterdag 18 oktober 1788 in Dreischor. Volgt VII-c (blz.63) .
3 Lieven Zorge, geboren op donderdag 15 december 1791 in Dreischor. Volgt VII-d (blz.66) .
4 Lieven Zorge, geboren op donderdag 15 december 1791 in Dreischor.

Kinderen van Reijer en Maria:

5 Jacomina Zorge, geboren op zaterdag 15 november 1794 in Dreischor [bron: RaBS, inventaris nr. 162 opname nr. _H107412]. Zij is gedoopt op zondag 23 november 1794 in Dreischor.
6 Jacomijntje Zorge, geboren in 1795 in Dreischor. Volgt VII-e (blz.68) .
7 Jan Zorge, geboren op maandag 6 november 1797 in Dreischor. Volgt VII-f (blz.70) **Johannes Zorge**, geboren op zondag 4 februari 1798 in Driechr. Johannes is overleden vóór 1803, ten hoogste 5 jaar oud.
9 Jacob Zorge, geboren op maandag 18 maart 1799 in Dreischor. Volgt VII-g (blz.96) .
10 Marinus Zorge, geboren op zondag 29 juni 1800 in Dreischor. Marinus is overleden vóór 1805, ten hoogste 5 jaar oud.
11 Samuel Zorge, geboren op zaterdag 28 november 1801 in Dreischor. Hij is gedoopt op zaterdag 2 januari 1802 in Dreischor. Samuel is overleden vóór 1812, ten hoogste 11 jaar oud.
12 Marinus Zorge, geboren op zondag 26 mei 1805 in Dreischor. Volgt VII-h (blz.97)
13 Johannis Zorge, geboren op dinsdag 7 mei 1811 in Dreischor. Volgt VII-i (blz.98) .
14 Rogier Zorge, geboren op zondag 10 november 1811 in Dreischor [bron: Geb Akten Dreischor].
15 Samuel Zorge, geboren op dinsdag 10 november 1812 in Dreischor 94a. Volgt VII-j (blz.101) .

Bevolkingsregter Dreischor 1820 vermeld inwoners op huisnr 139
Rogier Zorge (39jr)
Maria v d Velde (48jr)
Jan Zorge (24jr)
Johannes Zorge (17jr)
Marijnis Zorge (15jr)
Samuel Zorge (9jr)
Cornelia v d Weele (19jr) Dienstmeid

VII-b Cornelis Rogierse Zorge zoon van Reijer Zorge (zie VI-b (blz.61)) en Lena Lievense Dankerse Beroep: Arbeider.

Cornelis trouwde met **Adriaantje van Dussen** op zondag 26 april 1807 in Nieuwerkerk [bron: Archief Huwelijken Nieuwerkerk]. Adriaantje is geboren in Zonnemaire.

Kinderen van Cornelis en Adriaantje:

1 Reijer Zorge, geboren op zondag 14 mei 1809 in Nieuwerkerk. Volgt VIII-a (blz.63) .
2 Janna Zorge, geboren op maandag 17 september 1810 in Nieuwerkerk. Volgt VIII-b (blz.63) .

VIII-a   Reijer Zorge is geboren op zondag 14 mei 1809 in Nieuwerkerk [bron: RaBSinventaris nr. 724 opname nr. _H107791], zoon van Cornelis Rogierse Zorge (zie VII-b (blz.62)) en Adriaantje van Dussen Beroep: Militair, Flankeur. Reijer is overleden op donderdag 21 februari 1839 in Grave, 29 jaar oud [bron: Overlijdensakten Terneuzen].
Flankeur is een lichter infanterist die speciale opdrachten uitvoerden
http://nl.wikipedia.org/wiki/Flankeur
Reijer trouwde met **Colleta Baudewijn**, ± 22 jaar oud, op dinsdag 18 april 1837 in Sas van Gent. Colleta is geboren in 1815 in St Jansteen, dochter van Johannes Baptist Baudewijn en Elizabeth Batens. Colleta is overleden op vrijdag 10 maart 1848 in Haarlem, ± 33 jaar oud [bron: Overlijdensakten Nieuwerkerk].

Kind van Reijer en Colleta:

1 Regina Amelia Pieternella Zorge, geboren op zaterdag 22 juni 1839 in Terneuzen.

VIII-b   Janna Zorge is geboren op maandag 17 september 1810 in Nieuwerkerk, dochter van Cornelis Rogierse Zorge (zie VII-b (blz.62)) en Adriaantje van Dussen Zij is gedoopt op zondag 23 september 1810 in Nieuwerkerk [bron: RaBSinventaris nr. 724 opname nr. _H107793]. Janna trouwde met **Johannes Tigchom**, ± 24 jaar oud, op vrijdag 10 januari 1834 in Ouwerkerk. Johannes is geboren in 1810 in Ouwerkerk.

VII-c   Adriaan Zorge is geboren op zaterdag 18 oktober 1788 in Dreischor, zoon van Reijer Zorge (zie VI-b (blz.61)) en Lena Lievense Dankerse Hij is gedoopt op zondag 19 oktober 1788 in Dreischor [bron: RaBS, inventaris nr. 162 opname nr. _H107398]. Beroep: Herbergier. Adriaan is overleden op maandag 27 februari 1860 in Elkerzee, 71 jaar oud.

Adriaan trouwde met **Joppa van Graafeijland**, ± 30 jaar oud, op vrijdag 12 december 1823 in Dreischor. Joppa is geboren in 1793 in Brouwershaven, dochter van Leendert van Graafeijland en Sara Verkeer. Joppa is overleden op zondag 29 januari 1865 in Elkerzee, ± 72 jaar oud. Joppa is weduwe van Willem Triest (ovl. 1822).

Kinderen van Adriaan en Joppa:

1 **Reinier Zorge**, geboren in 1827 in Elkerzee. Volgt VIII-c (blz.64) .
2 **Sara Zorge**, geboren omstreeks 1830 in Elkerzee. Volgt VIII-d (blz.64) .
3 **Jacob Zorge**, geboren omstreeks 1833. Volgt VIII-e (blz.64) .
4 **Nehemia Zorge**, geboren in 1834 in Elkerzee. Volgt VIII-f (blz.66) .

VIII-c Reinier Zorge is geboren in 1827 in Elkerzee, zoon van Adriaan Zorge (zie VII-c (blz.63)) en Joppa van Graafeijland Beroep: Winkelier. Reinier is overleden op donderdag 28 november 1872 in Ellemeet, ± 45 jaar oud.

Reinier trouwde met **Pieternella de Jonge**, ± 25 jaar oud, op woensdag 3 september 1856 in Elkerzee. Pieternella is geboren in 1831 in Elkerzee. Pieternella is overleden op donderdag 1 april 1920 in Elkerzee, ± 89 jaar oud.

Kinderen van Reinier en Pieternella:

1 **Joppa Zorge**, geboren in 1857 in Elkerzee. Volgt IX-a.
2 **Adriaan Zorge**, geboren in 1860. Adriaan is overleden op dinsdag 31 augustus 1880 in Ellemeet, ± 20 jaar oud.
3 **Leendert Zorge**, geboren in 1862. Leendert is overleden op woensdag 22 april 1863 in Ellemeet, ± 1 jaar oud.
4 **Leendert Zorge**, geboren op donderdag 10 maart 1864 in Ellemeet.
Beroep: Koopman

VIII-d Sara Zorge is geboren omstreeks 1830 in Elkerzee, dochter van Adriaan Zorge (zie VII-c (blz.63)) en Joppa van Graafeijland Sara is overleden op zondag 26 februari 1888 in Rotterdam, ongeveer 58 jaar oud [bron: akte nr. 866]. Sara trouwde met **Abraham van der Velde**, ± 41 jaar oud, op vrijdag 17 januari 1862 in Elkerzee. Abraham is geboren in 1821 in Elkerzee.

VIII-e Jacob Zorge is geboren omstreeks 1833, zoon van Adriaan Zorge (zie VII-c (blz.63)) en Joppa van Graafeijland Jacob trouwde met **Maatje Tuinman**.

Kinderen van Jacob en Maatje:

1 **Pieternella Zorge**, geboren in 1864 in Kerkwerve. Volgt IX-b (blz.65) .
2 **Kornelia Zorge**, geboren in 1864 in Kerkwerve. Volgt IX-c (blz.65) .
3 **Janna Zorge**, geboren in 1868 in Ellemeet. Janna is overleden in juni 1922 in Rotterdam, ± 54 jaar oud.
4 **Marina Zorge**, geboren in 1869 in Ellemeet. Volgt IX-d (blz.65) .

5 Martina Zorge, geboren in 1871 in Ellemeet. Volgt IX-e (blz.65) .
6 Maatje Johanna Zorge, geboren in 1875 in Ellemeet. Volgt IX-f (blz.65) .
7 Jacob Reinier Zorge, geboren in januari 1877. Jacob is overleden op zaterdag 3 februari 1877 in Ellemeet, 1 maand oud.
8 Maria Clasina Zorge, geboren in 1878 in Ellemeet. Volgt IX-g (blz.65) .
9 Reinier Jacob Zorge, geboren in 1881 in Ellemeet. Volgt IX-h (blz.66) .
10 Marinus Samuel Zorge, geboren op pinksterzondag 13 mei 1883 in Ellemeet. Volgt IX-i (blz.66) .

IX-b Pieternella Zorge is geboren in 1864 in Kerkwerve, dochter van Jacob Zorge (zie VIII-e (blz.64)) en Maatje Tuinman Pieternella is overleden op maandag 12 november 1934 in Serooskerke, ± 70 jaar oud. Pieternella trouwde met **Dirk Verboom**, ± 24 jaar oud, op zaterdag 26 april 1884 in Serooskerke. Dirk is geboren in 1860 in Serooskerke, zoon van Tonis Verboom en Jacoba Johanna Bal.

IX-c Kornelia Zorge is geboren in 1864 in Kerkwerve, dochter van Jacob Zorge (zie VIII-e (blz.64)) en Maatje Tuinman Kornelia is overleden op zaterdag 8 december 1923 in Rotterdam, ± 59 jaar oud. Kornelia trouwde met **Leendert den Boer**.

IX-d Marina Zorge is geboren in 1869 in Ellemeet, dochter van Jacob Zorge (zie VIII-e (blz.64)) en Maatje Tuinman Marina is overleden op zaterdag 8 juni 1940 in Baarn, ± 71 jaar oud. Marina trouwde met **Hendrik Strietman** op woensdag 18 mei 1904 in Baarn. Hendrik is geboren in Raalte.

IX-e Martina Zorge is geboren in 1871 in Ellemeet, dochter van Jacob Zorge (zie VIII-e (blz.64)) en Maatje Tuinman Martina trouwde met **Pieter Minders**, ± 70 jaar oud, op vrijdag 19 november 1909 in Serooskerke. Pieter is geboren in 1839 in Zierikzee.

IX-f Maatje Johanna Zorge is geboren in 1875 in Ellemeet, dochter van Jacob Zorge (zie VIII-e (blz.64)) en Maatje Tuinman Maatje is overleden op woensdag 20 februari 1929 in Rotterdam, ± 54 jaar oud. Maatje trouwde met **Leendert van Splunter**, ± 24 jaar oud, op vrijdag 28 februari 1896 in Ellemeet. Leendert is geboren in 1872 in Noordwelle.

Kind van Maatje en Leendert:

   1 Maria Maatje van Splunter, geboren op dinsdag 17 maart 1903 in Rotterdam.

IX-g Maria Clasina Zorge is geboren in 1878 in Ellemeet, dochter van Jacob Zorge (zie VIII-e (blz.64)) en Maatje Tuinman Maria trouwde met **Machiel van den Boom**, ± 19 jaar oud, op woensdag 11 november 1903. Machiel is geboren in 1884 in Zierikzee.

Kind van Maria en Machiel:

1 Jacob Adriaan van den Boom, geboren in oktober 1918. Jacob is overleden op dinsdag 5 november 1918 in Rotterdam, 1 maand oud.

IX-h Reinier Jacob Zorge is geboren in 1881 in Ellemeet, zoon van Jacob Zorge (zie VIII-e (blz.64)) en Maatje Tuinman Reinier trouwde met **Arendina Fabriek**, ± 28 jaar oud, op woensdag 20 mei 1914 in Meppel. Arendina is geboren in 1886 in Meppel, dochter van Jan Fabriek en Anna van Huizen.

IX-i Marinus Samuel Zorge is geboren op pinksterzondag 13 mei 1883 in Ellemeet, zoon van Jacob Zorge (zie VIII-e (blz.64)) en Maatje Tuinman Marinus trouwde met **Adolphine Ewaldine Maria Siegman**. Adolphine is geboren in 1882. Adolphine is overleden op zaterdag 22 april 1933 in Rotterdam, ± 51 jaar oud.

VIII-f Nehemia Zorge is geboren in 1834 in Elkerzee, zoon van Adriaan Zorge (zie VII-c (blz.63)) en Joppa van Graafeijland Beroep: Herbergier. Nehemia is overleden op dinsdag 16 januari 1866 in Elkerzee, ± 32 jaar oud.
Nehema trouwde met **Anna Steur**, ± 28 jaar oud, op vrijdag 8 mei 1863 in Elkerzee. Anna is geboren in 1835 in Ellemeet.

Kind van Nehemia en Anna:

1 Cornelia Zorge, geboren op zaterdag 9 september 1865 in Elkerzee. Volgt IX-j (blz.66) .

IX-j Cornelia Zorge is geboren op zaterdag 9 september 1865 in Elkerzee, dochter van Nehemia Zorge (zie VIII-f (blz.66)) en Anna Steur Cornelia is overleden op zondag 24 januari 1937 in St Annaland, 71 jaar oud [bron: familysearch]. Cornelia trouwde met **Jan Evertse**, ± 42 jaar oud, op woensdag 24 oktober 1888 in Kerkwerve [bron: familysearch]. Jan is geboren in 1846 in Duivendijke. Jan is weduwnaar van Maria Zorge (1831-1866), met wie hij trouwde op woensdag 4 juli 1866 in Elkerzee, zie VIII-y (blz.99) .

VII-d Lieven Zorge is geboren op donderdag 15 december 1791 in Dreischor, zoon van Reijer Zorge (zie VI-b (blz.61)) en Lena Lievense Dankerse Hij is gedoopt op zondag 18 december 1791 in Dreischor [bron: RaBS, inventaris nr. 162 opname nr. _H107404].
Lieven trouwde met **Anna van der Jagt**, 24 jaar oud, op woensdag 7 december 1814 in Dreischor. Anna is geboren op vrijdag 5 februari 1790 in Ouwerkerk.

Kinderen van Lieven en Anna:

1 Lena Zorge, geboren op woensdag 12 april 1815 in Dreischor. Volgt VIII-g (blz.67) .

2 Rachel Zorge, geboren in 1818 in Dreischor. Volgt VIII-h (blz.67) .
3 Janna Zorge, geboren in 1823 in Ouwerkerk. Volgt VIII-i (blz.67) .
4 Maria Zorge, geboren op zaterdag 10 december 1825 in Ouwerkerk. Volgt VIII-j (blz.68) .

VIII-g   Lena Zorge is geboren op woensdag 12 april 1815 in Dreischor, dochter van Lieven Zorge (zie VII-d (blz.66)) en Anna van der Jagt Lena trouwde met **Marinus Johannes Hage**, 26 jaar oud, op vrijdag 2 oktober 1840 in Oosterland. Marinus is geboren op zondag 24 april 1814 in Oosterland.

VIII-h   Rachel Zorge is geboren in 1818 in Dreischor, dochter van Lieven Zorge (zie VII-d (blz.66) en Anna van der Jagt Beroep: Dienstmeid. Rachel is overleden op zaterdag 17 oktober 1874 in St Annaland, ± 56 jaar oud [bron: H Faasen].

Rachel trouwde met **Arie Fase**, 24 jaar oud, op vrijdag 12 november 1847 in St Annaland. Arie is geboren op dinsdag 29 april 1823 in St Annaland, zoon van Abraham Fase en Maatje van Bendegom. Beroep: Metselaar Aannemer. Arie is overleden op donderdag 4 januari 1894 in St Annaland, 70 jaar oud. Arie trouwde later op woensdag 24 oktober 1877 in St Annaland [bron: H Faassen] met Johanna van der Welle (geb. 1820).

Kinderen van Rachel en Arie:

> **1 Abraham Fase**, geboren op woensdag 13 september 1848 in St Annaland. Abraham is overleden op woensdag 13 september 1848 in St Annaland
> **2 Maatje Fase**, geboren op zondag 30 september 1849 in St Annaland. Volgt IX-k (blz.67) .
> **3 Anna Fase**, geboren op donderdag 15 januari 1852 in St Annaland. Anna is overleden op zondag 28 oktober 1934 in Amersfoort, 82 jaar oud.
> **4 Abraham Fase**, geboren op maandag 24 oktober 1853 in St Annaland.
> **5 Lieven Fase**, geboren op maandag 12 maart 1855 in St Annaland. Lieven is overleden op maandag 12 maart 1855 in St Annaland, geen dag oud.
> **6 Pieter Fase**, geboren op zaterdag 24 oktober 1857 in St Annaland.

IX-k   Maatje Fase is geboren op zondag 30 september 1849 in St Annaland, dochter van Arie Fase en Rachel Zorge (zie VIII-h (blz.67)) Maatje is overleden op zaterdag 24 juni 1916 in Oud Vossemeer, 66 jaar oud. Maatje trouwde met **Christoffel Gerrit van den Hout**, 23 jaar oud, op donderdag 24 juni 1875 in Oud Vossemeer [bron: H Faassen]. Christoffel is geboren op vrijdag 19 maart 1852 in Dinteloord en Princeland, zoon van Pieter van den Hout en Pietertje van Halteren.

VIII-i   Janna Zorge is geboren in 1823 in Ouwerkerk, dochter van Lieven Zorge (zie VII-d (blz.66)) en Anna van der Jagt Janna trouwde met **Marienis Elve**, ± 28 jaar oud, op donderdag 15 maart 1849 in St Annaland. Marienis is geboren in 1821 in St Annaland.

Kind van Janna en Marienis:

1 Anna Janna Elve, geboren in 1851 in St Annaland. Volgt IX-l (blz.68) .

IX-l Anna Janna Elve is geboren in 1851 in St Annaland, dochter van Marienis Elve en Janna Zorge (zie VIII-i (blz.67)) Anna is overleden op vrijdag 21 april 1944 in Amersfoort, ± 93 jaar oud. Anna trouwde met **Cornelis Jasperse**.

VIII-j Maria Zorge is geboren op zaterdag 10 december 1825 in Ouwerkerk, dochter van Lieven Zorge (zie VII-d (blz.66)) en Anna van der Jagt Maria is overleden op zaterdag 11 maart 1893 in Ouwerkerk, 67 jaar oud. Maria trouwde met **Pieter Hack**, 20 jaar oud, op woensdag 13 januari 1847 in Ouwerkerk. Pieter is geboren op donderdag 12 oktober 1826 in Ouwerkerk. Pieter is overleden op zondag 28 mei 1893 in Ouwerkerk, 66 jaar oud.

VII-e Jacomijntje Zorge is geboren in 1795 in Drieschor, dochter van Reijer Zorge (zie VI-b (blz.61)) en Maria Janse van de Velde Jacomijntje is overleden op woensdag 26 maart 1823 in Dreischor, ± 28 jaar oud. Jacomijntje trouwde met **Dingenes de Bakker**, ± 23 jaar oud, op woensdag 6 oktober 1813 in Dreischor,ZE,NLD. Dingenes is geboren in 1790 in Dreischor,ZE,NLD.

Kind van Jacomijntje en Dingenes:

1 Marinus de Bakker, geboren in 1815 in Dreischor,ZE,NLD. Volgt VIII-k (blz.68) .

VIII-k Marinus de Bakker is geboren in 1815 in Dreischor,ZE,NLD, zoon van Dingenes de Bakker en Jacomijntje Zorge (zie VII-e (blz.68)) Marinus trouwde met **Cornelia Koole**, ± 23 jaar oud, op vrijdag 6 maart 1840 in Dreischor,ZE,NLD. Cornelia is geboren in 1817 in Dreischor,ZE,NLD.

Kind van Marinus en Cornelia:

1 Adriaantje de Bakker, geboren in 1842 in Dreischor,ZE,NLD. Volgt IX-m (blz.68) .

IX-m Adriaantje de Bakker is geboren in 1842 in Dreischor,ZE,NLD, dochter van Marinus de Bakker (zie VIII-k (blz.68)) en Cornelia Koole Adriaantje is overleden op vrijdag 6 mei 1904 in Dreischor,ZE,NLD, ± 62 jaar oud. Adriaantje trouwde met **Jan van der Velde**, ± 27 jaar oud, op woensdag 26 februari 1868 in Dreischor,ZE,NLD. Jan is geboren in 1841 in Dreischor,ZE,NLD. Jan is overleden op zondag 23 februari 1908 in Dreischor,ZE,NLD, ± 67 jaar oud.

Kinderen van Adriaantje en Jan:

1 Bastiaan Marinus van de Velde, geboren op zaterdag 12 september 1874 in Dreischor,ZE,NLD. Volgt X-a (blz.69) .
2 D.J. van de Velde, geboren op dinsdag 14 mei 1878 in Dreischor,ZE,NLD. Volgt X-b (blz.70) .

X-a Bastiaan Marinus van de Velde is geboren op zaterdag 12 september 1874 in Dreischor,ZE,NLD, zoon van Jan van der Velde en Adriaantje de Bakker (zie IX-m (blz.68)) Beroep: gemeenteveldwachter. Bastiaan is overleden op zaterdag 5 oktober 1946 in Haamstede,ZE,NLD, 72 jaar oud.

(1) Bastiaan trouwde met **Geestje Koole**, 22 jaar oud, op vrijdag 23 mei 1902 in Dreischor,ZE,NLD. Geestje is geboren op dinsdag 6 april 1880 in Dreischor,ZE,NLD. Geestje is overleden op dinsdag 24 januari 1911 in Haamstede,ZE,NLD, 30 jaar oud.
(2) Bastiaan trouwde met **Dina Cornelia Moelijker**, 31 jaar oud, op woensdag 9 augustus 1911 in Haamstede,ZE,NLD. Dina is geboren op vrijdag 24 oktober 1879 in Haamstede,ZE,NLD.

Kinderen van Bastiaan en Geestje:

1 Jan Lieven van der Velde, geboren op donderdag 2 juli 1903 in Nijmegen,GE,NLD. Volgt XI-a (blz.69) .
2 Lieven Cornelis van der Velde, geboren op woensdag 14 juni 1905 in Nijmegen,GE,NLD. Volgt XI-b (blz.70) .

Kinderen van Bastiaan en Dina:

3 Lena Adrianna Pieternella van der Velde, geboren op woensdag 11 december 1912 in Haamstede,ZE,NLD. Lena is overleden op dinsdag 13 februari 1917 in Haamstede,ZE,NLD, 4 jaar oud.
4 Adriaan Jan Anton van der Velde, geboren op donderdag 7 januari 1915 in Haamstede,ZE,NLD.
5 Lena Adriana Pieternella van der Velde, geboren op dinsdag 16 april 1918 in Haamstede,ZE,NLD. Volgt XI-c (blz.70) .

XI-a Jan Lieven van der Velde is geboren op donderdag 2 juli 1903 in Nijmegen,GE,NLD, zoon van Bastiaan Marinus van de Velde (zie X-a (blz.69)) en Geestje Koole Beroep: Schilder.
Jan trouwde met **Willemina van Gaalen**.

XI-b   Lieven Cornelis van der Velde is geboren op woensdag 14 juni 1905 in Nijmegen,GE,NLD, zoon van Bastiaan Marinus van de Velde (zie X-a (blz.69)) en Geestje Koole Beroep: gemeente Secretaris te Haamstede.
Lieven trouwde met **Mientje Branders**.

XI-c   Lena Adriana Pieternella van der Velde is geboren op dinsdag 16 april 1918 in Haamstede,ZE,NLD, dochter van Bastiaan Marinus van de Velde (zie X-a (blz.69)) en Dina Cornelia Moelijker Lena is overleden. Lena trouwde met **Tonis Jan Stoel** in Haamstede,ZE,NLD.

Kinderen van Lena en Tonis:

> 1 **Jan Stoel**.
> 2 **Dini Stoel**.

X-b   D.J. van de Velde is geboren op dinsdag 14 mei 1878 in Dreischor,ZE,NLD, dochter van Jan van der Velde en Adriaantje de Bakker (zie IX-m (blz.68)) D.J. is overleden op maandag 13 april 1953 in Delft,ZH,NLD, 74 jaar oud. D.J. trouwde met **M. Bakker**. M. is geboren op zondag 10 januari 1875 in Ouwerkerk,Ze,NLD. M. is overleden op dinsdag 18 december 1956 in Delft,ZH,NLD, 81 jaar oud.

Kind van D.J. van de Velde en M.:Bakker

> 1 **A.M Bakker**, geboren op zondag 19 december 1909 in Dreischor,ZE,NLD. Volgt XI-d (blz.70) .

XI-d   A.M Bakker is geboren op zondag 19 december 1909 in Dreischor,ZE,NLD, zoon van M. Bakker en D.J. van de Velde (zie X-b (blz.70)) A.M is overleden op donderdag 13 februari 1992 in Middelburg,ZE,NLD, 82 jaar oud. A.M trouwde met **N.K. de Meulmeester**. N.K. is geboren op donderdag 8 december 1910 in Elkerzee,ZE,NLD. N.K. is overleden op dinsdag 6 november 2001 in Middelburg,ZE,NLD, 90 jaar oud.

VII-f   Jan Zorge is geboren op maandag 6 november 1797 in Dreischor, zoon van Reijer Zorge (zie VI-b (blz.61)) en Maria Janse van de Velde Hij is gedoopt op maandag 13 november 1797 in Dreischor [bron: RaBS, inventaris nr. 162 opname nr. _H107404].

Jan trouwde met **Cornelia Fonteijne**, 20 jaar oud, op dinsdag 30 mei 1826 in Dreischor. Cornelia is geboren op woensdag 26 juni 1805 in Dreischor [bron: ingezetene lijst 1826], dochter van Cornelis Cornelisse Fonteijne en Jacoba Wolfhage.

Kinderen van Jan en Cornelia:

1 Reinier Zorge, geboren op zondag 26 november 1826 in Dreischor. Volgt VIII-l (blz.71).
2 Cornelis Zorge, geboren op vrijdag 23 mei 1828 in Dreischor. Volgt VIII-m (blz.72).
3 Maria Zorge, geboren op zaterdag 30 oktober 1830 in Dreischor. Maria is overleden op zondag 18 oktober 1835 in Noordgouwe, 4 jaar oud.
4 Jan Zorge, geboren op woensdag 27 augustus 1834 in Noordgouwe. Volgt VIII-n (blz.74).
5 Samuel Zorge, geboren in 1841 in Noordgouwe. Samuel is overleden op vrijdag 1 juni 1877 in Rotterdam, ± 36 jaar oud.
6 Marinus Zorge, geboren in 1843 in Noordgouwe. Volgt VIII-o (blz.96).
7 Martina Zorge, geboren op vrijdag 31 maart 1848 in Noordgouwe. Volgt VIII-p (blz.96).
8 Joppa Zorge, geboren op vrijdag 31 maart 1848 in Noordgouwe. Joppa is overleden op maandag 10 juli 1848 in Noordgouwe, 3 maanden oud.
9 Cornelia Zorge, geboren in 1865 in Nieuwerkerk. Volgt VIII-q (blz.96).
10 Martina Zorge, geboren in 1869 in Ouwerkerk. Volgt VIII-r (blz.96).

Document uit Bevolkingsregister Dreischor 1826-1833 Bevolkingsregisters
Datum 1826 huis nr.89c
Jan Zorge, Cornelia Fonteine
Reinier Zorge, Cornelis Zorge

VIII-l Reinier Zorge is geboren op zondag 26 november 1826 in Dreischor [bron: 25 Burgerlijke Stand Zeeland (1796) 1811-1980 Inventarisnummer: DRE-G-1826], zoon van Jan Zorge (zie VII-f (blz.70)) en Cornelia Fonteijne Reinier is overleden op zondag 11 januari 1891 in Noordgouwe, 64 jaar oud. Reinier trouwde met **Jacomijntje van Felius**, 23 jaar oud, op woensdag 16 april 1851 in Noordgouwe. Jacomijntje is geboren op donderdag 1 november 1827 in Bommenede, dochter van Pieter van Felius en Maria Cornelisse Kloet. Jacomijntje is overleden op donderdag 10 januari 1895 in Noordgouwe, 67 jaar oud.

Kinderen van Reinier en Jacomijntje:

1 Cornelia Zorge, geboren in 1853. Cornelia is overleden in 1871, ± 18 jaar oud.
2 Pieter Zorge, geboren op woensdag 30 mei 1860 in Noordgouwe. Volgt IX-n (blz.71).
3 Maria van Zorge, geboren in 1865. Maria is overleden in 1865, nog geen jaar oud.
4 Jan Zorge, geboren in 1872. Jan is overleden in 1872, nog geen jaar oud.

IX-n Pieter Zorge is geboren op woensdag 30 mei 1860 in Noordgouwe, zoon van

Reinier Zorge (zie VIII-l (blz.71)) en Jacomijntje van Felius Pieter is overleden op zondag 4 november 1928 in Rotterdam, 68 jaar oud. Pieter trouwde met **Jacomijntje Verboom**, 22 jaar oud, op zaterdag 2 mei 1885 in Noordgouwe. Jacomijntje is geboren op woensdag 18 juni 1862 in Duivendijke.

Kinderen van Pieter en Jacomijntje:

1 Jacomijntje Zorge, geboren op maandag 23 mei 1892 in Noordgouwe.
2 Wilhelmina Maria Zorge, geboren op donderdag 22 april 1897 in Rotterdam. Volgt X-c (blz.72) .
3 Cornelia Marina Zorge, geboren op donderdag 21 juli 1898 in Rotterdam [bron: Burgerlijke stand - Geboorte, Rotterdam, 1898, nummer g180v].

X-c Wilhelmina Maria Zorge is geboren op donderdag 22 april 1897 in Rotterdam, dochter van Pieter Zorge (zie IX-n (blz.71)) en Jacomijntje Verboom Wilhelmina trouwde met **Jacobus Bonte**, ± 23 jaar oud, op woensdag 4 augustus 1920 in Rotterdam. Jacobus is geboren in 1897 in Rotterdam, zoon van Jacobus Bonte en Catharina Delfos.

VIII-m Cornelis Zorge is geboren op vrijdag 23 mei 1828 in Dreischor, zoon van Jan Zorge (zie VII-f (blz.70)) en Cornelia Fonteijne Cornelis trouwde met **Janna van der Maas**, 22 jaar oud, op vrijdag 15 augustus 1856 in Oosterland. Janna is geboren op dinsdag 12 augustus 1834 in Oosterland, dochter van Iman van der Maar en Maria Kloote.
Kinderen van Cornelis en Janna:
    1 Cornelia Zorge, geboren in 1857 in Noordgouwe. Volgt IX-o (blz.72) .
    2 Janna Zorge, geboren in 1860 in Nieuwerkerk. Volgt IX-p (blz.72) .
    3 Maria Zorge, geboren in 1861 in Ouwekerk. Volgt IX-q (blz.72) .
    4 Iman Zorge, geboren in 1864 in Noorgouwe. Volgt IX-r (blz.73) .
    5 Marinus Zorge, geboren in 1867 in Nieuwerkerk. Volgt IX-s (blz.73) .
IX-o Cornelia Zorge is geboren in 1857 in Noordgouwe, dochter van Cornelis Zorge (zie VIII-m (blz.72)) en Janna van der Maas Cornelia trouwde met **Arij Verschoor**, ± 22 jaar oud, op vrijdag 19 mei 1882 in Nieuwerkerk. Arij is geboren in 1860 in Maasland, zoon van Eliza Verschoor en Maria Vermeer.

IX-p Janna Zorge is geboren in 1860 in Nieuwerkerk, dochter van Cornelis Zorge (zie VIII-m (blz.72)) en Janna van der Maas Janna is overleden op donderdag 11 september 1919 in Rotterdam, ± 59 jaar oud. Janna trouwde met **Hubrecht van Krieken**, ± 20 jaar oud, op vrijdag 8 augustus 1879 in Nieuwerkerk. Hubrecht is geboren in 1859 in Zierikzee. Hubrecht is overleden op donderdag 17 juni 1915 in Middelburg, ± 56 jaar oud.

IX-q Maria Zorge is geboren in 1861 in Ouwekerk, dochter van Cornelis Zorge (zie VIII-m (blz.72)) en Janna van der Maas Maria is overleden op vrijdag 10 maart 1933 in Rotterdam, ± 72 jaar oud. Maria trouwde met **Adrianus Klop**.

IX-r Iman Zorge is geboren in 1864 in Noorgouwe, zoon van Cornelis Zorge (zie VIII-m (blz.72)) en Janna van der Maas
(1) Iman trouwde met **Gesina Johanna Petronella van Evelingen**. Gesina is geboren in 1869 in Rotterdam. Gesina is overleden op zaterdag 5 december 1925 in Rotterdam, ± 56 jaar oud.
(2) Iman trouwde met **Jannetje Ridderhof**, ± 27 jaar oud, op zaterdag 2 mei 1891 in Nieuwerkerk. Jannetje is geboren in 1864 in St Annaland.

Kinderen van Iman en Gesina:

> **1 Janna Zorge**, geboren op zaterdag 31 augustus 1901 in Rotterdam.
> **2 Maria Zorge**, geboren op woensdag 20 augustus 1902 in Rotterdam.
> **3 Cornelis Zorge**, geboren op maandag 21 maart 1904 in Rotterdan.
> **4 Wilhelmina Jacoba Zorge**, geboren op zondag 7 juli 1907 in Rotterdam. Volgt X-d (blz.73)
> **5 Cornelia Zorge**, geboren op vrijdag 10 juli 1908 in Rotterdam.

X-d Wilhelmina Jacoba Zorge is geboren op zondag 7 juli 1907 in Rotterdam, dochter van Iman Zorge (zie IX-r (blz.73)) en Gesina Johanna Petronella van Evelingen
Wilhelmina trouwde met **Willem Slotboom**, ± 22 jaar oud, op woensdag 19 juni 1929 in Rotterdam. Willem is geboren in 1907 in Ridderkerk.

IX-s Marinus Zorge is geboren in 1867 in Nieuwerkerk, zoon van Cornelis Zorge (zie VIII-m (blz.72)) en Janna van der Maas Marinus is overleden op woensdag 29 september 1943 in Ouwerkerk, ± 76 jaar oud [bron: Overl Akte Ouwerkerk]. Marinus trouwde met **Wilhelmina Cornelia de Later**, ± 22 jaar oud, op vrijdag 5 september 1890 in Ouwerkerk. Wilhelmina is geboren in 1868 in Ouwerkerk. Wilhelmina is overleden op zaterdag 30 december 1950 in Ouwerkerk, ± 82 jaar oud.

Kinderen van Marinus en Wilhelmina:

> **1 Janna Zorge**, geboren in 1891 in Ouwerkerk. Volgt X-e (blz.74) .
> **2 Abraham Zorge**, geboren op zaterdag 10 juni 1893 in Ouwerkerk. Abraham is overleden vóór april 1895, ten hoogste 1 jaar oud.
> **3 Jacob Abraham Zorge**, geboren in april 1895. Jacob is overleden op woensdag 26 juni 1895 in Ouwerkerk, 2 maanden oud.
> **4 Pieternella Zorge**, geboren op maandag 21 augustus 1899 in Ouwerkerk. Pieternella is overleden op zaterdag 13 juni 1903 in Ouwerkerk, 3 jaar oud.
> **5 Iman Zorge**, geboren op woensdag 13 maart 1901 in Ouwerkerk. Volgt X-f (blz.74) .
> **6 Abraham Zorge**, geboren op zondag 29 juni 1902 in Ouwerkerk. Volgt X-g (blz.74) .
> **7 Pieter Jacobus Zorge**, geboren op zaterdag 29 augustus 1903 in Ouwerkerk. Volgt X-h (blz.74) .

X-e Janna Zorge is geboren in 1891 in Ouwerkerk, dochter van Marinus Zorge (zie IX-s (blz.73)) en Wilhelmina Cornelia de Later Janna is overleden op maandag 4 december 1944 in De Steeg (Rheden), ± 53 jaar oud. Janna trouwde met **Cornelis Verton**, ± 19 jaar oud, op zaterdag 14 juni 1913 in Ouwerkerk. Cornelis is geboren in 1894 in Nieuwerkerk.

X-f Iman Zorge is geboren op woensdag 13 maart 1901 in Ouwerkerk, zoon van Marinus Zorge (zie IX-s (blz.73)) en Wilhelmina Cornelia de Later Iman is overleden op zaterdag 5 augustus 1967 in Zierikzee, 66 jaar oud. Iman trouwde met **Leuntje Wilhelmina Menheere**, 21 jaar oud, op zaterdag 19 augustus 1922 in Nieuwerkerk. Leuntje is geboren op dinsdag 12 maart 1901 in Tholen. Leuntje is overleden op vrijdag 16 november 1990 in Haamstede, 89 jaar oud. Zij is begraven op dinsdag 20 november 1990 in Serooskerke.

Kinderen van Iman en Leuntje:

1 **Wilhelmina Cornelia Zorge**.
2 **Susanne Marina Zorge**.
3 **Marinus Pieter Zorge**. Volgt XI-e (blz.74) .
4 **Jan Zorge**.
5 **Johannes Willem Zorge**.
6 **Cornelis Zorge**.
7 **Jahanna Marina Zorge**.

XI-e Marinus Pieter Zorge zoon van Iman Zorge (zie X-f (blz.74)) en Leuntje Wilhelmina Menheere Marinus trouwde met **Maatje Cornelia van der Bijl**.

X-g Abraham Zorge is geboren op zondag 29 juni 1902 in Ouwerkerk, zoon van Marinus Zorge (zie IX-s (blz.73)) en Wilhelmina Cornelia de Later Abraham trouwde met **Adriana de Jonge**, ± 29 jaar oud, op woensdag 5 september 1934 in Kerkwerve. Adriana is geboren in 1905 in Kerkwerve.

X-h Pieter Jacobus Zorge is geboren op zaterdag 29 augustus 1903 in Ouwerkerk, zoon van Marinus Zorge (zie IX-s (blz.73)) en Wilhelmina Cornelia de Later Pieter is overleden op woensdag 19 februari 1986 in Sirjansland, 82 jaar oud. Hij is begraven in Sirjansland. Pieter trouwde met **Neeltje Cornelia Berrevoets**.
Neeltje is geboren op dinsdag 7 december 1909. Neeltje is overleden op zondag 29 juli 2001, 91 jaar oud.

VIII-n Jan Zorge is geboren op woensdag 27 augustus 1834 in Noordgouwe, zoon van Jan Zorge (zie VII-f (blz.70)) en Cornelia Fonteijne Jan trouwde met **Elizabeth Johanna Hoogerland** op vrijdag 6 november 1863 in Nieuwerkerk. Elizabeth is geboren in Nieuwerkerk.

Kinderen van Jan en Elizabeth:

1 Cornelia Zorge, geboren in 1865 in Oosterland. Volgt IX-t (blz.75) .
2 Cornelis Zorge, geboren in 1865. Volgt IX-u (blz.75) .
3 Jannetje Zorge, geboren in 1867 in Ouwerkerk. Volgt IX-v (blz.75) .
4 Martina Zorge, geboren in 1869 in Ouwerkerk. Volgt IX-w (blz.75) .
5 Johanna Zorge, geboren in 1871 in Noordgouwe. Volgt IX-x (blz.75) .
6 Jan Zorge, geboren in 1873. Volgt IX-y (blz.76) .
7 Reinier Zorge, geboren op zaterdag 6 maart 1875 in Noordgouwe. Volgt IX-z (blz.76) .
8 Kathalina Zorge, geboren op donderdag 1 juni 1882 in Bruinisse. Volgt IX-aa (blz.95) .
9 Maria Zorge, geboren in 1885. Volgt IX-ab (blz.95) .

IX-t Cornelia Zorge is geboren in 1865 in Oosterland, dochter van Jan Zorge (zie VIII-n (blz.74)) en Elizabeth Johanna Hoogerland Cornelia trouwde met **Maarten van Dijke**, ± 25 jaar oud, op vrijdag 14 mei 1886 in Oosterland. Maarten is geboren in 1861 in Oosterland, zoon van Kornelis van Dijke en Jacomina Wagemaker. Maarten is overleden op woensdag 3 mei 1922 in Rotterdam, ± 61 jaar oud.

IX-u Cornelis Zorge is geboren in 1865, zoon van Jan Zorge (zie VIII-n (blz.74)) en Elizabeth Johanna Hoogerland Cornelis is overleden op tweede kerstdag zaterdag 26 december 1931 in Rotterdam, ± 66 jaar oud. Cornelis trouwde met **Maria Rietveld**.

Kinderen van Cornelis en Maria:

1 Elizabeth Zorge, geboren op donderdag 21 oktober 1897 in Rotterdam.
2 Jan Willem Zorge, geboren op zondag 8 oktober 1899 in Rotterdam.

IX-v Jannetje Zorge is geboren in 1867 in Ouwerkerk, dochter van Jan Zorge (zie VIII-n (blz.74)) en Elizabeth Johanna Hoogerland Jannetje trouwde met **Pieter Blok**, ± 29 jaar oud, op woensdag 9 augustus 1893 in Zierikzee. Pieter is geboren in 1864 in Sint Maartensdijk.

IX-w Martina Zorge is geboren in 1869 in Ouwerkerk, dochter van Jan Zorge (zie VIII-n (blz.74)) en Elizabeth Johanna Hoogerland Martina trouwde met **Leendert Wandel**, ± 26 jaar oud, op vrijdag 27 april 1894 in Nieuwerkerk. Leendert is geboren in 1868 in Nieuwerkerk.

IX-x Johanna Zorge is geboren in 1871 in Noordgouwe, dochter van Jan Zorge (zie VIII-n (blz.74)) en Elizabeth Johanna Hoogerland Johanna is overleden op zondag 29 april 1945 in Oude Vossemeer, ± 74 jaar oud [bron: hollantsnet.nl]. Zij is begraven in

Zierikzee. Johanna trouwde met **Johannus Wilem van Oeveren**, 22 jaar oud, op woensdag 9 september 1891 in Nieuwerkerk. Johannus is geboren op woensdag 17 februari 1869 in Ouwerkerk. Johannus is overleden op maandag 24 juni 1929, 60 jaar oud. Hij is begraven in Zierikzee.

IX-y Jan Zorge is geboren in 1873, zoon van Jan Zorge (zie VIII-n (blz.74)) en Elizabeth Johanna Hoogerland Jan is overleden op zondag 22 juni 1924 in Noordgouwe, ± 51 jaar oud. Jan trouwde met **Maria Johanna Uijl**, ± 32 jaar oud, op woensdag 26 april 1905 in Rotterdam. Maria is geboren in 1873.

IX-z Reinier Zorge is geboren op zaterdag 6 maart 1875 in Noordgouwe, zoon van Jan Zorge (zie VIII-n (blz.74)) en Elizabeth Johanna Hoogerland Reinier is overleden op dinsdag 27 augustus 1929, 54 jaar oud. Reinier trouwde met **Theodora Elizabeth Coenraad**, 20 jaar oud, op woensdag 26 oktober 1898 in Rotterdam. Theodora is geboren op donderdag 5 september 1878, dochter van Willem Coenraad en Sophia Rittman. Theodora is overleden op dinsdag 29 maart 1955, 76 jaar oud.

Kinderen van Reinier en Theodora:
1 **Elizabeth Johanna (Bets) Zorge**, geboren op zondag 15 oktober 1899. Volgt X-i (blz.76).
2 **Willem Zorge**, geboren op vrijdag 26 november 1907 in Rotterdam. Volgt X-j (blz.76).
3 **Jan Zorge**, geboren in 7 januari 1917. Volgt X-k (blz.94).

X-i Elizabeth Johanna (Bets) Zorge is geboren op zondag 15 oktober 1899 [bron: Burgerlijke stand - Geboorte, Rotterdam, 1899, nummer m131], dochter van Reinier Zorge (zie IX-z (blz.76)) en Theodora Elizabeth Coenraad Bets trouwde met **Hermanus Marinus de Vaal**, ± 20 jaar oud, op woensdag 19 februari 1919 in Rotterdam. Hermanus is geboren in 1899.

X-j Willem (Wim) Zorge is geboren op vrijdag 26 november 1907 in Rotterdam, zoon van Reinier Zorge (zie IX-z (blz.76)) en Theodora Elizabeth Coenraad. Hij is gedoopt in 1907 in de Rotterdam-C in de Geref. Gem. door Ds.G. H.Kersten. Beroep: Electriciën, Ondernemer. Willem is overleden op vrijdag 13 februari 1976 in Rotterdam, 68 jaar oud. Willem, 25 jaar oud, trouwde met **Pietertje van der (Pie)Pol**, 22 jaar oud, op woensdag 20 september 1933 in Rotterdam. Kerkelijke bevestiging in Ger.Gem. Rotterdam- Centrum door Ds.W.C. Lamain, trouwtekst: Spreuken 15:29. Pietertje is geboren op zondag 23 oktober 1910 in Rotterdam, gedoopt maar het is niet bekend waar en waaneer of door wie, dochter van Nicolaas van der Pol en Pietertje Huizer. Pie is overleden op zondag 30 oktober 1994 in Capelle aan den IJssel, 84 jaar oud.

Door oorlogsomstandigheden gedwongen vertrok Willem met zijn gezin tijdelijk van Rotterdam naar Gouda, waar dochter Thea is geboren en van daar naar Barneveld, waar zoon Piet en dochter Bep zijn geboren. Na de oorlog keerden zij weer terug naar Rotterdam.

Willem en Pie kregen 12 kinderen waarvan één zoon in 1951 levenloos werd geboren.

1 Willemina (Wil) Zorge, geboren op vrijdag 27 juli 1934 in Rotterdam. Volgt XI-f (blz.77) .
2 Reinier Zorge, geboren op donderdag 7 november 1935 in Rotterdam. Volgt XI-g (blz.79) .
3 Suzanna (Suus) Zorge, geboren op maandag 11 oktober 1937 in Rotterdam. Volgt XI-h (blz.81) .
4 Nicolaas Willem (Nico) Zorge, geboren op maandag 13 maart 1939 in Rotterdam. Volgt XI-i (blz.83) .
5 Theodora Elizabeth (Thea) Zorge, geboren op vrijdag 23 mei 1941 in Gouda. Volgt XI-j (blz.83) .
6 Pieter Cornelis (Piet)Zorge, geboren op zondag 2 mei 1943 in Barneveld. Volgt XI-k (blz.87) .
7 Elizabeth Johanna (Bep) Zorge, geboren op zondag 20 augustus 1944 in Barneveld. Volgt XI-l (blz.90) .
8 Cornelis Jan (Cor) Zorge, geboren op zondag 7 september 1947 in Rotterdam. Volgt XI-m (blz.91) .
9 Petronella Clazina (Nel) Zorge, geboren op zaterdag 30 april 1949 in Rotterdam. Volgt XI-n (blz.92) .
10 Levenloos geboren zoon 1951
11 Cornelia Suzanne Pietertje (Lia) Zorge, geboren op zaterdag 14 november 1953 in Rotterdam. Volgt XI-o (blz.94) .
12 Willem Zorge, geboren op donderdag 9 april 1958 in Rotterdam. Volgt XI-p (blz.94) .

XI-f Willemina (Wil) Zorge is geboren 1934 in Rotterdam, dochter van Willem Zorge (zie X-j (blz.76)) en Pietertje van der Pol. Gehuwd geweest met **A. van Harrewijen.**

Zij kregen een dochter en twee zoons.

1 Pieta Adriana van Harrewijen, geboren op maandag 21 juli 1958 in Rotterdam. Volgt XII-a.

XII-a Pieta Adriana van Harrewijen is geboren op maandag 21 juli 1958 in Rotterdam, dochter van Adri van Harrewijen en Willemina Zorge (zie XI-f) Zij is gedoopt in augustus 1958 in Rotterdam-Centrum Geref.Gem door Ds A.Vergunst. Pieta trouwde met **Johannes Fransiscus (Jan) Milort** in Capelle aan den IJssel Kerkelijke bevestiging van huwelijk in Ger. Gem. Capelle aan den IJssel door Ds. L. Blok.. Jan is geboren op donderdag 8 december 1955 in Capelle aan den IJssel. Hij is gedoopt in januari 1956 in Capelle aan den IJssel Hervormd Lokaal door Ds.H.Vlot.

Kinderen van Pieta en Jan:

1 Ronald Milort, geboren op donderdag 16 augustus 1979 in Gouda. Volgt XIII-a.
2 Lisanne Milort, geboren op maandag 19 april 1982 in Nieuwerkerk aan den IJssel.
Volgt XIII-b.
3 Caroline Milort, geboren op zondag 21 juli 1985 in Krimpen aan den IJssel. Zij is
gedoopt op zondag 1 september 1985 in Krimpen aan den IJssel Geref. Gem. door
Ds. M. Golverdingen.
4 Marilene Milort, geboren op donderdag 20 oktober 1988 in Gouda. Zij is gedoopt
op eerste kerstdag zondag 25 december 1988 in Krimpen aan den IJssel Geref. Gem.
door Ds. B. van der Heiden.

XIII-a   Ronald Milort is geboren op donderdag 16 augustus 1979 in Gouda, zoon van
Jan Milort en Pieta Adriana van Harrewijen (zie XII-a) Hij is gedoopt op zondag 7 oktober
1979 in Capelle aan den IJssel Geref.Gem. door Ds. J. Baaijens. Ronald trouwde met
Esther Lindhout, 22 jaar oud, op dinsdag 29 maart 2005 in Krimpen aan den IJssel,
Kerkelijk bevestigd in de Geref. Gem. door Ds. J. Baaijens. Esther is geboren op
woensdag 2 juni 1982 in Heemstede. Zij is gedoopt in juli 1982 in Lisse Geref. Gem. door
Ds. D Hakkenberg.

Kinderen van Ronald en Esther:

1 Yanninck Milort, geboren op vrijdag 28 april 2006 in Krimpen aan den IJssel. Hij
is gedoopt op zondag 11 juni 2006 in Krimpen aan den IJssel Geref. Gem. door Ds.
P. Mulder.
2 Rosalinde Milort, geboren op zaterdag 27 december 2008 in Krimpen aan den
IJssel. Zij is gedoopt op zondag 22 juni 2008 in Krimpen aan den IJssel Geref. Gem.
door Ds. P. Mulder.

XIII-b   Lisanne Milort is geboren op maandag 19 april 1982 in Nieuwerkerk aan den
IJssel, dochter van Jan Milort en Pieta Adriana van Harrewijen (zie XII-a) Zij is gedoopt op
zondag 9 mei 1982 in Capelle aan den IJssel Geref. Gem. door Ds. L. Blok. Lisanne
trouwde met Dirk Johannes van Meeuwen, 24 jaar oud, op woensdag 11 januari 2006 in
Capelle aan den IJssel, Kerkelijk bevestigd in de Geref. Gem. door Ds. P.Mulder. Dirk is
geboren op dinsdag 22 december 1981 in Rotterdam. Hij is gedoopt in januari 1981 in
Vlaardingen Geref. Gem. door Ds. J. de Pater.

Kinderen van Lisanne en Dirk:

1 Petra Adriana (Renate) van Meeuwen, geboren op donderdag 26 oktober 2006
in Ede. Zij is gedoopt op zondag 19 november 2006 in Ede Geref. Gem. door Ds. F.
Mulder.
2 Laurens Jan Augustinus van Meeuwen, geboren op woensdag 23 juli 2008 in
Ede. Hij is gedoopt op zondag 7 september 2008 in Ede Geref. Gem. door Ds. F.
Mulder.

XI-g Reinier Zorge is geboren op donderdag 7 november 1935 in Rotterdam, zoon van Willem Zorge (zie X-j (blz.76)) en Pietertje van der Pol. Hij is gedoopt op zondag 24 november 1935 in Rotterdam-C Geref. Gem door Ds. G.H. Kersten. Reinier trouwde met **Jacoba (Coby) Otte**, 22 jaar oud, op donderdag 20 april 1961 in Rotterdam, Kerkelijke bevestiging huwelijk Ger.Gem. Rotterdam-C door Ds. A. Vergunst, het huwelijk is in 1990 ontbonden. Coby is geboren op dinsdag 23 augustus 1938 en gedoopt in 1938 in Ger.Gem. Rotterdam-Z door Ds. W.C. Lamain

Kinderen van Reinier en Coby:

1 **Jacoba (Conny) Zorge**, geboren op dinsdag 6 februari 1962 in Rotterdam. Volgt XII-b.
2 **Petronella (Petra) Zorge**, geboren op maandag 29 november 1965 in Rotterdam. Volgt XII-c.
3 **Willem Zorge**, geboren op woensdag 27 januari 1971 in Rotterdam. Volgt XII-d.

XII-b Jacoba (Conny) Zorge is geboren op dinsdag 6 februari 1962 in Rotterdam, dochter van Reinier Zorge (zie XI-g) en Coby Otte Zij is gedoopt op zondag 1 april 1962 in Rotterdam-Centrum Geref. Gem. door Ds. A. Vergunst. Conny trouwde met **Hans Karens**, 20 jaar oud, op vrijdag 6 februari 1981 in Lubjana, Yugoslavia, kerk.bevestiging 26 februari 1981 in Ger.Gem. Rotterdam-C Ds. A.F. Honkoop. Het huwelijk werd ontbonden in 2000. Hans is geboren op maandag 1 augustus 1960 in Delft. Hij is gedoopt in september 1960 in Zoetermeer Geref. Gem. door Ds. K. de Gier.

Kinderen van Conny en Hans:

1 **Jacob (Jaco) Karens**, geboren op vrijdag 28 augustus 1981 in Zoetermeer. Hij is gedoopt in september 1981 in Zoetermeer door Ds. A. Elshout.
2 **Reinier (René) Karens**, geboren op vrijdag 2 november 1984 in Zoetermeer. Hij is gedoopt in december 1984 in Zoetermeer door Ds. A. ELshout.
3 **Johannes Cornelis (Nico) Karens**, geboren op zaterdag 17 september 1988 in Moerkapelle. Hij is gedoopt in oktober 1988 in Moerkapelle Geref. Gem. door Ds. D. Rietdijk.
4 **Margje Jacoba (Marinda) Karens**, geboren op zaterdag 16 december 1989 in Gouda. Zij is gedoopt in januari 1990 in Moerkaelle door Ds. D. Rietdijk.

XII-c Petronella (Petra) Zorge is geboren op maandag 29 november 1965 in Rotterdam, dochter van Reinier Zorge (zie XI-g) en Coby Otte Zij is gedoopt op tweede kerstdag zondag 26 december 1965 in Rotterdam-Centrum Geref.Gem door Ds A.Vergunst. Petra trouwde met **Jacob (Jaap) Koudstaal**, 21 jaar oud, op dinsdag 11 december 1984 in Rhoon. Kerkelijk bevestigd in de Geref. Gem. Rotterdam-Z door Ds. C.J. Meeuse. Jacob is geboren op vrijdag 2 augustus 1963 in Rotterdam. Hij is gedoopt op zondag 29 september 1963 in Rotterdam-Zuid Geref. Gem. door Ds. Chr. van Dam.

Kinderen van Petra en Jaap:

1 Arie Koudstaal, geboren op vrijdag 27 september 1985 in Rotterdam. Hij is gedoopt op zondag 3 november 1985 in Rotterdam-Zuid Geref. Gem. door Ds. C.J.Meeuse.
2 Jacoba (Coby) Koudstaal, geboren op vrijdag 24 juli 1987 in Rotterdam. Zij is gedoopt in september 1987 in Rotterdam-Zuid Geref. Gem. door Ds. C.J.Meeuse.
3 Andreas (André) Koudstaal, geboren op vrijdag 27 april 1990 in Rotterdam. Volgt XIII-c.
4 Johanna Koudstaal, geboren op dinsdag 16 april 1991 in Rotterdam. Volgt XIII-d.
5 Alexander (Sander) Koudstaal, geboren op donderdag 1 juni 1995 in Rotterdam. Hij is gedoopt in juli 1994 in Rotterdam-Zuid Geref. Gem. door Ds. C. de Jongste.
6 Judith Koudstaal, geboren op zondag 1 november 1998 in Rhoon. Zij is gedoopt op zondag 29 november 1998 in Rotterdam-Zuid Geref. Gem. door Ds. C.J.Meeuse.
7 Geert Koudstaal, geboren op donderdag 31 augustus 2000 in Rhoon. Hij is gedoopt op vrijdag 3 november 2000 in Rotterdam-Zuid Geref. Gem. doorDs. W.J.Karels.

XIII-c Andreas (André) Koudstaal is geboren op vrijdag 27 april 1990 in Rotterdam, zoon van Jacob Koudstaal en Petra Zorge (zie XII-c) Hij is gedoopt in juni 1990 in Rotterdam-Zuid Geref. Gem. door Ds. C.J.Meeuse. André trouwde met **Maria Hendrikje (Mariëtte) IJzerman**, 29 jaar oud, op zondag 9 september 2012 in Rotterdam, Kerkelijk bevestigd in de Geref. Gem. Capelle aan den IJssel door Ds. L. Terlouw. Maria is geboren op donderdag 28 juli 1983 in Capelle aan den IJssel.

Kind van André en Mariëtte:

1 Lizelotte Riekie (Lotte) Koudstaal, geboren op vrijdag 18 mei 2012 in Capelle aan denIJssel.

XIII-d Johanna Koudstaal is geboren op dinsdag 16 april 1991 in Rotterdam, dochter van Jacob Koudstaal en Petra Zorge (zie XII-c) Zij is gedoopt op zondag 5 mei 1991 in Rotterdam-Zuid in de Geref. Gem. door Ds. C.J.Meeuse. Johanna trouwt met **Gerrit Pieter (Peter) van Wijk**, ± 22 jaar oud, in 2012. Gerrit is geboren op vrijdag 19 januari 1990 in Hardinxveld-Giessendam. Hij is gedoopt in februari 1990 in Hardinxveld-Giessendam Geref. Gem. door Ds. B. van der Heiden.

XII-d Willem Zorge is geboren op woensdag 27 januari 1971 in Rotterdam, zoon van Reinier Zorge (zie XI-g) en Coby Otte Hij is gedoopt in 1971 in Rotterdam-Centrum Geref.Gem Ds A.Vergunst. Willem trouwde met **Margaretha Maria Elizabeth (Marion) Krabbendam**, 20 jaar oud, op dinsdag 22 augustus 1995 in Rotterdam , Kerkelijk bevestigd in de NH Kerk door Ds. C.A.van der Sluijs. Marion is geboren op zaterdag 21 september 1974 in Poortugal. Zij is gedoopt in 1974 in Rotterdam-Zuid NH Kerk door Ds. C. van den Bergh.

Kinderen van Willem en Marion:

1 **Nancy Christine Zorge**, geboren op donderdag 31 mei 2001 in Rotterdam. Zij is gedoopt in 2001 in Rotterdam-Zuid NH Kerk door Ds. C.A. van der Sluijs.
2 **Sanne Anouk Zorge**, geboren op maandag 8 maart 2004 in Rotterdam. Zij is gedoopt in 2004 in Rotterdam-Zuid NH Kerk door Ds. C.A. van der Sluijs.

XI-h Suzanna (Suus) Zorge is geboren op maandag 11 oktober 1937 in Rotterdam, dochter van Willem Zorge (zie X-j (blz.76)) en Pietertje van der Pol Zij is gedoopt op zondag 28 november 1937 in Rotterdam-C Geref. Gem. door Ds. G.H.Kerstens. Suus trouwde met **Hendrik (Henk) Otte**, 27 jaar oud, op dinsdag 22 november 1960 in Rotterdam en kerkelijke bevestiging in Ger.Gem. Rotterdam-C. door Ds. A. Vergunst. Henk is geboren op vrijdag 29 september 1933 en in oktober 1933 gedoopt in Ger.Gem. Rotterdam-Z door Ds. W.C. Lamain.

Kinderen van Suus en Henk:
1 **Jan Otte**, geboren op zondag 18 februari 1962 in Rotterdam. Volgt XII-e.
2 **Willem (Wim) Otte**, geboren op donderdag 1 oktober 1964 in Barneveld. Volgt XII-f.
3 **Jacoba (Jacqueline) Otte**, geboren op donderdag 29 februari 1968 in Barneveld. Volgt XII-g.
4 **Petronella Suzanna (Eline) Otte**, geboren op woensdag 26 oktober 1977 in Ede. Volgt XII-h

XII-e Jan Otte is geboren op zondag 18 februari 1962 in Rotterdam, zoon van Henk Otte en Suus Zorge (zie XI-h) Hij is gedoopt in 1962 in Rotterdam-West Ds. L. Rijksen. Jan trouwde met **Tjalkje van der Woude**, 22 jaar oud, op vrijdag 12 oktober 1984 in Emmeloord , Kerkelijk bevestigt in de Geref. Gem. door Ds. Th. van Stuijvenberg. Tjalkje is geboren op donderdag 30 november 1961 in Wouterswoude. Zij is gedoopt in 1961 in Wouterswoude NH Kerk door Ds. D.C.van Wijnen.

Kinderen van Jan en Tjalkje:
1 **Anne-Matthea Otte**, geboren op dinsdag 29 september 1992 in Amsterdam. Zij is gedoopt in 1992 in Emmeloord Geref. Gem. door Ds. J.Karels.
2 **Rebecca Suzanna Otte**, geboren op vrijdag 3 februari 1995 in Amsterdam. Zij is gedoopt in 1995 in Emmeloord Geref. Gem. door Ds. C.G.Vreugdenhil.

XII-f Willem (Wim) Otte is geboren op donderdag 1 oktober 1964 in Barneveld, zoon van Henk Otte en Suus Zorge (zie XI-h) Hij is gedoopt in november 1964 in Barneveld Geref. Gem. door Ds. A.W.Verhoef. Wim trouwde met **Maria (Ria) Schumacher**, 21 jaar oud, op dinsdag 11 oktober 1988 in , Kerkelijk bevestigt in de NH Kerk Rotterdam-Delfshaven door Ds. W. Dekker. Het huwelijk werd ontbonden in 2001. Maria is geboren op dinsdag 13 december 1966 in Oudewater.

Kinderen van Wim en Ria:

1 Aäron (Aron) Otte, geboren op vrijdag 24 november 1989 in Rotterdam. Hij is gedoopt in december 1989 in Rotterdam-Delfshaven NH Kerk door Ds. W. Dekker
2 Tirza Otte, geboren op dinsdag 21 april 1992 in Rotterdam. Zij is gedoopt in mei 1992 in Rotterdam-Delfshaven NH Kerk door Ds. W. Dekker.
3 Joëlle Otte, geboren op dinsdag 11 juli 1995 in Rotterdam. Hij is gedoopt in juli 1995 in Rotterdam-Delfshaven NH Kerk door Ds. W. Dekker.

XII-g Jacoba (Jacqueline) Otte is geboren op donderdag 29 februari 1968 in Barneveld, dochter van Henk Otte en Suus Zorge (zie XI-h) Zij is gedoopt in maart 1968 in Barneveld [bron: Geref.Gem Ds A.W.Verhoef]. Jacqueline trouwde met **Johan van Dijk**, 22 jaar oud, op vrijdag 27 oktober 1989 in Barneveld, Kerkelijk bevestigd in de Geref. Gem. door Ds. G.M. de Leeuw. Johan is geboren op woensdag 22 februari 1967 in Rotterdam.

Kinderen van Jacqueline en Johan:

1 Susanna van (Susanne) Dijk, geboren op zaterdag 5 januari 1991 in Renswoude. Zij is gedoopt in februari 1991 in Scherpenzeel Geref. Gem. door Ds. J.Koster.
2 Johannes van (Hanco) Dijk, geboren op woensdag 15 april 1992 in Voorthuizen. Hij is gedoopt in mei 1992 in Barneveld Geref. Gem. door Ds. G.M. De Leeuw.
3 Johanna van (Hanna) Dijk, geboren op zondag 23 oktober 1994 in Amersfoort. Zij is gedoopt in november 1994 in Amersfoort Geref. Gem. door Ds. W.Visscher.
4 Hendrika van (Henrike) Dijk, geboren op woensdag 21 augustus 1996 in Borssele. Zij is gedoopt in september 1996 in Borssele Geref. Gem. door Ds. C. Hogchem.
5 Ruben van Dijk, geboren op maandag 10 mei 1999 in Borssele. Hij is gedoopt in september 1999 in Borssele Geref. Gem. door Ds. C. Hogchem.
6 Ruth van Dijk, geboren op maandag 12 november 2001 in Borssele. Zij is gedoopt in december 2001 in Borssele Geref. Gem. door Ds. J. Schipper.

XII-h Petronella Suzanna (Eline) Otte is geboren op woensdag 26 oktober 1977 in Ede, dochter van Henk Otte en Suus Zorge (zie XI-h) Zij is gedoopt in 1977 in Barneveld Geref. Gem. door Ds. J. Koster.

(1) Eline trouwde met **Jan Hendrik ter Haar**, 25 jaar oud, op woensdag 13 november 1996 in Veenendaal , Kerkelijk bevestigd in de Chr.Geref Kerk door Ds. P.D.J. Buijs. Het huwelijk werd ontbonden in 2007. Jan is geboren op vrijdag 2 juli 1971.

(2) Eline trouwde met **Johan Gerard Marie Corstjens** op zaterdag 10 mei 2008 in Schiedam.

Kind van Eline en Johan:

1 Hendrik Willem Theodoor (Rik) ter Haar, geboren op woensdag 3 januari 2001 in Ede. Gedoopt februari 2001 Veenendaal, Chr.Ger.Kerk door Ds. P.D.J.Buijs.

Kind van Johan:

1 Lucien Corstjens, geboren op vrijdag 8 januari 1999.

XI-i Nicolaas Willem (Nico) Zorge is geboren op maandag 13 maart 1939 in Rotterdam, zoon van Willem Zorge (zie X-j) en Pietertje van der Pol. Hij is gedoopt op zondag 30 april 1939 in Rotterdam-Centrum Geref. Gem. door Ds. G. H. Kersten.

(1) Nico trouwde met **Adriana Dirkje (Sjaan) Sinke**, 23 jaar oud, op donderdag 30 juli 1964 Kerk. bevestiging in Ger.Gem. Rotterdam-C door Ds. A. Vergunst.. Sjaan is geboren op vrijdag 4 juli 1941 in Rotterdam. Het huwelijk werd ontbonden in 2004

(2) Nico trouwde met **Eibertje (Betty) Ruitenberg**, 47 jaar oud, op vrijdag 11 februari 2005 in Davos Zwitserland. Betty is geboren op dinsdag 7 mei 1957 in Ermelo. Zij is gedoopt in 1957 in Ermelo NH Kerk door Ds. W. de Bruin.

Kind van Nico en Sjaan:

> **1 Godiva Claire (Claire) Zorge**, geboren op vrijdag 27 augustus 1976 in Den Haag. Volgt XII-i.

XII-i Godiva Claire (Claire) Zorge is geboren op vrijdag 27 augustus 1976 in Den Haag, dochter van Nico Zorge (zie XI-i) en Sjaan Sinke Zij is gedoopt op zondag 19 december 1976 in Den Haag Geref.Gem Ds A.Vergunst. Claire trouwde met **Bastiaan Hendrik (Bas) Mekking,** 24 jaar oud, op vrijdag 31 augustus 2001 in Interlaken/Unterseen in de Ev Ref Kirche. Bas is geboren op maandag 25 april 1977 in Naarden.

Kind van Claire en Bas:

> **1 Storm Bastiaan Mekking**, geboren op paasmaandag 17 april 2006 in Zwolle.

XI-j Theodora Elizabeth (Thea) Zorge is geboren op vrijdag 23 mei 1941 in Gouda, dochter van Willem Zorge (zie X-j (blz.76)) en Pietertje van der Pol Zij is gedoopt op zondag 29 juni 1941 in Gouda in de Geref.Gem door Ds. A. de Blois die *de dopelinge en de fam. Zorge door de gemeente heeft laten toezingen in verband met hun tijdelijke vertrek naar Barneveld vanwege het oorlogsgeweld in Rotterdam. In Barneveld zijn Piet en Bep geboren.* Thea trouwde met **Cornelis (Cor) Goedegebuur**, 21 jaar oud, geboren Rotterdam woensdag 15 januari 1941 en gedoopt in 1941 in Ger.Gem. Rotterdam-Z door Ds. W.C. Lamain. Kerkelijke bevestiging van huwelijk in Ger.Gem. Rotterdam-C door Ds. A. Vergunst.

Kinderen van Thea en Cor:

> **1 Maria Jacoba (Marjan) Goedegebuur**, geboren op maandag / oktober 1963 in Rotterdam-Zuid Volgt XII-j.
> **2 Willem (Wim) Goedegebuur**, geboren op zondag 23 januari 1966 in Rotterdam. Volgt XII-k.
> **3 Cornelis (Cor) Goedegebuur**, geboren op vrijdag 13 september 1968 in Rotterdam. Volgt XII-l.
> **4 Jacob (Jaap) Goedegebuur**, geboren op maandag 27 mei 1974 in Rotterdam. Volgt XII-m.
> **5 Petronella Theodora Elizabeth (Ellen) Goedegebuur**, geboren op zaterdag 29 oktober 1977 in Rotterdam. Volgt XII-n.

XII-j Maria Jacoba (Marjan) Goedegebuur is geboren op maandag 7 oktober 1963 in Rotterdam-Zuid, dochter van Cor Goedegebuur en Thea Zorge (zie XI-j) Zij is gedoopt op zondag 3 november 1963 in Rotterdam-Zuid Geref. Gem. door Ds. P v.d. Bijl. Marjan trouwde met **Henk Schipper**, 26 jaar oud, op vrijdag 28 juni 1985 in Rotterdam Kerkelijk bevestigd in de Geref. Gem. door Ds. C.J.Meeuse. Henk is geboren op zaterdag 21 maart 1959 in Oud-Beijerland.

Kinderen van Marjan en Henk:

> **1 Theodora Elisabeth (Ilse) Schipper**, geboren op zondag 13 april 1986 in Rotterdam. Volgt XIII-e.
> **2 Maria (Marion) Schipper**, geboren op maandag 20 november 1989 in Hendrik-Ido-Ambacht. Volgt XIII-f.
> **3 Paulus Schipper**, geboren op vrijdag 24 april 1992 in Hendrik-Ido-Ambacht. Hij is gedoopt op zondag 14 juni 1992 in Hendrik-Ido-Ambacht, Geref. Gem. door Ds. H.Paul.

XIII-e Theodora Elisabeth (Ilse) Schipper is geboren op zondag 13 april 1986 in Rotterdam, dochter van Henk Schipper en Maria Jacoba Goedegebuur (zie XII-j) Zij is gedoopt op zondag 11 mei 1986 in Rotterdam-Zuid Geref. Gem. door Ds. C.J.Meeuse. Ilse trouwde met **Wouter Riezebos**, 23 jaar oud, op woensdag 20 februari 2008 in Oud Beijerland, Kerkelijk bevestigd in de Geref. Gem. door Ds. C. van Krimpen. Wouter is geboren op maandag 13 augustus 1984 in Ermelo.

Kind van Ilse en Wouter:

> **1 Diederik Adeodatus Riezebos**, geboren op donderdag 1 oktober 2009 in Heinennoord. Hij is gedoopt op zondag 6 december 2009 in Oud-Beijerland Geref door Gem Ds. J. de Pater.

XIII-f Maria (Marion) Schipper is geboren op maandag 20 november 1989 in Hendrik-Ido-Ambacht, dochter van Henk Schipper en Maria Jacoba Goedegebuur (zie XII-j) Zij is gedoopt op eerste kerstdag maandag 25 december 1989 in Hendrik-Ido-Ambacht Geref. Gem. Ds. H.Paul. Marion trouwde met **Arie de Waard**, 18 jaar oud, op donderdag 6 december 2007 in Hendrik-Ido-Ambacht.Kerkelijk bevestigd in de Geref. Gem. door zijn vader Ds. A.J. de Waard. Arie is geboren op vrijdag 16 december 1988 in Hendrik-Ido-Ambacht.

Kinderen van Marion en Arie:

> **1 Arie Jan de (Jesse) Waard**, geboren op zaterdag 12 april 2008 in Hendrik-Ido-Ambacht. Hij is gedoopt op zondag 18 mei 2008 in Hendrik-Ido-Ambacht, Geref. Gem. door Ds. A.J. de Waar].
> **2 Maria Jacoba de (Manoa) Waard**, geboren op maandag 4 april 2011 in Hendrik-Ido-Ambacht. Zij is gedoopt op zondag 15 mei 2011 in Hendrik-Ido-Ambacht, Geref. Gem. door Ds. A.J. de Waard haar grootvader.

XII-k Willem (Wim) Goedegebuur is geboren op zondag 23 januari 1966 in Rotterdam, zoon van Cor Goedegebuur en Thea Zorge (zie XI-j) Hij is gedoopt op zondag 6 maart 1966 in Rotterdam-Zuid Geref. Gem. door Ds. P. v.d.Bijl. Wim trouwde met **Astrid Stout**, 21 jaar oud, op woensdag 12 juni 1991 in Alblasserdam, Kerkelijk bevestigd in de Geref. Gem. door Ds. H.Paul . Astrid is geboren op vrijdag 5 december 1969 in Rotterdam.

Kinderen van Wim en Astrid:

1 Theodora Elizabeth (Thera) Goedegebuur, geboren op dinsdag 25 augustus 1992 in Dordrecht. Zij is gedoopt op zondag 25 oktober 1992 in Alblasserdam Geref.Gem. door Ds C. de Jongste.

2 Arie Willem (Arijn) Goedegebuur, geboren op dinsdag 15 februari 1994 in Dordrecht. Hij is gedoopt op zondag 13 maart 1994 in Alblasserdam Geref.Gem. door Ds C. de Jongste.

3 Cornelis Matthias (Matthia) Goedegebuur, geboren op donderdag 15 februari 2001 in Hagestein. Hij is gedoopt op zondag 1 april 2001 in Hagestein: NH kerk door Ds. E. de Mots.

4 Adriaan Wim (Aswin) Goedegebuur, geboren op donderdag 26 juni 2003 in Utrecht. Hij is gedoopt op zondag 16 november 2003 in Vianen NH Kerk door Ds. J.R.Inzema.

XII-l Cornelis (Cor) Goedegebuur is geboren op vrijdag 13 september 1968 in Rotterdam, zoon van Cor Goedegebuur en Thea Zorge (zie XI-j) Hij is gedoopt op zondag 10 november 1968 in Rotterdam-Zuid, Geref. Gem. door Ds. Chr. van Dam. Cor trouwde met **Ada de Jongh**, 28 jaar oud, op vrijdag 28 juni 1991 in Hendrik-Ido-Ambacht, Kerkelijk bevestigd in de Geref. Gem. door Ds. H.Paul. Ada is geboren op vrijdag 9 november 1962 in Rotterdam. Zij is gedoopt op zondag 3 maart 1963 in Rotterdam-Zuid Geref. Gem. door Ds. Chr. van Dam.

Kinderen van Cor en Ada:

1 Cornelis (Niels) Goedegebuur, geboren op donderdag 12 november 1992 in Hendrik-Ido-Ambacht. Hij is gedoopt op zondag 6 december 1992 in Hendrik-Ido-Ambacht, Geref. Gem. door Ds. H.Paul.

2 Jacoba (Jacolien) Goedegebuur, geboren op vrijdag 7 januari 1994 in Hendrik-Ido-Ambacht. Zij is gedoopt op zondag 13 februari 1994 in Hendrik-Ido-Ambacht, Geref. Gem. door Ds. H.Paul.

3 Theodora Elizabeth (Elize) Goedegebuur, geboren op donderdag 26 januari 1995 in Hendrik-Ido-Ambacht. Zij is gedoopt op 26 februari 1995 in Hendrik-Ido-Ambacht, Geref. Gem. door Ds. W. Silfhout.

4 Willem (Jan-WIllem) Goedegebuur, geboren op donderdag 17 juli 1997 in Hendrik-Ido-Ambacht. Hij is gedoopt op zondag 17 augustus 1997 in Hendrik-Ido-Ambacht, Geref. Gem. door Ds. W. Silfhout.

5 Jacob (Job) Goedegebuur, geboren op zondag 14 december 2003 in Hendrik-Ido-Ambacht. Hij is gedoopt op zondag 9 mei 2004 in Hendrik-Ido-Ambacht, Geref. Gem. door Ds. J. Mijnders.

XII-m   Jacob (Jaap) Goedegebuur is geboren op maandag 27 mei 1974 in Rotterdam, zoon van Cor Goedegebuur en Thea Zorge (zie XI-j) Hij is gedoopt op zondag 23 juni 1974 in Rotterdam-Zuid. Kerkelijk bevestigd in de Geref. Gem. door Ds. K. de Gier. Jaap trouwde met **Florine Oskam**, 21 jaar oud, op woensdag 16 november 1994 in Ridderkerk Geref. Gem. door Ds. G.J. van Aalst. Florine is geboren op zondag 22 juli 1973 in Ridderkerk.

Kinderen van Jaap en Florine:

> **1 Felicia Goedegebuur**, geboren op woensdag 18 juli 2007 in Dordrecht. Zij is gedoopt op zondag 7 oktober 2007 in Alblasserdam PKN door Ds. A. Baas.
> **2 Isabella Goedegebuur**, geboren op dinsdag 9 maart 2010 in Dordrecht. Niet gedoopt wel opgedragen in Evang. Gemeente Jubilee te Oosterhout.

XII-n   Petronella Theodora Elizabeth (Ellen) Goedegebuur is geboren op zaterdag 29 oktober 1977 in Rotterdam, dochter van Cor Goedegebuur en Thea Zorge (zie XI-j) Zij is gedoopt op zondag 4 december 1977 in Rotterdam-Zuid, Geref. Gem. door Ds. H.Hofman. Ellen trouwde met **Lennard Oskam**, 23 jaar oud, op woensdag 10 december 1997 in Rotterdam-Zuid, Kerkelijk bevestigd in de Geref. Gem. door Ds. G.J. van Aalst. Lennard is geboren op zondag 7 juli 1974 in Ridderkerk.

Kinderen van Ellen en Lennard:

> **1 Sietske Christina Oskam**, geboren op zaterdag 21 november 1998 in Rotterdam. Zij is gedoopt op zondag 17 januari 1999 in Ridderkerk Geref. Gem. door Ds. G.J. van Aalst.
> **2 Theodora Elizabeth (Thirza) Oskam**, geboren op donderdag 19 oktober 2000 in Rotterdam. Zij is gedoopt op zondag 29 oktober 2000 in Alblasserdam Geref.Gem door Ds B. van der Heiden.
> **3 Cornelis Eduard (Edward) Oskam**, geboren op zondag 14 september 2003 in Dordrecht. Hij is gedoopt op zondag 26 oktober 2003 in Alblasserdam Geref. Gem. door Ds. B. van der Heiden
> **4 Floris Jacob Oskam**, geboren op woensdag 4 november 2009 in Dordrecht. Hij is gedoopt op zondag 20 december 2009 in Alblasserdam Geref. Gem. door Ds. B. van der Heiden.

XI-k Pieter Cornelis (Piet) Zorge is geboren op zondag 2 mei 1943 in Barneveld, zoon van Willem Zorge (zie X-j (blz.76)) en Pietertje van der Pol Hij is gedoopt op zondag 4 juli 1943 in Ger.Gem. Barneveld door Ds. J.Fraanje.. Piet trouwde met **Anna Cornelia (Annie) Keijzer**, 21 jaar oud, op donderdag 9 september 1965, Kerkelijk bevestigd in de Ger. Gem. Rotterdam-C door Ds. G.J. v.d. Noort. Annie is geboren op donderdag 7 september 1944 in Rotterdam, dochter van Cornelis Keijzer en Clara Gertruda Johanna Peeters. Zij is gedoopt in de Chr.Ger.Kerk in Rotterdam-West door Ds. Laman

Kinderen van Piet en Annie:

1 Cornelis Willem Pieter (Peter) Zorge, geboren op donderdag 14 juli 1966 in Rotterdam. Volgt XII-o (blz.87) .
2 Marc Reinier Rudolf Zorge, geboren op zondag 28 juni 1970 in Rotterdam. Volgt XII-p (blz.88) .
3 Astrid Wilhelmina Gertruda Zorge, geboren op zaterdag 8 december 1973 in Ouderkerk aan den IJssel. Volgt XII-q (blz.89) .

XII-o Cornelis Willem Pieter (Peter) Zorge is geboren op donderdag 14 juki 1966 in Rotterdam, zoon van Piet Zorge (zie XI-k (blz.87)) en Annie Keijzer Hij is gedoopt op zondag 28 augustus 1966 in Rotterdam-C in Ger.Gem. Rotterdam-C door Ds. A. Vergunst. Peter trouwde met **Anna Cornelia Elisabeth van der (Annelies) Heiden**, 24 jaar oud, op woensdag 17 oktober 1990, kerk. bevestiging in NHK Lekkerkerk door Ds. P. Molenaar Annelies is geboren op zaterdag 19 maart 1966, dochter van Adrianus van der Heiden en Neeltje Hoogendoorn. Zij is gedoopt zondag 1 mei 1966 in Ned.Herv.Kerk Schoonhoven door Ds. J.C. Schuurman Sr.

Kinderen van Peter en Annelies:

1 Anna Kirsten Nelline (Kirsten) Zorge, geboren op vrijdag 29 juli 1994 in Schoonhoven. Zij is gedoopt op zondag 28 augustus 1994 in Schoonhoven door Ds. W. van Gorsel.
2 Rhodé Petra Carola (Rhodé) Zorge, geboren op woensdag 20 mei 1998 in Nieuwegein. Zij is gedoopt op zondag 5 juli 1998 in Schoonhoven NHK door Ds. A.A.W.Boon.
3 Adrianus Werner Pieter (Werner)Zorge, geboren op donderdag 14 oktober 1999 in Nieuwegein. Hij is gedoopt op zondag 16 januari 2000 in Schoonhoven NHK door Ds. H.Liefting.
4 Julliët Margje Mariska (Julliët) Zorge, geboren op woensdag 2 oktober 2002 in Nieuwegein. Zij is gedoopt op zondag 10 november 2002 in Schoonhoven NHK door Ds. E de Mots.

XII-p Marc Reinier Rudolf Zorge is geboren op zondag 28 juni 1970 in Rotterdam, zoon van Piet Zorge (zie XI-k (blz.87)) en Annie Keijzer Hij is gedoopt op zondag 19 juli 1970 in Rotterdam-C, Ger.Gem Rotterdam door Ds. A.Vergunst.

(1) Marc trouwde met **Johanna Marrigje (Marjoke) Heuvelman**, 23 jaar oud, op vrijdag 20 november 1992 Kerk. bevestiging in NHK Capelle aan denIJssel door Ds. Jac. Schuurman Jr en kand. P.C. Zorge. Marjoke is geboren op donderdag 5 juni 1969. Het huwelijk is in 2004 ontbonden. Marjoke is geboren op donderdag 5 juni 1969.

(2) Marc trouwde met **Astrid Mathilde van Twillert**, 30 jaar oud, op vrijdag 2 september 2005 in Franekeradeel door Ds G. Hutten. Astrid is geboren op woensdag 11 september 1974 in Spakenburg, dochter van Harmen (Herman) van Twillert en Hilletje (Hilda) Koelewijn. Zij is gedoopt op 22 augustus 1974 in Spakenburg door Ds. J.J.Kaptein. Astrid trouwde voorheen op donderdag 24 september 1998 met Hemke Broersma in Franeker, Kerkelijk bevestigd in de GKV door Ds G. Hutten. Dit huwelijk werd ontbonden op 1 februari 2004.

Kinderen van Marc en Marjoke:

1 Elizabeth Marrigje Cornelia (Emma) Zorge, geboren op zondag 28 augustus 1994 in Capelle aan den IJssel, gedoopt 23 oktober 1994 in de Ned.Herv.Kerk (Ger.Bond) Capelle aan den IJssel door Ds. J.C. Schuurman Jr..
2 Cornelis Marcus Reinier (Reinout) Zorge, geboren op vrijdag 29 september 1995 in Capelle aan den IJssel. Hij is gedoopt op zondag 22 oktober 1995 in Capelle aan den IJssel in Ned.Herv.Kerk (Ger.Bond) Capelle aan den IJssel door Ds. J.C. Schuurman Jr.

Kind van Marc en Astrid:

3 Melle Harmen Anne (Mel) Zorge, geboren op woensdag 12 juli 2006 in Franeker. Hij is gedoopt op zondag 24 september 2006 in Franeker in de GKV door Ds. Hans Burger.

Kind van Astrid en Hemke:
4 Chris Marish Broersma, geboren op 25 maart 2001 in Franeker. Zij is gedoopt op zondag 22 april 2001 in Franeker in de GKV door Ds. Gert Hutten.

XII-q Astrid Wilhelmina Gertruda Zorge is geboren op zaterdag 8 december 1973 in Ouderkerk aan den IJssel, dochter van Piet Zorge (zie XI-k (blz.87)) en Annie Keijzer Zij is gedoopt op eerste kerstdag dinsdag 25 december 1973 in Krimpen aan den IJssel Ger.Gem. door Ds. H.J.van Noort. Astrid trouwde met **Marinus Willem de (Martin) Olde**, 30 jaar oud, op vrijdag 28 september 2001 in Rotterdam Delfshaven en kerk.bevestigd in Ned. Herv.Kerk Rotterdam-Delfshaven door Ds. P.L. de Jong en kand. P.C. Zorge. Martin is geboren op zondag 25 oktober 1970 in Enschede en gedoopt in november 1970 in Ger.Gem. Enschede door Ds. J. Mol., zoon van Marinus de Olde en Maatje Dekker.

Kinderen van Astrid en Martin:

1 Marnix Marinus Pieter de Olde, geboren op zaterdag 7 augustus 2004 in Apeldoorn. Hij is gedoopt op zondag 10 oktober 2004 in Apeldoorn door Ds. P. van Duyvenbode
2 Karlijn Anna Magdalene de Olde. Zij is geboren op 14 februari 2007 in Vaassen. Zij is gedoopt op zondag 13 mei 2007 in Apeldoorn door Ds. P. van Duyvenbode
3 Noreen Wilhelmina Evaline de Olde. Zij is geboren op dinsdag 22 december 2009 in Apeldoorn. Zij is gedoopt op zondag 24 januari 2010 in Apeldoorn door Ds. A. Baas.

XI-l Elizabeth Johanna (Bep) Zorge is geboren op zondag 20 augustus 1944 in Barneveld, dochter van Willem Zorge (zie X-j (blz.76)) en Pietertje van der Pol Zij is gedoopt op zaterdag 30 september 1944 in de Ger.Gem. Barneveld door Ds. J. Fraanje (1) Bep trouwde met **Pieter Jozeph van (Piet) Roon**, 25 jaar oud, in Rotterdam op dinsdag 27 april 1965. Kerk.bevestiging in Ger.Gem. Rotterdam-C door Ds. A. Vergunst. Dit huwelijk is in 1974 ontbonden. Pieter is geboren op dinsdag 27 juni 1939 en op woensdag 29 oktober 2008 overleden.

(2) Bep trouwde met **Hendrikus Jan (Hennie) Kootstra**, 38 jaar oud, op dinsdag 5 april 1977 in Lekkerkerk. Hennie is geboren op zaterdag 24 december 1938 in Schelluinen en gedoopt januari 1939 in Ned.Herv.Kerk Schelluinen door Ds. P. Dorsman

Kinderen van Bep en Piet:

1 Greta Pieternella Elizabeth van (Anja) Roon, geboren op donderdag 26 juni 1969 in Rotterdam. Volgt XII-r.
2 Josephine Petronella Johanna van (José) Roon, geboren op dinsdag 7 september 1971 in Rotterdam. Volgt XII-s.

XII-r Greta Pieternella Elizabeth van (Anja) Roon is geboren op donderdag 26 juni 1969 in Rotterdam, dochter van Piet van Roon en Bep Zorge (zie XI-l) Zij is gedoopt op zondag 10 augustus 1969 in Rotterdam-Centrum Geref.Gem Ds A.Vergunst.

(1) Anja trouwde met **Willem van Bemmel**, 29 jaar oud, op vrijdag 1 mei 1992 in Mijdrecht . Het huwelijk werd ontbonden in 2006. Willem is geboren op nieuwjaarsdag dinsdag 1 januari 1963 in Mijdrecht. Dit huwelijk is in 2006 ontbonden.

(2) Anja trouwde met **Cornelis Kroon**, 40 jaar oud, op vrijdag 27 oktober 2006 in Aalsmeer. Cornelis is geboren op maandag 14 maart 1966 in Uithoorn.

Kinderen van (Anja) en Willem:

> **1 Johannes Adrianus van (Johan) Bemmel**, geboren op maandag 23 augustus 1993 in Amstelveen. Hij is gedoopt in 1993 in Amstelhoek in de Geref. Kerk.
> **2 Greta Veronica van (Gera) Bemmel**, geboren op maandag 13 februari 1995 in Amstelveen. Zij is gedoopt in 1995 in Amstelhoek in de Geref. Kerk.
> **3 Willlem Zegert van (Zeger) Bemmel**, geboren op vrijdag 20 september 1996 in Amstelveen. Hij is gedoopt in 1996 in Amstelhoek in de Geref. Kerk.
> **4 Thomas Marcelis van (Thom) Bemmel**, geboren op dinsdag 21 november 2000 in Mijdrecht. Hij is gedoopt in 2000 in Amstelhoek in de Geref. Kerk.
> **5 Petrus Nicolaas van (Niek) Bemmel**, geboren op maandag 1 juli 2002 in Amstelveen. Hij is gedoopt in 2002 in Amstelhoek in de Geref. Kerk.
> **6 Hendrik Jacobus van (Rick) Bemmel**, geboren op donderdag 4 december 2003 in Mijdrecht. Hij is gedoopt in 2003 in Amstelhoek in de Geref. Kerk.

Kind van Anja en Cornelis:

> **7 Franka Anna Kroon**, geboren op dinsdag 13 november 2007 in Ter Aar.

XII-s Josephine Petronella Johanna van (José) Roon is geboren op dinsdag 7 september 1971 in Rotterdam, dochter van Piet van Roon en Bep Zorge (zie XI-l) Zij is gedoopt op zondag 31 oktober 1971 in Rotterdam-Centrum Geref.Gem door Ds A.Vergunst. José trouwde met **Arie-Jan van der (Arjan) Perk**, 23 jaar oud, op maandag 29 juli 1991 in Piershil. (Arjan) is geboren op zaterdag 2 maart 1968 in Piershil. Er zijn geen kinderen

XI-m Cornelis Jan (Cor) Zorge is geboren op zondag 7 september 1947 in Rotterdam, zoon van Willem Zorge (zie X-j (blz.76)) en Pietertje van der Pol Hij is gedoopt op zondag 19 oktober 1947 in Rotterdam-C Ger.Gem. door Ds. G.H.Kersten. Cor trouwde met **Alida Jannigje (Lida) van der Velden**, 21 jaar oud, op donderdag 25 oktober 1973 in Zeist. Kerk.bevestiging in Ger.Gem. Utrecht door Ds. A. Vergunst. Alida is geboren op zondag 14 september 1952 in Soest en oktober 1952 gedoopt in Ger.Gem. Boothstraat, Utrecht door Ds. J. van den Berg.

Kinderen van Cor en Lida:

> **1 Corine Ingeborg (Ingeborg) Zorge**, geboren op maandag 28 juli 1975 in Rotterdam. Volgt XII-t.
> **2 Christian Emanuel Zorge**, geboren op zondag 4 juni 1978 in Rotterdam. Volgt XII-u.

XII-t Corine Ingeborg (Ingeborg) Zorge is geboren op maandag 28 juli 1975 in Rotterdam, dochter van Cor Zorge (zie XI-m) en Lida van der Velden Zij is gedoopt in augustus 1975 in Capelle aan den IJssel Geref. Gem. door Ds. L. Blok. Ingeborg trouwde met **Walter Broekhuizen**, 32 jaar oud, op vrijdag 17 mei 2002 in Dordrecht Kerkelijke bevestiging in NHK Nieuwe Westerkerk Capelle aan den IJssel door Ds. P.J. den Admirant. Het huwelijk werd ontbonden in 2008. Walter is geboren op donderdag 17 juli 1969 in Hardinxveld-Giessendam.

Kinderen van Corine en Walter:

> **1 Lilian Jedidja Broekhuizen**, geboren op dinsdag 7 september 2004 in Rotterdam. Zij is gedoopt op zondag 20 maart 2005 in Middelharnis, PKN door Ds. A.P. Voets.
> **2 Thirza Maryse Broekhuizen**, geboren op dinsdag 7 september 2004 in Rotterdam. Zij is gedoopt op zondag 20 maart 2005 in Middelharnis, PKN door Ds. A.P. Voets.

XII-u Christian Emanuel Zorge is geboren op zondag 4 juni 1978 in Rotterdam, zoon van Cor Zorge (zie XI-m) en Lida van der Velden Hij is gedoopt in juli 1978 in Capelle aan den IJssel Geref. Gem. door Ds. L. Blok Christian trouwde met **Grietje van der Kooi**, 20 jaar oud, op donderdag 11 juli 2002 in Buitenpost in de NH Kerk door legerpredikant Ds. H. Laseur. Grietje is geboren op dinsdag 26 januari 1982 in Tietjerksteradeel.

Kind van Christian en Grietje:

> **1 Youri Hedzer Collin Zorge**, geboren op vrijdag 18 maart 2005 in Dirksland.

XI-n Petronella Clazina (Nel) Zorge is geboren op zaterdag 30 april 1949 in Rotterdam, dochter van Willem Zorge (zie X-j (blz.76)) en Pietertje van der Pol. Zij is gedoopt op zondag 12 juni 1949 in Rotterdam-C in de Geref. Gem door Ds. M. Blok. Nel trouwde met **Hendrik Alexander (Alex) van der Vlies**, 23 jaar oud, op donderdag 1 oktober 1970. Kerkelijke bevestiging in Ger.Gem. Rotterdam-C door Ds. A. Vergunst. Alex is geboren op maandag 3 maart 1947 in Rotterdam. Dit huwelijk is in 2010 ontbonden.

Kinderen van Nel en Alex:

> **1 Miranda van der Vlies**, geboren op dinsdag 21 december 1971 in Rotterdam. Volgt XII-v.
> **2 Eveline van der Vlies**, geboren op dinsdag 21 december 1971 in Rotterdam. Volgt XII-w.
> **3 Alexander Fransiscus van der (Sander) Vlies**, geboren op donderdag 4 augustus 1983 in Rotterdam. Volgt XII-x.
> **4 Lydia Petronella van der Vlies**, geboren op woensdag 7 januari 1987 in Rotterdam. Zij is gedoopt in 1987 in Rotterdam Chr. Geref Kerk door Ds. P.Beekhuis.

XII-v Miranda van der Vlies is geboren op dinsdag 21 december 1971 in Rotterdam, dochter van Alex van der Vlies en Nel Zorge (zie XI-n) Zij is gedoopt op zondag 27 februari 1972 in Rotterdam-Centrum Geref. Gem. door Ds A.Vergunst. Miranda trouwde met **Paulus Johannes Martin van (Paul) Hengel**, 26 jaar oud, op donderdag 8 juli 1993 in Bleiswijk. Kerkelijke bevestiging Chr.Geref. Kerk Rotterdam-Kralingen door Ds. L.W.v.d.Meij. Paul is geboren op zaterdag 29 april 1967 in Rotterdam. Hij is gedoopt in mei 1967 in Rotterdam-West Chr. Geref. Kerk   door Ds. H. van Leeuwen.

Kinderen van Miranda en Paul:

> **1 Jennifer Caroline van den Hengel**, geboren op zondag 16 juli 1995 in Zoetermeer. Zij is gedoopt op zondag 13 augustus 1995 in Rotterdam, Chr. Geref Kerk door Ds.A.Baars
> **2 Ruben Matthias van Hengel**, geboren op zondag 14 december 1997 in Bleiswijk. Hij is gedoopt in januari 1998 in Rotterdam, Chr. Geref Kerk door Ds.A.Baars
> **3 Ilse Leonora van Hengel**, geboren op dinsdag 5 september 2000 in Zoetermeer. Zij is gedoopt in oktober 2000 in Rotterdam in de Chr. Geref Kerk door Ds.J.M.J. Kievit.
> **4 Renske Pauline van Hengel**, geboren op donderdag 19 december 2002 in Zoetermeer. Zij is gedoopt in januari 2003 in Rotterdam in de Chr. Geref Kerk door Ds.J.M.J. Kievit].

XII-w Eveline van der Vlies is geboren op dinsdag 21 december 1971 in Rotterdam, dochter van Alex van der Vlies en Nel Zorge (zie XI-n) Zij is gedoopt op zondag 27 februari 1972 in Rotterdam-Centrum Geref. Gem. door Ds A.Vergunst. Eveline trouwde met **Maarten Johannes van (Martin) Gelder** in Rotterdam Chr.Geref Kerk Ds. P..Beekhuis. Martin is geboren op woensdag 17 december 1969 in Rotterdam. Hij is gedoopt op zondag 1 februari 1970 in Rotterdam Geref. Gem. (H.V.) door Ds.P. Overduin.

Kinderen van Eveline en Martin:

> **1 Manon Louise van Gelder**, geboren op zondag 21 juni 1998 in Zeist. Zij is gedoopt op zondag 2 augustus 1998 in Driebergen Chr. Geref Kerk door Ds L.W.v.d. Meij.
> **2 Daphne Leanne van Gelder**, geboren op woensdag 26 april 2000 in Zeist. Zij is gedoopt op zondag 25 juni 2000 in Driebergen Chr. Geref Kerk door Ds L.W.v.d. Meij.
> **3 Steven Leon van Gelder**, geboren op dinsdag 27 mei 2003 in Zeirst. Hij is gedoopt op zondag 6 juli 2003 in Driebergen Chr. Geref Kerk door Ds L.W.v.d. Meij.

XII-x Alexander Fransiscus van der (Sander) Vlies is geboren op donderdag 4 augustus 1983 in Rotterdam, zoon van Alex van der Vlies en Nel Zorge (zie XI-n) Hij is gedoopt in september 1983 in Rotterdam, Chr. Geref. Kerk door Ds P.Beekhuis. Sander trouwde met **Amanda Jolanda van Hoorn**, 21 jaar oud, op donderdag 5 juni 2008 in Vlaardingen, Kerkelijke bevestiging in de Woudtse kerk van de Prot.Gem. 't Woudt door Ds. A.Hoekman Chr.Ger. predikant. Amanda is geboren Schiedam donderdag 30 oktober 1986 en gedoopt in de Plantagekerk, Schiedam door Ds. N. v.d. Want.

XI-o   Cornelia Suzanna Pietertje (Lia) Zorge is geboren op zaterdag 14 november 1953 in Rotterdam, dochter van Willem Zorge (zie X-j (blz.76)) en Pietertje van der Pol Zij is gedoopt op zondag 27 december 1953 Ger.Gem. Rotterdam-C door Ds. M. Blok Lia trouwde woensdag 21 mei 1980 in Rotterdam-Hillegersberg met **Jacob (Jaap) Koene**, geboren Maassluis donderdag 5 februari 1953. De bevestiging van huwelijk in de Ned.Herv. Hillegondakerk Rotterdam-Hillegersberg door Ds. N. Kleermaker. Dit huwelijk is in 2005 ontbonden.

Kinderen van Lia en Jaap:

> **1 Marieke Pieternella Koene**, geboren 3 januari 1983, gedoopt 8 mei 1983 in Ned.Herv.Kerk (Conf.) Zeist door Ds. G Zonneberg.
> **2 Rianne Dana Koene**, geboren Zeist dinsdag 11 maart 1986, gedoopt 18 mei 1986 in Ned.Herv.Kerk (Conf.) Zeist door Ds. G. Zonneberg.

XI-p   Willem Zorge is geboren op woensdag 9 april 1958 in Rotterdam, zoon van Willem Zorge (zie X-j (blz.76)) en Pietertje van der Pol Hij is gedoopt op zondag 29 juni 1958 in Rotterdam-C Ger.Gemeente door Ds. A. Vergunst

X-k   Jan Zorge is geboren op 7 januari 1917, zoon van Reinier Zorge (zie IX-z (blz.76)) en Theodora Elizabeth Coenraad Jan is overleden in 1984, ± 67 jaar oud. Jan trouwde met **Lijntje (Lien) van der Ven**. Lijntje is geboren in 1917 in IJsselmonde en is overleden in 2004, ± 87 jaar oud.
Jan Zorge, Lien van der Ven en kinderen zijn in 1961 geëmigreerd naar California.

Kinderen van Jan en Lien:

> **1 Reinier Zorge**, geboren in 1943 in Amsterdam. Volgt XI-q (blz.94) .
> **2 Lena Zorge**, geboren in 1946 in Amsterdam. Volgt XI-r (blz.95) .

XI-q   Reinier Zorge is geboren in 1943 in Amsterdam, zoon van Jan Zorge (zie X-k (blz.94)) en Lijntje van der Ven. Beroep: Electrical Engineer (ret) in Florence Arizona.

(1)   Reinier trouwde met **Ursula Rose Zimmermann**, ± 23 jaar oud, in 1967. Het huwelijk werd ontbonden in 1988. Ursula is geboren in 1944 in Hirsau, Germany, dochter van Franz Zimmermann en Rosa Koch.
(2) Reinier trouwde met **Sheryl Raye Wall**, ± 47 jaar oud, in 1995. Sheryl is geboren in 1948 in Dubuque, Iowa USA.

Kinderen van Reinier en Ursula:

1 Owen Derek Zorge, geboren in 1970 in Long Beach, Ca, USA.
2 Neal Shannon Zorge, geboren in 1975 in Lakewood, Ca, USA. Volgt XII-z (blz.95).

XII-y   Owen Zorge is geboren in 1970 in Long Beach, Ca, USA, zoon van Reinier Zorge (zie XI-q (blz.94)) en Ursula Rose Zimmermann Owen trouwde met **Kindy Stevens**, ± 31 jaar oud, in 2011.

XII-z   Neal Shannon Zorge is geboren in 1975 in Lakewood, Ca, USA, zoon van Reinier Zorge (zie XI-q (blz.94)) en Ursula Rose Zimmermann Neal trouwde met **Heather Ann Diedrick**, ± 24 jaar oud, in 2000. Heather is geboren in 1976 in York, PA, USA.

Kinderen van Neal en Heather:

1 Dallin Reinier Zorge, geboren in 2004 in Fredericksburg, Virginia.
2 Tanner Philip Zorge, geboren in 2005 in Fredericksburg, Virginia.

XI-r   Lena Zorge is geboren in 1946 in Amsterdam, dochter van Jan Zorge (zie X-k (blz.94)) en Lijntje van der Ven Lena trouwde met **Christiaan Ploum**, ± 24 jaar oud, in 1967. Christiaan is geboren in 1943 in Heerlen.

IX-aa   Kathalina Zorge is geboren op donderdag 1 juni 1882 in Bruinisse, dochter van Jan Zorge (zie VIII-n (blz.74)) en Elizabeth Johanna Hoogerland Kathalina is overleden op maandag 2 februari 1953 in Kattendijke, 70 jaar oud. Kathalina trouwde met **Pieter Heijboer** op vrijdag 19 mei 1905 in Nieuwerkerk. Pieter is geboren in Nieuwerkerk.
IX-ab   Maria Zorge is geboren in 1885, dochter van Jan Zorge (zie VIII-n (blz.74)) en Elizabeth Johanna Hoogerland Maria trouwde met **Marinus de Ronde**, ± 24 jaar oud, op dinsdag 23 mei 1905 in Rotterdam. Marinus is geboren in 1881.

VIII-o Marinus Zorge is geboren in 1843 in Noordgouwe, zoon van Jan Zorge (zie VII-f (blz.70)) en Cornelia Fonteijne Marinus is overleden op maandag 12 december 1892 in Rotterdam, ± 49 jaar oud [bron: Burgerlijke stand - Overlijden, Rotterdam, 1892, nummer g 018v]. Marinus trouwde met **Lena Hanse**, ± 21 jaar oud, op vrijdag 5 mei 1871 in Oosterland. Lena is geboren in 1850 in Sint jansland, dochter van Pieter Hanse en Adriana Kooten. Lena is overleden op zondag 28 oktober 1894 in Rotterdam, ± 44 jaar oud [bron: Burgerlijke stand - Overlijden, Rotterdam, 1894, nummer a056v].

Kinderen van Marinus en Lena:

> **1 Jan Pieter Zorge**, geboren op zondag 23 juni 1872 in Noordgouwe.
> **2 Adriana Cornelia Zorge**, geboren in 1879. Adriana is overleden op vrijdag 11 mei 1894 in Rotterdam, ± 15 jaar oud.
> **3 Cornelia Zorge**, geboren op vrijdag 13 maart 1891 in Rotterdam [bron: Burgerlijke stand - Geboorte, Rotterdam, 1891, nummer c199]. Cornelia is overleden op zaterdag 20 juni 1891 in Rotterdam, 3 maanden oud.

VIII-p Martina Zorge is geboren op vrijdag 31 maart 1848 in Noordgouwe, dochter van Jan Zorge (zie VII-f (blz.70)) en Cornelia Fonteijne Martina trouwde met **Pieter de Haan**, 26 jaar oud, op woensdag 15 augustus 1866 in Kerkwerve. Pieter is geboren op dinsdag 17 december 1839 in Kerkwerve.

Kinderen van Martina en Pieter:

> **1 Kornelis Haan**, geboren in 1867. Kornelis is overleden in 1922, ± 55 jaar oud.
> **2 Jan Haan**, geboren in 1869.

VIII-q Cornelia Zorge is geboren in 1865 in Nieuwerkerk, dochter van Jan Zorge (zie VII-f (blz.70)) en Cornelia Fonteijne Cornelia trouwde met **Maarten van Dijke**, ± 25 jaar oud, op vrijdag 14 mei 1886 in Oosterland. Maarten is geboren in 1861 in Oosterland.

VIII-r Martina Zorge is geboren in 1869 in Ouwerkerk, dochter van Jan Zorge (zie VII-f (blz.70)) en Cornelia Fonteijne Martina trouwde met **Leendert Wandel**. Leendert is geboren in 1858 in Nieuwerker.

VII-g Jacob Zorge is geboren op maandag 18 maart 1799 in Dreischor, zoon van Reijer Zorge (zie VI-b (blz.61)) en Maria Janse van de Velde Hij is gedoopt op paaszondag 24 maart 1799 in Dreischor [bron: RaBS, inventaris nr. 162 opname nr. _H107423]. Jacob trouwde met **Maatje Fernabuk**, ± 24 jaar oud, op vrijdag 25 januari 1833 in dreishor. Maatje is geboren in 1809 in Dreischor, dochter van Machiel Fernabuk en Willemijntje Kip.

Kinderen van Jacob en Maatje:

1 Maria Zorge, geboren op donderdag 3 oktober 1833 in Dreischor. Volgt VIII-s (blz.97) .
2 Jacomina Zorge, geboren op zaterdag 15 december 1838 in Dirksland [bron: 25 Burgerlijke Stand Zeeland (1796) 1811-1980 Inventarisnummer: DRE-G-1838].
3 Johanna Zorge, geboren op woensdag 2 september 1840 in Zierikzee. Volgt VIII-t (blz.97) .
4 Rogier Zorge, geboren op vrijdag 6 oktober 1843 in Zierikzee. Volgt VIII-u (blz.97) .

VIII-s Maria Zorge is geboren op donderdag 3 oktober 1833 in Dreischor, dochter van Jacob Zorge (zie VII-g (blz.96)) en Maatje Fernabuk Maria trouwde met **Jop de Winter**, 4 maanden oud, op woensdag 16 juni 1830 in Zierikzee. Jop is geboren op maandag 1 november 1830 in Zierikzee.

VIII-t Johanna Zorge is geboren op woensdag 2 september 1840 in Zierikzee, dochter van Jacob Zorge (zie VII-g (blz.96)) en Maatje Fernabuk Beroep: Naaister.
Johanna trouwde met **Adriaan Vermeulen**, 44 jaar oud, op woensdag 26 oktober 1864 in Zierikzee. Adriaan is geboren op dinsdag 26 september 1820 in Zierikzee.

VIII-u Rogier Zorge is geboren op vrijdag 6 oktober 1843 in Zierikzee, zoon van Jacob Zorge (zie VII-g (blz.96)) en Maatje Fernabuk Rogier trouwde met **Adriaantje van de Vijver**, 21 jaar oud, op dinsdag 2 november 1869 in Zierikzee. Adriaantje is geboren op zondag 16 april 1848 in Aardenburg.

VII-h Marinus Zorge is geboren op zondag 26 mei 1805 in Dreischor, zoon van Reijer Zorge (zie VI-b (blz.61)) en Maria Janse van de Velde Hij is gedoopt op zondag 9 juni 1805 in Dreischor [bron: RaBS, inventaris nr. 162 opname nr. _H107438].

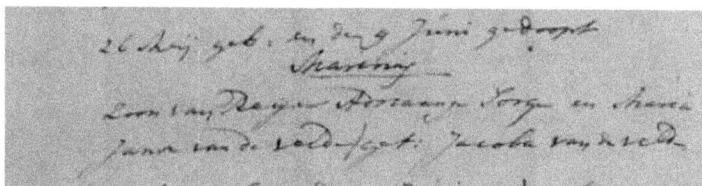

(1) Marinus trouwde met **Anna Theodora Riesberg**. Anna is overleden vóór 1840.
(2) Marinus trouwde met **Maatje Schriers**, 25 jaar oud, op vrijdag 4 december 1840 in Middelburg. Maatje is geboren op zondag 3 december 1815 in Middelburg, dochter van Janus Schriers en Janna van de Velde.

Kinderen van Marinus en Maatje:

1 Johanna Maria Zorge, geboren in 1843 in Middelburg. Volgt VIII-v (blz.98) .
2 Reinier Johannes Zorge, geboren in 1845.
3 Suzanne Zorge, geboren in 1847 in Middelburg. Volgt VIII-w (blz.98) .
4 Francina Zorge, geboren in 1848. Volgt VIII-x (blz.98) .

VIII-v Johanna Maria Zorge is geboren in 1843 in Middelburg, dochter van Marinus Zorge (zie VII-h (blz.97)) en Maatje Schriers Johanna is overleden in 1880, ± 37 jaar oud. Johanna trouwde met **Jan Gilde**, ± 30 jaar oud, op woensdag 12 juli 1865 in Middelburg. Jan is geboren in 1835 in Gapinge.

VIII-w Suzanne Zorge is geboren in 1847 in Middelburg, dochter van Marinus Zorge (zie VII-h (blz.97)) en Maatje Schriers Suzanne trouwde met **Leonardus Kinders**, ± 32 jaar oud, op woensdag 8 oktober 1879 in Middelburg. Leonardus is geboren in 1847 in Veere, zoon van Johannes Kinders en Cornelia Vermeer.

VIII-x Francina Zorge is geboren in 1848, dochter van Marinus Zorge (zie VII-h (blz.97)) en Maatje Schriers Francina trouwde met **Jacob Steffhaam** op woensdag 3 november 1875 in Amsterdam.

Kind van Francina en Jacob:

1 Francina Steffhaan, geboren in 1878 in Amsterdam. Beroep: Kruier.

VII-i Johannis Zorge is geboren op zaterdag 7 mei 1803 in Dreischor, zoon van Reijer Zorge (zie VI-b (blz.61)) en Maria Janse van de Velde Hij is gedoopt op zondag 15 mei 1803 in Dreischor. Beroep: Landbouwersknecht. Johannis is overleden op donderdag 18 augustus 1853 te Ellemeet, 42 jaar oud.

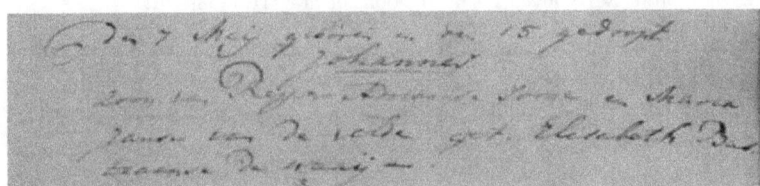

Johannis trouwde met **Jacoba Oole**, 26 jaar oud, op vrijdag 18 september 1835 in Dreischor. Jacoba is geboren op vrijdag 17 maart 1809 in Noordgouwe. Jacoba is overleden op zaterdag 30 januari 1869 in Noordwelle, 59 jaar oud.

Kinderen van Johannis en Jacoba:

1 Maria Zorge, geboren in 1831 in Noordwelle. Volgt VIII-y (blz.99) .
2 Stoffelina Zorge, geboren op donderdag 2 augustus 1838 in Noordwelle. Volgt VIII-z (blz.99) .

3 Janna Zorge, geboren in 1842. Janna is overleden op woensdag 16 april 1845 in Bruinisse, ± 3 jaar oud.
4 Jacomijna Zorge, geboren in 1842. Jacomijna is overleden op donderdag 5 december 1844 in Bruinisse, ± 2 jaar oud.
5 Willemina Zorge, geboren in 1845. Willemina is overleden op donderdag 4 juni 1846 in Bommenede, ± 1 jaar oud.
6 Jan Zorge, geboren op vrijdag 10 maart 1848 in Zonnemaire. Volgt VIII-aa (blz.99) .
7 Johanna Zorge, geboren in 1852 in Noordwelle. Volgt VIII-ab (blz.101) .

VIII-y Maria Zorge is geboren in 1831 in Noordwelle, dochter van Johannis Zorge (zie VII-i (blz.98)) en Jacoba Oole Maria is overleden op zondag 16 september 1866 in Elkerzee, ± 35 jaar oud. Maria trouwde met **Jan Evertse**, ± 20 jaar oud, op woensdag 4 juli 1866 in Elkerzee. Jan is geboren in 1846 in Duivendijke. Jan trouwde later op woensdag 24 oktober 1888 in Kerkwerve [bron: familysearch] met Cornelia Zorge (1865-1937), zie IX-j (blz.66) .

VIII-z Stoffelina Zorge is geboren op donderdag 2 augustus 1838 in Noordwelle, dochter van Johannis Zorge (zie VII-i (blz.98)) en Jacoba Oole Stoffelina is overleden op maandag 30 januari 1922 in Rotterdam, 83 jaar oud [bron: Arch R'dam]. Stoffelina trouwde met **Adriaan Verwest**, ± 26 jaar oud, op dinsdag 21 mei 1861 in Elkerzee. Adriaan is geboren in 1835 in Elkerzee. Adriaan is overleden op woensdag 7 juli 1880 in Elkerzee, ± 45 jaar oud.

Kind van Stoffelina en Adriaan:
    1 Jacob Verwest, geboren in 1864. Volgt IX-ac (blz.99) .

IX-ac Jacob Verwest is geboren in 1864, zoon van Adriaan Verwest en Stoffelina Zorge (zie VIII-z (blz.99)) Jacob is overleden op zaterdag 9 augustus 1919 in Rotterdam, ± 55 jaar oud. Jacob trouwde met **Elizabeth Falling** in Elkerzee.

VIII-aa Jan Zorge is geboren op vrijdag 10 maart 1848 in Zonnemaire, zoon van Johannis Zorge (zie VII-i (blz.98)) en Jacoba Oole Jan is overleden op vrijdag 16 september 1898 in Serooskerke, 50 jaar oud. Jan trouwde met **Aagtje Bastiaanse**, 32 jaar oud, op vrijdag 1 mei 1885 in Kerkwerve. Aagtje is geboren op dinsdag 7 september 1852 in Stavenisse, dochter van Izak Bastiaanse en Pieternella Jacoba Luik. Aagtje is overleden op zondag 10 mei 1931 in Haamstede, 78 jaar oud. Aagtje is weduwe van Leendert Johannes Vroegop.

Kinderen van Jan en Aagtje:
    1 Johannes Zorge, geboren in 1886 in Ellemeet. Volgt IX-ad (blz.100) .
    2 Pieternella Jacoba Zorge, geboren in 1888 in Ellemeet. Volgt IX-ae (blz.100) .
    3 Jacoba Zorge, geboren in 1889 in Ellemeet. Volgt IX-af (blz.100) .

4 Izaak Zorge, geboren op zaterdag 30 januari 1892 in Ellemeet. Volgt IX-ag (blz.100) .

IX-ad Johannes Zorge is geboren in 1886 in Ellemeet, zoon van Jan Zorge (zie VIII-aa (blz.99)) en Aagtje Bastiaanse
(1) Johannes trouwde met **Oerip N**. Oerip is geboren in Makassar Ned Indie.
(2) Johannes trouwde met **Bartelina Elenbaas**, ± 29 jaar oud, op vrijdag 18 mei 1917 in Haamstede. Bartelina is geboren in 1888 in Ellemeet, dochter van Jozua Elenbaas en Cornelia Willemina Cornelisse.

Kind van Johannes en Oerip:

> **1 Petronella Louisa Zorge**, geboren in 1918 in Makassar Ned Indie. Petronella is overleden op donderdag 16 juli 1942 in Amersfoort, ± 24 jaar oud.

XI-s Tiny Fierens dochter van Hendrik Fierens en Aagtje Pieternella Jacoba Zorge (zie X-l (blz.100)) Tiny trouwde met **Henk Flikweert**.

XI-t Mia Fierens dochter van Hendrik Fierens en Aagtje Pieternella Jacoba Zorge (zie X-l (blz.100)) Mia trouwde met **Wim Nikerk**.

XI-u Aad Fierens zoon van Hendrik Fierens en Aagtje Pieternella Jacoba Zorge (zie X-l (blz.100)) Aad trouwde met **Coby Reuvers**.

IX-ae Pieternella Jacoba Zorge is geboren in 1888 in Ellemeet, dochter van Jan Zorge (zie VIII-aa (blz.99)) en Aagtje Bastiaanse Pieternella trouwde met **Pieter Fredericus Wilhelmus van Zalm**, ± 21 jaar oud, op vrijdag 2 mei 1913 in Haamstede. Pieter is geboren in 1892 in Haamstede.
IX-af Jacoba Zorge is geboren in 1889 in Ellemeet, dochter van Jan Zorge (zie VIII-aa (blz.99)) en Aagtje Bastiaanse Jacoba is overleden op woensdag 7 juni 1922 in Haamstede, ± 33 jaar oud. Jacoba trouwde met **Jacob van Sluijs**, ± 27 jaar oud, op zaterdag 1 mei 1915 in Haamstede. Jacob is geboren in 1888 in Haamstede.

IX-ag Izaak Zorge is geboren op zaterdag 30 januari 1892 in Ellemeet, zoon van Jan Zorge (zie VIII-aa (blz.99)) en Aagtje Bastiaanse Izaak is overleden op maandag 18 oktober 1982 in Zierikzee, 90 jaar oud. Izaak trouwde met **Hermina Adriaantje Slaager**, ± 24 jaar oud, op vrijdag 7 november 1924 in Burgh. Hermina is geboren in 1900.
Bron: Jan Willem Bolkenbaas

Kind van Izaak en Hermina:

1 Aagtje Pieternella Jacoba Zorge, geboren in 1925. Volgt X-l (blz.100) .

X-1 Aagtje Pieternella Jacoba Zorge is geboren in 1925, dochter van Johannes Zorge (zie IX-ad (blz.100)) en Bartelina Elenbaas Aagtje is overleden op woensdag 30 december 2009 in Oosterland, Zeeland, ± 84 jaar oud. Zij is begraven op maandag 5 januari 2009 in Alg Begr Pl.Oosterland. Aagtje trouwde met **Hendrik Fierens**. Hendrik is overleden in 2004.

Kinderen van Aagtje en Hendrik:

> **1 Tiny Fierens**. Volgt XI-s (blz.100) .
> **2 Mia Fierens**. Volgt XI-t (blz.100) .
> **3 Aad Fierens**. Volgt XI-u (blz.100) .
> **4 Sjaak Fierens**.

VIII-ab Johanna Zorge is geboren in 1852 in Noordwelle, dochter van Johannis Zorge (zie VII-i (blz.98)) en Jacoba Oole Johanna is overleden op zondag 16 december 1923 in Rotterdam, ± 71 jaar oud. Johanna trouwde met **Johannes Klaren**.

VII-j Samuel Zorge is geboren op dinsdag 10 november 1812 in Dreischor 94a [bron: ingezetenelijst 1826], zoon van Reijer Zorge (zie VI-b (blz.61)) en Maria Janse van de Velde Hij is gedoopt op zaterdag 2 januari 1802 in Dreischor. Beroep: Knecht in het Catshuis.
Samuel trouwde met **Anna Theodora Elisabeth Mentzel**, ± 25 jaar oud, op woensdag 9 augustus 1843 in Haarlem [bron: Burgerlijke stand - Huwelijk, Kennemerland Haarlem, 1843, nummer 106]. Anna is geboren in 1818 in Gent (Belgie), dochter van Francois Xavier Mentzel en Arnolde Antoinette Heer.

Kinderen van Samuel en Anna:

> **1 Samuel Zorge**, geboren in april 1838 in Middelburg. Samuel is overleden op zaterdag 2 maart 1839 in Middelburg, 11 maanden oud.
> **2 Francsiscus Antonius Marinus Zorge**, geboren in 1843 in Haarlem. Volgt VIII-ac (blz.101) .
> **3 Johanna Maria Fransisca Zorge**, geboren in 1846 in Haarlem. Volgt VIII-ad (blz.101) .

VIII-ac Francsiscus Antonius Marinus Zorge is geboren in 1843 in Haarlem, zoon van Samuel Zorge (zie VII-j (blz.101)) en Anna Theodora Elisabeth Mentzel Beroep: Schoenmaker.
Francsiscus trouwde met **Caroline Petronella Nassette** op woensdag 17 juni 1874 in Amsterdam.

VIII-ad Johanna Maria Fransisca Zorge is geboren in 1846 in Haarlem, dochter van Samuel Zorge (zie VII-j (blz.101)) en Anna Theodora Elisabeth Mentzel Johanna trouwde met **Gerardus Johannes Sluijter**, ± 22 jaar oud, op woensdag 12 augustus 1868 in Amsterdam. Gerardus is geboren in 1846 in Amsterdam. Beroep: Smid.

V-j   Cornelis Zorge is geboren in 1740 in Dreischor, zoon van Rogier (Reijer) Zorge (zie IV-d (blz.58)) en Adriana Kornelisse Bibbe Cornelis is overleden in 1764, ± 24 jaar oud. Cornelis trouwde met **Anna van den Doele** op maandag 12 mei 1755 in Nieuwerkerk. Anna is geboren in Nieuwerkerk, Schouwen.

Kinderen van Cornelis en Anna:

> **1 Rogier Zorge**, geboren in april 1756 in Nieuwerkerk. Hij is gedoopt op zondag 11 april 1756 in Nieuwerkerk [bron: Archief Dopen Nieuwekerk]. Rogier is overleden vóór 1759, ten hoogste 3 jaar oud.
> **2 Johanna Zorge**, geboren op zaterdag 11 februari 1758 in Nieuwerkerk, Schouwen. Volgt VI-c (blz.102) .
> **3 Rogier (Reijnier) Zorge**, geboren op zondag 4 februari 1759 in Nieuwerkerk. Volgt VI-d (blz.102) .
> **4 Maximiliaan Zorge**, geboren op vrijdag 23 mei 1760 in Nieuwerkerk [bron: RaBSinventaris nr. 724 opname nr. _H107675].
> **5 Willem Zorge**, geboren op zondag 20 maart 1763 in Niewerkerk. Volgt VI-e (blz.104) .

VI-c   Johanna Zorge is geboren op zaterdag 11 februari 1758 in Nieuwerkerk, Schouwen, dochter van Cornelis Zorge (zie V-j (blz.102)) en Anna van den Doele Johanna trouwde met **Josua Stoutjesdijk** op vrijdag 24 november 1786 in Nieuwerkerk [bron: Archief Huwelijken Nieuwerkerk]. Josua is geboren in Nieuwerkerk.

Kinderen van Johanna en Josua:

> **1 Cornelis Stoutjesdijk**, geboren op zaterdag 5 juni 1790 in Nieuwerkerk.
> **2 Anna Stoutjesdijk**, geboren op zondag 10 mei 1795 in Nieuwerkerk.

VI-d   Rogier (Reijnier) Zorge is geboren op zondag 4 februari 1759 in Nieuwerkerk, zoon van Cornelis Zorge (zie V-j (blz.102)) en Anna van den Doele Reijnier trouwde met **Marina van den Ouden** op zondag 6 mei 1781 in Nieuwerkerk, Sirjansland [bron: Archief Huwelijken Sirjansland]. Marina is geboren in Bruinisse, Oost Duiveland.
20-4-1781 ondertrouw

Kinderen van Reijnier en Marina:

> **1 Anna Zorge**, geboren op donderdag 7 maart 1782 in Sirjansland.
> **2 Kornelis Zorge**, geboren in 1786 in Nieuwerkerk. Volgt VII-k (blz.103) .
> **3 Willem Zorge**, geboren in 1794 in Nieuwerkerk. Volgt VII-l (blz.103) .
> **4 Jacobus Zorge**, geboren op zondag 11 maart 1798 in Nieuwerkerk. Volgt VII-m (blz.103) .

VII-k Kornelis Zorge is geboren in 1786 in Nieuwerkerk, zoon van Rogier (Reijnier) Zorge (zie VI-d (blz.102)) en Marina van den Ouden
(1) Kornelis trouwde met **Klazina Wagemaker**. Klazina is overleden in 1833.
(2) Kornelis trouwde met **Liesebeth Schaleven**, ± 47 jaar oud, op vrijdag 7 maart 1834 in Nieuwerkerk. Liesebeth is geboren in 1787 in Ouwerkerk.

VII-l Willem Zorge is geboren in 1794 in Nieuwerkerk, zoon van Rogier (Reijnier) Zorge (zie VI-d (blz.102)) en Marina van den Ouden Willem trouwde met **Steventje Rutgers**, ± 29 jaar oud, op woensdag 4 juli 1821. Steventje is geboren in 1792 in Arnhem.

Kinderen van Willem en Steventje:

> 1 **Marina Zorge**, geboren op vrijdag 1 december 1820 in Nieuwerkerk. Volgt VIII-ae (blz.103) .
> 2 **Cornelia Wilhelmina Zorge**, geboren in 1823 in Zierikzee. Volgt VIII-af (blz.103) .

VIII-ae Marina Zorge is geboren op vrijdag 1 december 1820 in Nieuwerkerk, dochter van Willem Zorge (zie VII-l (blz.103)) en Steventje Rutgers Marina trouwde met **Karel Welsman** op woensdag 14 februari 1849 in Arnhem [bron: LDS].

VIII-af Cornelia Wilhelmina Zorge is geboren in 1823 in Zierikzee, dochter van Willem Zorge (zie VII-l (blz.103)) en Steventje Rutgers Cornelia trouwde met **Johannes Hermanus van Ockenburg**, ± 23 jaar oud, in juli 1845 in Arnhem. Johannes is geboren in 1822.

VII-m Jacobus Zorge is geboren op zondag 11 maart 1798 in Nieuwerkerk [bron: RaBSinventaris nr. 724 opname nr. _H107765], zoon van Rogier (Reijnier) Zorge (zie VI-d (blz.102)) en Marina van den Ouden
(1) Jacobus trouwde met **Maatje Vaane**. Maatje is overleden in 1838.
(2) Jacobus trouwde met **Pieternella van Farowe**, ± 37 jaar oud, op zaterdag 28 december 1839 in Nieuwerkerk. Pieternella is geboren in 1802 in Nieuwerkerk.

Kinderen van Jacobus en Pieternella:

> 1 **Pieter Zorge**, geboren op zondag 2 augustus 1840 in Nieuwerkerk. Pieter is overleden op zondag 4 april 1841 in Nieuwerkerk, 8 maanden oud.
> 2 **Krijn Zorge**, geboren op zondag 11 februari 1844 in Nieuwerkerk. Krijn is overleden op zaterdag 28 februari 1846, 2 jaar oud.

Zeeuws Archief. Emigranten 1839-1900, Staten van landverhuizingen,Genealogische Afschriften 810/2 pag 51
Jacobus emigreerde met zijn vrouw en 3 kinderen naar Amerika.

Emigranten 1839-1900
Emigrant Jacobus Zorge Voornaam: Jacobus Achternaam:Zorge
Woonplaats:Nieuwerkerk Rol: Emigrant Plaats:Nieuwerkerk
Leeftijd: 56 Beroep: Arbeider Beroep engels:labourer
Kerkelijke gezindte:Nederlands-hervormd Gezindte engels:Dutch Reformed
Vrouw: vrouw (wife) Kinderen: 3
Reden: Verbetering van bestaan Reden engels: Amelioration of existence
Datum vertrek:1854 Bestemming land: Cincinnati

VI-e   Willem Zorge is geboren op zondag 20 maart 1763 in Nieuwerkerk, zoon van
Cornelis Zorge (zie V-j (blz.102)) en Anna van den Doele Hij is gedoopt op dinsdag 29
maart 1763 in Nieuwerkerk [bron: RaBSinventaris nr. 724 opname nr. _H107682]. Willem
is overleden op donderdag 11 april 1822 in Dirksland, 59 jaar oud. Hij is begraven op
Goede Vrijdag 5 april 1822 in Dirksland.
Vermeld in het Poorterboek van Nieuwerkerk

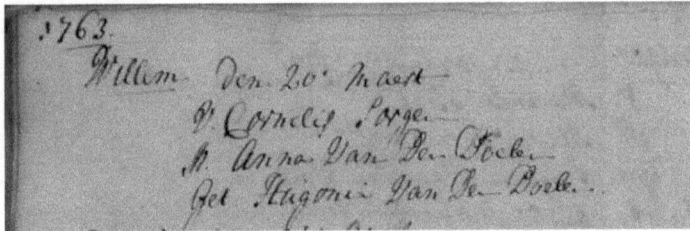

(1) Willem trouwde met **Willemijna van Nieuwenhuijsen** op woensdag 17 november
1790 in Brouwershaven [bron: zeeuws Archief Zierikzee trouwregisters]. Willemijna is
geboren in Brouwershaven. Willemijna is overleden vóór 1793.
(2) Willem trouwde met **Pieternella de Vos**, ± 18 jaar oud, op woensdag 20 november
1793 in Brouwershaven [bron: RaBSinventaris nr. 113 (oud nummer Brouwershaven nr. 9)
opname nr. _H105741]. Pieternella is geboren in 1775. Pieternella is overleden op
donderdag 14 mei 1812 in Brouwershaven, ± 37 jaar oud.

Kinderen van Willem en Willemijna:
  1 Cornelia Zorge, geboren op maandag 31 oktober 1791 in Brouwershaven.
  2 Willemina Pieternella Zorge, geboren op woensdag 6 maart 1793 in
  Brouwershaven. Zij is gedoopt op Goede Vrijdag 29 maart 1793 in Browuershaven.

IV-e   Cornelis Zorge is geboren op zondag 22 januari 1702 in Dreischor, zoon van
Cornelis Cornelisse Zorge (zie III-f (blz.58)) en Mary Rogierse Cornelis trouwde met **NN**.
uit kwst van JMG Leune : Adriaan Jansen Wesdorp, ged. Stavenisse 22-4-1696; belijdenis ald.
27-3-1723; werd op 6-9-1714 door baljuw Jacob Verkouteren samen met zijn broer Dignis
ernstig vermaand wegens diefstal van fruit uit de boomgaard van Cornelis van Sorge; de baljuw
wees er daarbij op dat "hun gantsche familie al voor lange tijd met diergelijke ongeregtveerdigheit is
besmet geweest" (RAZE 5895, fol. 32-33)

Kind van Cornelis

1 Anthony van Zorge, geboren op zondag 28 juni 1722 in Stavenisse. Volgt V-k (blz.105).

V-k Anthony van Zorge is geboren op zondag 28 juni 1722 in Stavenisse, zoon van Cornelis Zorge (zie IV-e (blz.104)) en ?.?. Anthony is overleden op donderdag 18 oktober 1798 in Stavenisse, 76 jaar oud [bron: Zeeuws Archief Tholen].
Stamvader van de Stavenisse tak op Tholen
(1) Anthony trouwde met **Francina Roos**.
(2) Anthony trouwde met **Janna Pieters de Vos**, ± 24 jaar oud, in 1752 in Stavenisse. Janna is geboren in 1728 in Stavenisse. Janna is overleden op zaterdag 28 januari 1764, ± 36 jaar oud.

Kinderen van Anthony en Francina:

> **1 Abraham van Zorge**, geboren op zaterdag 21 mei 1774 in Oostkapelle. Volgt VI-h (blz.107) .
> **2 Jacomina van Zorge**, geboren op zondag 18 juli 1779 in Oostkapelle. Volgt VI-i (blz.115) .
> **3 Jan van Zorge**, geboren op maandag 18 maart 1782 in Oostkapelle. Volgt VI-j (blz.115) .

Kinderen van Anthony en Janna:

> **4 Joost Anthonisse van Zorge**, geboren in Stavenisse. Volgt VI-f (blz.105) .
> **5 Abraham van Zorge**, geboren op zaterdag 5 juni 1756 in Stavenisse. Abraham is overleden op woensdag 20 april 1831 in Stevenisse, 74 jaar oud.
> **6 Ariaantje van Zorge**, geboren op zondag 21 augustus 1757 in Stavenisse.
> **7 Jan van Zorge**, geboren op zondag 7 oktober 1759 in Stavenisse. Volgt VI-g (blz.107) .
> **8 Jacoba van Zorge**, geboren op zondag 21 december 1760 in Stavenisse.
> **9 Janus van Zorge**, geboren op maandag 23 januari 1764 in Stavenisse.

VI-f Joost Anthonisse van Zorge is geboren in Stavenisse [bron: Huw Akte], zoon van Anthony van Zorge (zie V-k (blz.105)) en Janna Pieters de Vos

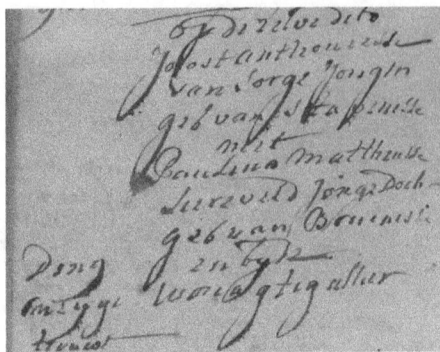

Joost trouwde met **Paulina Mattheeuwse Siereveld** op paasmaandag 9 april 1792 in Bruinisse.

Kinderen van Joost en Paulina:

1 SYbilla van Zorge, geboren op zondag 15 september 1793 in Bruinisse.
2 Cathalijntje van Zorge, geboren op zondag 30 november 1794 in Bruinisse.
3 Antonia Zorge, geboren in 1797. Antonia is overleden op dinsdag 8 september 1807 in Bruinisse, ± 10 jaar oud.
4 Anthonij van Zorge, geboren op zondag 29 januari 1797 in Bruinisse. Anthonij is overleden in 1809, ± 12 jaar oud.
5 Martina van Zorge, geboren op zondag 16 december 1798 in Bruinisse.
6 Jacomina van Zorge, geboren op donderdag 15 oktober 1801 in Bruinisse. Volgt VII-n (blz.106) .
7 Johanna van Zorge, geboren op zondag 4 september 1803 in Bruinisse.
8 Maatje van Zorge, geboren op zondag 4 mei 1806 in Bruinisse.
9 Anthonij van Zorge, geboren op zondag 29 januari 1809 in Bruinisse. Volgt VII-o (blz.106) .
10 Mattheus van Zorge, geboren op dinsdag 2 februari 1813 in Bruinisse.

VII-n Jacomina van Zorge is geboren op donderdag 15 oktober 1801 in Bruinisse, dochter van Joost Anthonisse van Zorge (zie VI-f (blz.105)) en Paulina Mattheeuwse Siereveld Zij is gedoopt op zondag 22 november 1801 in Bruinisse [bron: RaBS119 (oud nummer Bruinisse 3)]. Jacomina trouwde met **Cornelis Slootmaker**, 27 jaar oud, op zaterdag 8 juni 1822 in Sint Philipsland. Cornelis is geboren op zondag 23 november 1794 in Stavenisse.

VII-o Anthonij van Zorge is geboren op zondag 29 januari 1809 in Bruinisse, zoon van Joost Anthonisse van Zorge (zie VI-f (blz.105)) en Paulina Mattheeuwse Siereveld Anthonij is overleden op maandag 30 oktober 1854 in Bruinisse, 45 jaar oud. Anthonij trouwde met **Maria Nelisse** op zaterdag 2 november 1833 in Sit Philipsland.
Alias: van Sorge,van Sorgen

Kinderen van Anthonij en Maria:

1 Paulina van Zorge, geboren op dinsdag 6 mei 1828 in Sint Philipsland.
2 Leendert Cornelis van Zorge, geboren op woensdag 9 juli 1834 in Sint
Philipsland. Volgt VIII-ag (blz.107) .
3 Cornelia van Zorge, geboren op donderdag 28 april 1842 in Sint Philipsland.
Volgt VIII-ah (blz.107) .
4 Izabella van Zorge, geboren op dinsdag 12 augustus 1845 in Sint Philipsland.
Volgt VIII-ai (blz.107) .

VIII-ag Leendert Cornelis van Zorge is geboren op woensdag 9 juli 1834 in Sint
Philipsland, zoon van Anthonij van Zorge (zie VII-o (blz.106)) en Maria Nelisse Leendert
trouwde met **Laurina Levina de Graaf**, 21 jaar oud, op zaterdag 17 augustus 1861 in Sit
Philipsland. Laurina is geboren op donderdag 17 oktober 1839 in Sint Philipsland.

VIII-ah Cornelia van Zorge is geboren op donderdag 28 april 1842 in Sint Philipsland,
dochter van Anthonij van Zorge (zie VII-o (blz.106)) en Maria Nelisse Cornelia trouwde
met **Jan Geluk**, 1 maand oud, op vrijdag 25 augustus 1837 in Sit Philipsland. Jan is geboren
op donderdag 12 oktober 1837 in Tholen.

VIII-ai Izabella van Zorge is geboren op dinsdag 12 augustus 1845 in Sint Philipsland,
dochter van Anthonij van Zorge (zie VII-o (blz.106)) en Maria Nelisse Izabella trouwde
met **Cornelis Nieuwelink**, 29 jaar oud, op vrijdag 21 mei 1869 in Sit Philipsland. Cornelis
is geboren op zaterdag 2 mei 1840 in Hoek.

VI-g Jan van Zorge is geboren op zondag 7 oktober 1759 in Stavenisse, zoon van
Anthony van Zorge (zie V-k (blz.105)) en Janna Pieters de Vos Jan trouwde met **Jacoba
Boogaard** op dinsdag 30 september 1783 in Stavenisse [bron: Archief Trouwgeld Zeeuwse
Eilanden 1763-1805/ inv 45791].

VI-h Abraham van Zorge is geboren op zaterdag 21 mei 1774 in Oostkapelle [bron:
LDS], zoon van Anthony van Zorge (zie V-k (blz.105)) en Francina Roos Beroep:
Meestertimmerman, Metselaar. Abraham is overleden op woensdag 20 april 1831 in
Stavenisse, 56 jaar oud.

Abraham trouwde met **Pieternella van Rooijen**, ± 32 jaar oud, in 1789 in Stavenisse
[bron: LDS]. Pieternella is geboren in augustus 1757 in Stavenisse. Zij is gedoopt op
zondag 14 augustus 1757 in Stavenisse. Pieternella is overleden op maandag 9 april 1827 in
Stavenisse, 69 jaar oud.

Kinderen van Abraham en Pieternella:

1 Janna van Zorge, geboren in 1783 in Stavenisse. Janna is overleden op vrijdag 11 februari 1853, ± 70 jaar oud.
2 Paulus van Zorge, geboren in 1784. Volgt VII-p (blz.108) .
3 Lauwerina van Zorge, geboren in 1786. Volgt VII-q (blz.112) .
4 Anthonia Zorge, geboren in 1789 in Stavenisse. Volgt VII-r (blz.112) .
5 Sara van Zorge, geboren in 1793 in Sint Annaland. Volgt VII-s (blz.112) .
6 Adriaan van Zorge, geboren in 1795 in St Annaland. Volgt VII-t (blz.112) .

VII-p   Paulus van Zorge is geboren in 1784, zoon van Abraham van Zorge (zie VI-h (blz.107)) en Pieternella van Rooijen
(1) Paulus trouwde met **Lijdia van de Klooster**. Lijdia is geboren in 1789.
(2) Paulus trouwde met **Neeltje Leenders Potappel**, ± 25 jaar oud, in 1795 in Stavenisse. Neeltje is geboren in 1770 in Stavenisse. Zij is gedoopt op zondag 6 mei 1770 in Stavenisse.
 (3) Paulus trouwde met **Cornelia van 't Hof** op dinsdag 10 september 1799 in Sint Maartensdijk [bron: trouwgeld].

Kinderen van Paulus en Lijdia:

1 Adriana van Zorge, geboren op zondag 16 augustus 1807 in Stavenisse.
2 Anthonij van Zorge, geboren in 1808 in Stavenisse. Volgt VIII-ak (blz.109) .

Kinderen van Paulus en Neeltje:

3 Luctretia van Zorge, geboren op dinsdag 5 april 1796 in Stavenisse.
4 Antonis van Zorge, geboren op vrijdag 27 april 1798 in Stavenisse.

Kind van Paulus en Cornelia:

5 Jacob van Zorge, geboren op maandag 25 augustus 1800 in Stavenisse. Volgt VIII-aj (blz.108) .

VIII-aj   Jacob van Zorge is geboren op maandag 25 augustus 1800 in Stavenisse, zoon van Paulus van Zorge (zie VII-p (blz.108)) en Cornelia van 't Hof Beroep: Timmermansknecht. Jacob is overleden op dinsdag 23 december 1862 in Stavenisse, 62 jaar oud.

(1) Jacob trouwde met **Tannetje Wagemaker**, ± 26 jaar oud, op donderdag 9 augustus 1821 in Stavenisse. Tannetje is geboren in 1795 in Scherpenisse. Tannetje is overleden vóór 1845, ten hoogste 50 jaar oud.
(2) Jacob trouwde met **Eva de Haan**, ± 46 jaar oud, op donderdag 11 september 1845 in Stavenisse. Eva is geboren in 1799 in St Annaland. Zij is gedoopt op donderdag 10 oktober 1799 in Stavenisse [bron: LDS].

Kinderen van Jacob en Tannetje:

1 **Cornelia van Zorge**, geboren in 1822 in Stavenisse. Volgt IX-ah (blz.109) .
2 **Paulus van Zorge**, geboren in 1826. Volgt IX-ai (blz.109) .
3 **Adriana van Zorge**, geboren op maandag 1 december 1828 in Stavenisse. Adriana is overleden op maandag 6 april 1829, 4 maanden oud.
4 **Lucretia van Zorge**, geboren in 1829 in Stavenisse. Volgt IX-aj (blz.109) .

IX-ah **Cornelia van Zorge** is geboren in 1822 in Stavenisse, dochter van Jacob van Zorge (zie VIII-aj (blz.108)) en Tannetje Wagemaker Cornelia trouwde met **Pieter Wesdorp**, ± 22 jaar oud, op donderdag 7 oktober 1841 in Stavenisse. Pieter is geboren in 1819 in Stavenisse, zoon van N N en Lena Leenderse Wesdorp.

IX-ai **Paulus van Zorge** is geboren in 1826 [bron: overlijdensakte van Marinus Willem], zoon van Jacob van Zorge (zie VIII-aj (blz.108)) en Tannetje Wagemaker Beroep: Postbode.
Paulus trouwde met **Maria Wilhelmina van der Klein**.

Kinderen van Paulus en Maria:

1 **Tannetje Lucretia van Zorge**. Tannetje is overleden op dinsdag 26 augustus 1873 in Bergen op Zoom.
2 **Jacob van Zorge**, geboren op donderdag 9 augustus 1866 in Stavenisse.
3 **Adriana Wilhelmina van Zorge**, geboren op zaterdag 12 juni 1869 in Stavenisse. Volgt X-m (blz.109) .
4 **Marinus Willem van Zorge**, geboren in april 1877. Marinus is overleden op vrijdag 22 februari 1878 in Ellemeet, 10 maanden oud.

X-m **Adriana Wilhelmina van Zorge** is geboren op zaterdag 12 juni 1869 in Stavenisse, dochter van Paulus van Zorge (zie IX-ai (blz.109)) en Maria Wilhelmina van der Klein Adriana trouwde met **August Hendricus Jacobus Pierlot**.

Kind van Adriana en August:

1 **Maria Wilhelmina Pierlot**, geboren in 1966 in S'Gravenhage.

IX-aj **Lucretia van Zorge** is geboren in 1829 in Stavenisse, dochter van Jacob van Zorge (zie VIII-aj (blz.108)) en Tannetje Wagemaker Lucretia trouwde met **Hendrik Dijkema**, ± 44 jaar oud, op vrijdag 6 juli 1877 in St Annaland. Hendrik is geboren in 1833 in St Annaland.

VIII-ak **Anthonij van Zorge** is geboren in 1808 in Stavenisse, zoon van Paulus van Zorge (zie VII-p (blz.108)) en Lijdia van de Klooster Beroep: Boereknecht. Anthonij is overleden op donderdag 8 november 1855, ± 47 jaar oud [bron: LDS].

Anthonij trouwde met **Johanna Stoutjesdijk**, ± 27 jaar oud, op donderdag 11 februari 1841 in Stavenisse. Johanna is geboren in 1814 in Stavenisse.

Kinderen van Anthonij en Johanna:
    1 Abraham Cornelis van Zorge, geboren op zaterdag 23 april 1842 in Stavenisse. Volgt IX-ak (blz.110) .
    2 Paulus van Zorge, geboren op woensdag 2 augustus 1843 in Stavenisse [bron: 25 Burgerlijke Stand Zeeland (1796) ,STA-G_1843]. Paulus is overleden op zaterdag 15 april 1922 in Stavenisse, 78 jaar oud [bron: 25 Burgerlijke Stand Zeeland (1796) ,STA-O-1922].
    3 Geertrui van Zorge, geboren op donderdag 27 februari 1845 in Stavenisse. Volgt IX-al (blz.110) .
    4 Lijdia van Zorge, geboren op woensdag 6 december 1848 in Stavenisse. Volgt IX-am (blz.110) .
    5 Jan van Zorge, geboren op vrijdag 5 maart 1852 in Stavenisse. Volgt IX-an (blz.111) .
    6 Jacob van Zorge, geboren op woensdag 28 februari 1855 in Stavenisse. Volgt IX-ao (blz.111) .

IX-ak Abraham Cornelis van Zorge is geboren op zaterdag 23 april 1842 in Stavenisse, zoon van Anthonij van Zorge (zie VIII-ak (blz.109)) en Johanna Stoutjesdijk Abraham is overleden op zaterdag 20 september 1924 in Stavenisse, 82 jaar oud [bron: Successiememorie Stavenisse]. Abraham trouwde met **Davida Maria Kievit**, ± 26 jaar oud, op donderdag 9 mei 1901 in Stavenisse. Davida is geboren in 1875 in Oude Vossemeer.

Kinderen van Abraham en Davida:

    1 Anthonie Pieter van Zorge, geboren op donderdag 11 september 1902 in Stavenisse [bron: 25 Burgerlijke Stand Zeeland (1796) 1811-1980 Inventarisnummer: STA-G-1902]. Anthonie is overleden op maandag 5 juli 1982 in Oude Tonge, 79 jaar oud. Hij is begraven in Oude Tonge.
    2 Pieter Johannus van Zorge, geboren op vrijdag 26 maart 1909 in Stavenisse [bron: 25 Burgerlijke Stand Zeeland (1796) 1811-1980 Inventarisnummer: STA-G-1909]. Pieter is overleden op woensdag 20 april 1910 in Stavenisse, 1 jaar oud.

IX-al Geertrui van Zorge is geboren op donderdag 27 februari 1845 in Stavenisse [bron: LDS], dochter van Anthonij van Zorge (zie VIII-ak (blz.109)) en Johanna Stoutjesdijk Geertrui is overleden op vrijdag 15 september 1876, 31 jaar oud [bron: LDS]. Geertrui trouwde met **Quirijn van Dalen** op dinsdag 19 mei 1868 in Stavenisse.
kinderloos

IX-am Lijdia van Zorge is geboren op woensdag 6 december 1848 in Stavenisse, dochter van Anthonij van Zorge (zie VIII-ak (blz.109)) en Johanna Stoutjesdijk Lijdia is overleden op vrijdag 20 januari 1922 in s'Heernhoek, Kapella, 73 jaar oud. Zij is begraven in Biezelinge. Lijdia trouwde met **Willem Bierens** op donderdag 4 februari 1875 in Stavenisse [bron: familysearch].

IX-an Jan van Zorge is geboren op vrijdag 5 maart 1852 in Stavenisse, zoon van
Anthonij van Zorge (zie VIII-ak (blz.109)) en Johanna Stoutjesdijk
(1) Jan trouwde met **Catharina Hage**, ± 22 jaar oud, op donderdag 24 april 1879 in
Poortvleit. Catharina is geboren in 1857 in Poortvliet, dochter van David Hage en Jannetje
van de Velde.
(2) Jan trouwde met **Willemina Cornelia Klos**, ± 42 jaar oud, op maandag 25 augustus
1890 in Scherpenisse. Willemina is geboren in 1848 in Goes.
(3) Jan trouwde met **Cornelia Poot**, ± 48 jaar oud, op donderdag 14 maart 1901 in
Poortvliet. Cornelia is geboren in 1853 in Scherpenisse.

Kinderen van Jan en Catharina:

> 1 **Jannetje Davida van Zorge**, geboren in 1884 in Poortvliet. Volgt X-n (blz.111) .
> 2 **Catharina Janna van Zorge**, geboren in 1885 in Poortvliet. Volgt X-o (blz.111) .

X-n Jannetje Davida van Zorge is geboren in 1884 in Poortvliet, dochter van Jan van
Zorge (zie IX-an (blz.111)) en Catharina Hage Jannetje is overleden vóór oktober 1912,
ten hoogste 28 jaar oud. Jannetje trouwde met **Christiaan Pieter van der Slikke**, ± 25 jaar
oud, op woensdag 16 maart 1904 in Poortvliet. Christiaan is geboren in 1879 in Poortvliet.
Christiaan trouwde later op donderdag 24 oktober 1912 in Poortvliet met Catharina Janna
van Zorge (geb. 1885), zie X-o (blz.111) .
Als weduwnaar van Jannetje Davida huwde Christiaan haar zuster Catharina.

X-o Catharina Janna van Zorge is geboren in 1885 in Poortvliet, dochter van Jan van
Zorge (zie IX-an (blz.111)) en Catharina Hage Catharina trouwde met **Christiaan Pieter
van der Slikke**, ± 33 jaar oud, op donderdag 24 oktober 1912 in Poortvliet. Christiaan is
geboren in 1879 in Poortvliet. Christiaan is weduwnaar van Jannetje Davida van Zorge
(1884-vóór 1912), met wie hij trouwde op woensdag 16 maart 1904 in Poortvliet, zie X-n
(blz.111) .
Als l weduwnaar van Jannetje Davida huwde Christiaan haar zuster Catharina.

IX-ao Jacob van Zorge is geboren op woensdag 28 februari 1855 in Stavenisse, zoon
van Anthonij van Zorge (zie VIII-ak (blz.109)) en Johanna Stoutjesdijk Beroep:
Landbouwer. Jacob is overleden op donderdag 23 mei 1929 in Dalfsen, 74 jaar oud.

Jacob trouwde met **Jacoba Cornelia Gaakeer**, 24 jaar oud, op donderdag 15 oktober 1891
in St Maartensdijk. Jacoba is geboren op maandag 24 december 1866.

Kinderen van Jacob en Jacoba:

1 Anthonie Johannes van Zorge, geboren op zondag 21 augustus 1892 in Stavenisse. Anthonie is overleden op vrijdag 2 september 1892 in Stavenisse, 12 dagen oud.
2 Neeltje Anthonetta van Zorge, geboren op donderdag 20 juli 1893 in Stavenisse.
3 Johanna Abramina van Zorge, geboren op zaterdag 18 augustus 1894 in Stavenisse.
4 Anthonie Abraham van Zorge, geboren op zaterdag 20 juli 1895 in Stavenisse.
5 Jannetje Jacoba van Zorge, geboren op woensdag 29 juli 1896 in Stavenisse. Jannetje is overleden op zaterdag 1 augustus 1896 in Stavenisse, 3 dagen oud.
6 Abraham Jan van Zorge, geboren in 1897 in Werkendam. Volgt X-p (blz.112) .
7 Paulus Abraham van Zorge, geboren in 1907 in Werkendam. Volgt X-q (blz.112) .

X-p Abraham Jan van Zorge is geboren in 1897 in Werkendam, zoon van Jacob van Zorge (zie IX-ao (blz.111)) en Jacoba Cornelia Gaakeer Abraham trouwde met **Marrigje Baas**, ± 29 jaar oud, op donderdag 6 mei 1926 in Ommen. Marrigje is geboren in 1897 in Berkenwoude.

X-q Paulus Abraham van Zorge is geboren in 1907 in Werkendam, zoon van Jacob van Zorge (zie IX-ao (blz.111)) en Jacoba Cornelia Gaakeer Beroep: Hoofdonderwijzer.

Paulus trouwde met **Jantje Smit**, ± 21 jaar oud, op vrijdag 16 september 1932 in Giethoorn. Jantje is geboren in 1911 in Giethoorn.

VII-q Lauwerina van Zorge is geboren in 1786, dochter van Abraham van Zorge (zie VI-h (blz.107)) en Pieternella van Rooijen Lauwerina is overleden in 1833, ± 47 jaar oud. Lauwerina trouwde met **Johannis Quist**. Johannis is geboren in 1769.

VII-r Anthonia Zorge is geboren in 1789 in Stavenisse, dochter van Abraham van Zorge (zie VI-h (blz.107)) en Pieternella van Rooijen Anthonia is overleden op zondag 2 april 1826, ± 37 jaar oud. Anthonia trouwde met **Hendrik Speet**.

VII-s Sara van Zorge is geboren in 1793 in Sint Annaland, dochter van Abraham van Zorge (zie VI-h (blz.107)) en Pieternella van Rooijen Sara is overleden in 1816, ± 23 jaar oud. Sara trouwde met **Cornelis de Jonge**, ± 30 jaar oud, in 1815. Cornelis is geboren in 1785.

VII-t Adriaan van Zorge is geboren in 1795 in St Annaland, zoon van Abraham van Zorge (zie VI-h (blz.107)) en Pieternella van Rooijen Beroep: Boereknecht.

(1) Adriaan trouwde met **Sara van der Stel**. Sara is geboren in 1794 in Poortvliet. Sara is overleden vóór 1822, ten hoogste 28 jaar oud.

(2) Adriaan trouwde met **Catharina van Westdorp**, ± 23 jaar oud, op donderdag 5 juni 1823 in Poortvliet. Catharina is geboren in 1800, dochter van Marinus Wesdorp en Matie van Ast. Catharina is overleden in 1850, ± 50 jaar oud.

Kind van Adriaan en Sara:

> **1 Abraham van Zorge**, geboren in 1820. Abraham is overleden vóór 1835, ten hoogste 15 jaar oud.

Kinderen van Adriaan en Catharina:

> **2 Pieternella van Zorge**, geboren in 1823. Pieternella is overleden in 1832, ± 9 jaar oud.
> **3 Marinus van Zorge**, geboren in 1825. Marinus is overleden in 1825, nog geen jaar oud.
> **4 Maatje van Zorge**, geboren in 1826. Volgt VIII-al (blz.113) .
> **5 Janna van Zorge**, geboren in 1827. Volgt VIII-am (blz.113) .
> **6 Carolina van Zorge**, geboren in 1829. Carolina is overleden in 1829, nog geen jaar oud.
> **7 Lauwerina van Zorge**, geboren in 1830. Lauwerina is overleden in 1832, ± 2 jaar oud.
> **8 Maria van Zorge**, geboren in 1831. Maria is overleden in 1831, nog geen jaar oud.
> **9 Pieternella van Zorge**, geboren in 1833. Pieternella is overleden in 1833, nog geen jaar oud.
> **10 Pieternella van Zorge**, geboren op maandag 3 juni 1833 in Poortvliet.
> **11 Abraham van Zorge**, geboren in 1835 in Poortvliet. Volgt VIII-an (blz.114) .
> **12 Carolina van Zorge**, geboren in 1836 in Poortvliet. Volgt VIII-ao (blz.114) .
> **13 Willemina van Zorge**, geboren in 1837. Willemina is overleden in 1838, ± 1 jaar oud.
> **14 Willemina van Zorge**, geboren op maandag 18 maart 1839 in Poortvliet. Volgt VIII-ap (blz.114) .
> **15 Pieternella van Zorge**, geboren in 1841. Pieternella is overleden in 1844, ± 3 jaar oud.
> **16 Marinus van Zorge**, geboren op dinsdag 31 oktober 1843 in Poortvliet. Volgt VIII-aq (blz.114) .

VIII-al Maatje van Zorge is geboren in 1826, dochter van Adriaan van Zorge (zie VII-t (blz.112)) en Catharina van Westdorp Maatje trouwde met **David Smit**, ± 47 jaar oud, in 1854. David is geboren in 1807.

VIII-am Janna van Zorge is geboren in 1827, dochter van Adriaan van Zorge (zie VII-t (blz.112)) en Catharina van Westdorp Janna trouwde met **Adriaan Hoogerheide**, ± 23 jaar oud, in 1852. Adriaan is geboren in 1829.

VIII-an Abraham van Zorge is geboren in 1835 in Poortvliet, zoon van Adriaan van Zorge (zie VII-t (blz.112)) en Catharina van Westdorp Abraham trouwde met **Lena Wagemaker**, ± 18 jaar oud, op vrijdag 29 mei 1857 in Poortvliet. Lena is geboren in 1839 in Tholen.

VIII-ao Carolina van Zorge is geboren in 1836 in Poortvliet, dochter van Adriaan van Zorge (zie VII-t (blz.112)) en Catharina van Westdorp Carolina trouwde met **Pieter Smit**, ± 69 jaar oud, in 1870 in Oud-Vossemeer. Pieter is geboren in 1939.
Alias: van Sorge

VIII-ap Willemina van Zorge is geboren op maandag 18 maart 1839 in Poortvliet, dochter van Adriaan van Zorge (zie VII-t (blz.112)) en Catharina van Westdorp Willemina is overleden in 1 v. Chr. in Poortvliet, ± 1839 jaar oud [bron: J avn der Steen]. Willemina trouwde met **Jacobus Anthonisse**, ± 30 jaar oud, op donderdag 4 mei 1865 in Poortvlier. Jacobus is geboren in 1835 in Poortvliet.

VIII-aq Marinus van Zorge is geboren op dinsdag 31 oktober 1843 in Poortvliet, zoon van Adriaan van Zorge (zie VII-t (blz.112)) en Catharina van Westdorp Beroep: Boereknecht. Marinus is overleden op zondag 18 december 1892 in Poortvliet, 49 jaar oud.

Marinus trouwde met **Janna van As**, ± 25 jaar oud, op donderdag 13 november 1873 in Poortvliet [bron: akte BS Zeeland]. Janna is geboren in 1848. Janna is overleden in 1922, ± 74 jaar oud.

Kinderen van Marinus en Janna:

1 **Adriaan van Zorge**, geboren in 1874.
2 **Wouter Cornelis van Zorge**, geboren op dinsdag 17 augustus 1875 in Poortvliet [bron: 25 Burgerlijke Stand Zeeland (1796) invPTV-G-1875].
3 **Catharina Janna van Zorge**, geboren in 1877 in Poortvliet. Volgt IX-ap (blz.114)
.
4 **Cornelia Adriana van Zorge**, geboren in 1878. Volgt IX-aq (blz.115) .
5 **Johannis Marinus van Zorge**, geboren in 1879.
6 **Cornelis van Zorge**, geboren in 1881. Cornelis is overleden in 1881, nog geen jaar oud.
7 **Cornelis van Zorge**, geboren op donderdag 9 maart 1882 in Poortvliet. Volgt IX-ar (blz.115) .
8 **Marinus Willem van Zorge**, geboren in 1883.
9 **Helena Janna van Zorge**, geboren in 1885. Helena is overleden in 1887, ± 2 jaar oud.
10 **Carolina Wilhelmina van Zorge**, geboren in 1887. Carolina is overleden in 1887, nog geen jaar oud.
11 **Janna Marina van Zorge**, geboren in 1889.

IX-ap Catharina Janna van Zorge is geboren in 1877 in Poortvliet, dochter van Marinus van Zorge (zie VIII-aq (blz.114)) en Janna van As Catharina trouwde met **Cornelis Marinus Uijl**, ± 30 jaar oud, op donderdag 21 april 1904 in Poortvliet. Cornelis is geboren in 1874 in Poortvliet.

IX-aq Cornelia Adriana van Zorge is geboren in 1878, dochter van Marinus van Zorge (zie VIII-aq (blz.114)) en Janna van As Cornelia is overleden in 1956, ± 78 jaar oud. Cornelia trouwde met **Johannes Nieuwdorp**, ± 25 jaar oud, in 1904. Johannes is geboren in 1879. Johannes is overleden in 1966, ± 87 jaar oud.

IX-ar Cornelis van Zorge is geboren op donderdag 9 maart 1882 in Poortvliet, zoon van Marinus van Zorge (zie VIII-aq (blz.114)) en Janna van As Cornelis trouwde met **Leentje Paulina Franke**, ± 18 jaar oud, op vrijdag 26 mei 1899 in Middelharnis. Leentje is geboren in 1881 in Sint Maartensdijk.

VI-i Jacomina van Zorge is geboren op zondag 18 juli 1779 in Oostkapelle, dochter van Anthony van Zorge (zie V-k (blz.105)) en Francina Roos Jacomina trouwde met **johannes Anthonie Dootjes**, ± 31 jaar oud, in 1806 in Oostkapelle. johannes is geboren in 1775 in Oostkapelle.

VI-j Jan van Zorge is geboren op maandag 18 maart 1782 in Oostkapelle, zoon van Anthony van Zorge (zie V-k (blz.105)) en Francina Roos Jan trouwde met **Janna de Vries** op zaterdag 15 oktober 1808 in Oostkapelle.
kinderloos

DE TAK VAN TONIS JANSE

II-c Tonis Janse Zorge is geboren in 1629, zoon van Jan Zorge (zie I. (blz.53)) en ?
(1) Tonis trouwde met **Susanne Dammans**.

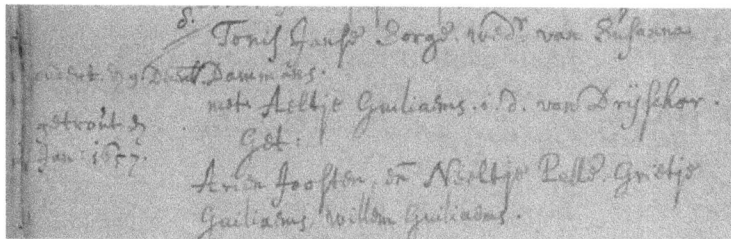

(2) Tonis trouwde met **Aaltje Guiliaems de Brune**, ± 28 jaar oud, op zaterdag 9
december 1656 in Dreischor [bron: RaBS163 opname nr. _H107487].
Aaltje is geboren in 1628 in Dreischor [bron: LDS].

Kind van Tonis en Susanne:

> **1 Adriaantje Zorge**, geboren op zondag 14 november 1649 in Dreischor.

Kinderen van Tonis en Aaltje:

> **2 Jan Tonisse Zorge**, geboren in november 1657 in Dreischor. Volgt III-g (blz.117)
> .
> **3 Geertje Zorge**, geboren op zondag 9 maart 1659 in Dreischor.
> **4 Neeltje Zorge**, geboren op zondag 23 oktober 1661 in Dreischor.
> **5 Guilliaem Zorge**, geboren op zondag 26 oktober 1664 in Dreischor. Guilliaem is
> overleden in 1667, ± 3 jaar oud.
> **6 Guilliaem Zorge**, geboren op zondag 27 maart 1667 in Dreischor.

III-g Jan Tonisse Zorge is geboren in november 1657 in Dreischor, zoon van Tonis
Janse Zorge (zie II-c (blz.116)) en Aaltje Guiliaems de Brune Hij is gedoopt op zaterdag 10
november 1657 in Dreischor. Jan is overleden op dinsdag 1 oktober 1726 in Dreischot, 68
jaar oud.

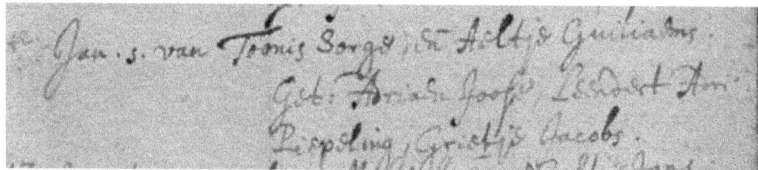

Jan trouwde met **Dina Leenderts Pijpeling**, ± 20 jaar oud, in 1680 [bron: LDS]. Dina is geboren in 1660. Dina trouwde later op donderdag 22 oktober 1733 in Dreischor [bron: RaBS 163,H107555] met Jacob Jacobse Pelle.
LDS

Kinderen van Jan en Dina:

> **1 Tona Zorge**. Volgt IV-f (blz.118) .
> **2 Leendert Jansz Zorge**, geboren in april 1685 in Dreischor. Volgt IV-g (blz.118) .
> **3 Aaltje Zorge**, geboren op zondag 5 januari 1687 in Dreischor. Aaltje is overleden in 1701, ± 14 jaar oud.
> **4 Aelbreght Janse Zorge**, geboren in maart 1688 in Dreischor. Volgt IV-h (blz.119) .
> **5 Geertruid van Zorge**, geboren op zondag 15 januari 1690 in Dreischor. Volgt IV-i (blz.122) .
> **6 Geertruijd Zorge**, geboren op zondag 15 januari 1690 in Dreischor.
> **7 Toontje Zorge**, geboren op zondag 23 december 1691 in Dreischor. Toontje is overleden vóór 1694, ten hoogste 3 jaar oud.
> **8 Toontje Zorge**, geboren op maandag 21 juni 1694 in Dreischor.
> **9 Tonis Zorge**, geboren op zondag 27 februari 1695 in Dreischor.
> **10 Adriaan (Arent) Zorge**, geboren in juni 1696 in Dreischor. Volgt IV-j (blz.122) .
> **11 Maria Zorge**, geboren op zondag 27 juli 1698 in Dreischor.
> **12 Aeltje Zorge**, geboren op zondag 13 maart 1701 in Dreischor.

IV-f Tona Zorge dochter van Jan Tonisse Zorge (zie III-g (blz.117)) en Dina Leenderts Pijpeling Tona trouwde met **Leendert Heesbees**.

Kind van Tona en Leendert:

> **1 Dingeman Heesbees**, geboren op pinksterzondag 19 mei 1720 in Dreischor.

IV-g Leendert Jansz Zorge is geboren in april 1685 in Dreischor, zoon van Jan Tonisse Zorge (zie III-g (blz.117)) en Dina Leenderts Pijpeling Hij is gedoopt op paaszondag 22 april 1685 in Dreischor. Leendert trouwde met **Matij Jans Frankce** op donderdag 5 september 1709 in Dreischor.

Kinderen van Leendert en Matij:

> **1 Jan Zorge**, geboren op zondag 10 november 1709 in Dreischor. Jan is overleden in 1710, ± 1 jaar oud.
> **2 Jan Zorge**, geboren op zondag 28 december 1710 in Dreischor. Jan is overleden in 1723, ± 13 jaar oud.
> **3 Jan Zorge**, geboren in september 1712 in Dreischor. Volgt V-l (blz.119) .
> **4 Pietertje Zorge**, geboren op zondag 27 mei 1714 in Dreischor.
> **5 Tonis Zorge**, geboren op vrijdag 28 januari 1718 in Dreischor.

V-l Jan Zorge is geboren in september 1712 in Dreischor, zoon van Leendert Jansz Zorge (zie IV-g (blz.118)) en Matij Jans Frankce Hij is gedoopt op zondag 4 september 1712 in Dreischor. Jan trouwde met **Martijntje Kroon**, 22 jaar oud, op zondag 21 februari 1740 in Dirksland [bron: LDS]. Martijntje is geboren op zondag 11 april 1717 in Dirksland.

Kind van Jan en Martijntje:

> **1 Leendert Zorge**, geboren op zaterdag 27 februari 1740 in Dirksland.

IV-h Aelbreght Janse Zorge is geboren in maart 1688 in Dreischor, zoon van Jan Tonisse Zorge (zie III-g (blz.117)) en Dina Leenderts Pijpeling Hij is gedoopt op donderdag 11 maart 1688 in Dreischor. Aelbreght trouwde met **Lena Schietekate** op woensdag 10 augustus 1718 in Dreischor [bron: LDS]. Zij is gedoopt in Dreischor.
Alias: Schietkatte

Kinderen van Aelbreght en Lena:

> **1 Dina Zorge**, geboren op zaterdag 4 februari 1719 in Dreischor. Dina is overleden in 1721, ± 2 jaar oud.
> **2 Dina Zorge**, geboren op zaterdag 1 februari 1721 in Dreischor. Volgt V-m (blz.119) .
> **3 Samuel Zorge**, geboren op maandag 5 mei 1721 in Dreischor. Volgt V-n (blz.119) .
> **4 Jan Zorge**, geboren op zaterdag 19 juni 1723. Jan is overleden in juni 1723, geen maand oud.
> **5 Jan Aelbrechtse Zorge**, geboren op zondag 18 juni 1724 in Dreischor. Volgt V-o (blz.121) .
> **6 Jacobus Zorge**, geboren op zondag 21 september 1727 in Dreischor.
> **7 Tanna (Janna) Zorge**, geboren op zondag 20 maart 1729 in Dreischor. Volgt V-p (blz.121) .
> **8 Aeltie Zorge**, geboren op zondag 7 september 1732 in Dreischor.
> **9 Leendert Zorge**, geboren op zondag 31 januari 1734 in Dreischor.

V-m Dina Zorge is geboren op zaterdag 1 februari 1721 in Dreischor, dochter van Aelbreght Janse Zorge (zie IV-h (blz.119)) en Lena Schietekate Dina trouwde met **Maarten Jannisse Dooge** op dinsdag 18 april 1741 in Dreischor.

Kinderen van Dina en Maarten:

> **1 Tannetje Dooge**, geboren op zondag 9 mei 1745 in Dreischor.
> **2 Johannes Dooge**, geboren op zondag 7 september 1749 in Dreischor.
> **3 Dina Dooge**, geboren op zondag 16 augustus 1761 in Dreischor.

V-n Samuel Zorge is geboren op maandag 5 mei 1721 in Dreischor, zoon van Aelbreght Janse Zorge (zie IV-h (blz.119)) en Lena Schietekate

(1) Samuel trouwde met **Lena Rengers Locker** op woensdag 29 november 1741 in Zierikzee.
(2) Samuel trouwde met **Crijntje Abrahams van den Berge** op zaterdag 3 januari 1767 in Dreischor [bron: RaBS163 opname nr. _H107575]. Crijntje is weduwe van Maarten Dooge (ovl. 1767).

Kinderen van Samuel en Lena:

> **1 Lena Samuels Zorge**. Volgt VI-k (blz.120) .
> **2 Janna Samuels Zorge**, geboren op zondag 27 april 1755 in Dreischor. Volgt VI-l (blz.120) .
> **3 Grietje Zorge**, geboren op zondag 6 november 1757 in Dreischor. Volgt VI-m (blz.120) .

VI-k   Lena Samuels Zorge dochter van Samuel Zorge (zie V-n (blz.119)) en Lena Rengers Locker Lena trouwde met **Johannes Marinus van der Wielen** op donderdag 5 februari 1767 in Dreischor [bron: Archief Trouwgeld Zeeuwse Eilanden 1763-1805/ inv 45211]. Johannes is geboren in Bommenede.

Kind van Lena en Johannes:

> **1 Lena van der Wielen**, geboren op zondag 7 januari 1770 in Dreischor.

VI-l   Janna Samuels Zorge is geboren op zondag 27 april 1755 in Dreischor, dochter van Samuel Zorge (zie V-n (blz.119)) en Lena Rengers Locker Janna is overleden op vrijdag 11 oktober 1816 in Dreischor, 61 jaar oud.
(1) Janna trouwde met **Marinus Jacobse Klaasse** op dinsdag 7 mei 1776 in Dreischor. Marinus is overleden vóór 1790 [bron: Archoed huwelijken Dreischor].
(2) Janna trouwde met **Joost Jans van der Have** op vrijdag 25 maart 1791 in Dreischor [bron: Archief dopen en huweelijk Dreischor].

Kinderen van Janna en Joost:

> **1 Lena van der Have**, geboren op maandag 29 december 1794 in Dreischor [bron: RaBS, inventaris nr. 162 opname nr. _H107412]. Zij is gedoopt op zondag 28 december 1794 in Dreischor.
> **2 Jooste van der Have**, geboren op woensdag 30 januari 1799 in Dreischor.

VI-m   Grietje Zorge is geboren op zondag 6 november 1757 in Dreischor [bron: LDS], dochter van Samuel Zorge (zie V-n (blz.119)) en Lena Rengers Locker Grietje is overleden op maandag 8 juni 1846 in Dreischor, 88 jaar oud. Grietje trouwde met **Pieter Kip**, ± 23 jaar oud, op vrijdag 1 oktober 1779 in Dreischor [bron: Zeeuws Archief, ,trouwgeld 45341]. Pieter is geboren in 1756. Pieter is overleden op zaterdag 15 juni 1822, ± 66 jaar oud.

V-o Jan Aelbrechtse Zorge is geboren op zondag 18 juni 1724 in Dreischor, zoon van Aelbreght Janse Zorge (zie IV-h (blz.119)) en Lena Schietekate Jan trouwde met **Magdalena Carelse Guilkenaar** op zaterdag 3 mei 1749 in Dreischor.

Kinderen van Jan en Magdalena:

> **1 Lena Jans Zorge**, geboren op zondag 26 oktober 1749 in Dreischor. Volgt VI-n (blz.121) .
> **2 Suzanne Zorge**, geboren op zondag 27 februari 1752 in Dreischor. Suzanne is overleden omstreeks 1753, ongeveer 1 jaar oud.
> **3 Suzanne Zorge**, geboren op vrijdag 9 augustus 1754 in Dreischor. Volgt VI-o (blz.121) .
> **4 Tanna Zorge**, geboren op zondag 1 februari 1756 in Dreischor.
> **5 Sara Zorge**, geboren op zondag 18 september 1757 in Dreischor. Volgt VI-p (blz.121) .

VI-n Lena Jans Zorge is geboren op zondag 26 oktober 1749 in Dreischor, dochter van Jan Aelbrechtse Zorge (zie V-o (blz.121)) en Magdalena Carelse Guilkenaar Lena is overleden vóór 1786, ten hoogste 37 jaar oud. Lena trouwde met **Pieter Joost van der Linde** op dinsdag 7 mei 1771.

VI-o Suzanne Zorge is geboren op vrijdag 9 augustus 1754 in Dreischor, dochter van Jan Aelbrechtse Zorge (zie V-o (blz.121)) en Magdalena Carelse Guilkenaar Suzanne is overleden op donderdag 12 maart 1818 in Dreischor, 63 jaar oud. Suzanne trouwde met **Pierre Fonteijne**.

Kind van Suzanne en Pierre:

> **1 Jean Fonteijne**, geboren in Dreischor.

VI-p Sara Zorge is geboren op zondag 18 september 1757 in Dreischor, dochter van Jan Aelbrechtse Zorge (zie V-o (blz.121)) en Magdalena Carelse Guilkenaar Sara trouwde met **Jan Montfoort** op woensdag 7 mei 1783 in Dreischor [bron: RaBS163 opname nr. _H107588].

V-p Tanna (Janna) Zorge is geboren op zondag 20 maart 1729 in Dreischor, dochter van Aelbreght Janse Zorge (zie IV-h (blz.119)) en Lena Schietekate Janna is overleden op maandag 13 november 1809, 80 jaar oud [bron: Aangever Pieter Kip]. Janna trouwde met **Abraham Janse van de Velde** op woensdag 7 april 1751 in Dreischor. Abraham is overleden vóór 1808.

Kinderen van Janna en Abraham:

> **1 Johannes Abrahamse van der Velde**, geboren in 1758. Volgt VI-q (blz.122) .

2 Maria van de Velde, geboren in 1765 in Dreischor. Volgt VI-r (blz.122).

4 kinderen volgens RaBS164 (oud nummer Dreischor 5) opname nr. _H107622

VI-q   Johannes Abrahamse van der Velde is geboren in 1758, zoon van Abraham Janse van de Velde en Tanna (Janna) Zorge (zie V-p (blz.121)) Johannes is overleden op dinsdag 8 april 1828 in Noordgouwe, ± 70 jaar oud [bron: volgens Proces-verbaal Overleden in een sloot]. Johannes trouwde met **Willemina Speijer**.

VI-r   Maria van de Velde is geboren in 1765 in Dreischor, dochter van Abraham Janse van de Velde en Tanna (Janna) Zorge (zie V-p (blz.121)) Maria is overleden op vrijdag 25 januari 1850 in Dreischor, ± 85 jaar oud. Maria trouwde met **Cornelis van Bloois**.

IV-i   Geertruid van Zorge is geboren op zondag 15 januari 1690 in Dreischor, dochter van Jan Tonisse Zorge (zie III-g (blz.117)) en Dina Leenderts Pijpeling Geertruid trouwde met **Philippus Bernards**, 29 jaar oud, op pinkstermaandag 16 mei 1712 in Dreischor. Philippus is geboren op zondag 9 mei 1683 in Bruinisse.

Kind van Geertruid en Philippus:

    1 Johannes Bernards, geboren op zaterdag 1 mei 1723 in Nieuwerkerk.

IV-j   Adriaan (Arent) Zorge is geboren in juni 1696 in Dreischor, zoon van Jan Tonisse Zorge (zie III-g (blz.117)) en Dina Leenderts Pijpeling Hij is gedoopt op vrijdag 17 juni 1796 in Dreischor.
Stamvader van de 2de Dirklandse tak

(1) Arent trouwde met **Neeltje Alegoet**, 22 jaar oud, op donderdag 20 augustus 1722 in Dreischor [bron: RaBS163 opname nr. _H107550]. Neeltje is geboren in juli 1700 in Dreischor, dochter van Jacob Alegoet en Sererijna Jeroens. Zij is gedoopt op zondag 1 augustus 1700 in Dreischor [bron: RaBS, inventaris nr. 160 opname nr. _H107182]. Neeltje is overleden vóór 1746, ten hoogste 46 jaar oud.
(2) Arent trouwde met **Kaatje Pieters Duurt** op zondag 13 maart 1746 in Dirksland [bron: LDS].

Kinderen van Arent en Neeltje:

    1 Jacoba Zorge.
    2 Jan Zorge, geboren in juli 1723 in Herkingen. Hij is gedoopt op zondag 4 juli 1723 in Herkingen. Jan is overleden vóór 1736, ten hoogste 13 jaar oud.
    3 Segerina Zorge, geboren in juni 1724 in Herkingen. Volgt V-q (blz.123) .
    4 Cornelis Adriaans Zorge, geboren in 1725. Volgt V-r (blz.123) .
    5 Jacoba Zorge, geboren in november 1728 in Dirksland. Volgt V-s (blz.136) .
    6 Dina Zorge, geboren op zondag 7 september 1732 in Dirksland. Dina is overleden in 1733, ± 1 jaar oud.

7 Segerink Zorge, geboren op zondag 6 september 1733 in Dirksland.
8 Dina Zorge, geboren op zaterdag 4 december 1734 in Dirksland.
9 Jan Zorge, geboren op dinsdag 20 november 1736 in Dirksland. Jan is overleden in 1743, ± 7 jaar oud.
10 Johanna Zorge, geboren op zaterdag 23 april 1740 in Dirksland.
11 Jan Zorge, geboren op dinsdag 29 januari 1743 in Dirksland.

Kinderen van Arent en Kaatje:

12 Adrianus Zorge, geboren op woensdag 12 juni 1748 in Dirksland.
13 Pieter Adriaans Zorge, geboren in november 1749. Volgt V-t (blz.136) .
14 Dina Zorge, geboren op zondag 22 december 1754 in Dirksland.

Pieter & Maria huwden 1775 en zoon Adriaan werd in 1781 geboren en Geertrui in 1801 Als Geertrui zou zijn geboren toen Mari al 47 was en 17 toen Pieter werd geboren dan is Maria geboren tussen 1754 en 1758 Pieter moet minstens 18 bij huwelijk (dus voor 1757) en stel dat hij 55 was bij geboorte van Geertrui dan zou hij dus tussen 1746 en 1757 geboren kunnen zijn. Dan zou Arent voor 1746 -18 = 1737 geboren moeten zijn.

V-q Segerina Zorge is geboren in juni 1724 in Herkingen, dochter van Adriaan (Arent) Zorge (zie IV-j (blz.122)) en Neeltje Alegoet Zij is gedoopt op pinkstermaandag 5 juni 1724 in Herkingen. Segerina trouwde met **Floris Christiaans van Broekhuizen** op vrijdag 15 juli 1763 in Dirksland [bron: LDS].

Kinderen van Segerina en Floris:

1 Adrianus van Broekhuizen.
2 Adriaan van Broekhuizen, geboren op zondag 25 augustus 1765 in Dirksland.

V-r Cornelis Adriaans Zorge is geboren in 1725, zoon van Adriaan (Arent) Zorge (zie IV-j (blz.122)) en Neeltje Alegoet Cornelis is overleden op dinsdag 3 oktober 1797 in Dirksland, ± 72 jaar oud.
(1) Cornelis trouwde met **Lena Visser**.
(2) Cornelis trouwde met **Cornelia Willems Bewesier**, 20 jaar oud, op zondag 17 juni 1753 in Dirksland [bron: Cor Koene]. Cornelia is geboren op zondag 21 december 1732 in Dirksland.

Kinderen van Cornelis en Cornelia:

1 Neeltje Zorge.
2 Dina Zorge. Volgt VI-s (blz.124) .
3 Willem Zorge, geboren op maandag 1 september 1755 in Dirksland.
4 Dina Zorge, geboren op zondag 2 januari 1757 in Dirksland.
5 Lena Zorge, geboren op zondag 26 februari 1758 in Dirksland.
6 Willem Zorge, geboren in november 1762 in Dirksland. Volgt VI-t (blz.124) .
7 Adriana Zorge, geboren in mei 1765 in Dirklsand. Volgt VI-u (blz.136) .

VI-s   Dina Zorge dochter van Cornelis Adriaans Zorge (zie V-r (blz.123)) en Cornelia
Willems Bewesier Dina trouwde met **Marinus Cornelisse Visbeen**, 38 jaar oud, op vrijdag
6 mei 1785 in Dirksland. Marinus is geboren op maandag 4 juli 1746 in Nieuwe-Tonge.
Kind van Dina en Marinus:

> **1 Cornelis Visbeen**, geboren in 1797. Cornelis is overleden in 1861, ± 64 jaar oud.

VI-t   Willem Zorge is geboren in november 1762 in Dirksland, zoon van Cornelis
Adriaans Zorge (zie V-r (blz.123)) en Cornelia Willems Bewesier Hij is gedoopt op
zaterdag 6 november 1762 in Dirksland [bron: Cor Koene]. Willem is overleden op Goede
Vrijdag 5 april 1822 in Dirksland, 59 jaar oud.
Stamvader Dirkslandse tak

(1) Willem trouwde met **Neeltje Vink**, 39 jaar oud, op donderdag 9 oktober 1806 in
Dirksland. Zij is gedoopt op zondag 26 april 1767 in Middelharnis. Neeltje is overleden
vóór 1810, ten hoogste 43 jaar oud.
(2) Willem trouwde met **Cornelia Davids (Wolff) Kolff**, 36 jaar oud, op donderdag 8
februari 1810 in Dirksland. Wolff is geboren in mei 1773 in Dirksland, dochter van David
Kolff en Lijdia Kardux. Zij is gedoopt op zondag 9 mei 1773 in Dirksland. Wolff is
overleden op woensdag 21 januari 1852 in Melissant, 78 jaar oud. Wolff trouwde voorheen
met Cornelis Broekhoven (ovl. vóór 1832).

Kinderen van Willem en Cornelia

> **1 Cornelis Zorge**, geboren in november 1810 in Dirksland. Volgt VII-u (blz.124) .
> **2 Lijdia Zorge**, geboren op maandag 19 februari 1816 in Dirksland. Volgt VII-v
> (blz.135) .

VII-u   Cornelis Zorge is geboren in november 1810 in Dirksland, zoon van Willem
Zorge (zie VI-t (blz.124)) en Cornelia Davids (Wolff) Kolff Hij is gedoopt op vrijdag 9
november 1810 in Dirksland. Cornelis is overleden op vrijdag 18 september 1891 in
Dirksland, 80 jaar oud.
(1) Cornelis trouwde met **Geertje van Biert**.
(2) Cornelis trouwde met **Geertrui Visbeen**, ongeveer 24 jaar oud, op vrijdag 10 mei 1833
in Roxenisse. Geertrui is geboren omstreeks zaterdag 13 augustus 1808 in Melissant. Zij is
gedoopt op woensdag 31 augustus 1808 in Dirksland. Geertrui is overleden op vrijdag 6
augustus 1880 in Dirksland, ongeveer 71 jaar oud.

Kinderen van Cornelis en Geertrui:
> **1 Cornelia Zorge**, geboren op donderdag 13 juni 1833 in Dirksland. Volgt VIII-ar
> (blz.125) .
> **2 Hendrika Zorge**, geboren op donderdag 9 april 1835 in Dirksland. Hendrika is
> overleden vóór 1845, ten hoogste 10 jaar oud.
> **3 Hendrika Zorge**, geboren op donderdag 9 april 1835 in Dirksland. Volgt VIII-as
> (blz.125) .

4 Lijdia Zorge, geboren op maandag 12 maart 1838 in Dirksland. Lijdia is overleden op woensdag 17 april 1839 in Dirksland, 1 jaar oud.
5 Wilhelmina Zorge, geboren omstreeks 1841 in Dirksland. Volgt VIII-at (blz.125)
.
6 Willem Zorge, geboren op dinsdag 13 december 1842 in Dirksland. Willem is overleden op maandag 3 april 1843 in Dirksland, 3 maanden oud.
7 Hendrik Zorge, geboren op dinsdag 13 december 1842 in Dirksland. Volgt VIII-au (blz.125) .
8 Willem Zorge, geboren op zondag 18 mei 1845 in Dirksland. Volgt VIII-av (blz.131) .
9 Abraham Zorge, geboren op woensdag 12 juni 1850 in Melissant. Abraham is overleden op zaterdag 28 december 1850 in Meliisant, 6 maanden oud.
10 Lijdia Zorge, geboren op woensdag 2 juni 1852 in Melissant. Lijdia is overleden op vrijdag 13 maart 1885 in Dirksland, 32 jaar oud.

VIII-ar Cornelia Zorge is geboren op donderdag 13 juni 1833 in Dirksland, dochter van Cornelis Zorge (zie VII-u (blz.124)) en Geertrui Visbeen Cornelia is overleden op donderdag 17 september 1868 in Dirksland, 35 jaar oud. Cornelia trouwde met **Dirk Snijder**, ± 26 jaar oud, op vrijdag 26 februari 1864 in Dirksland. Dirk is geboren in 1838 in Dirksland.

VIII-as Hendrika Zorge is geboren op donderdag 9 april 1835 in Dirksland, dochter van Cornelis Zorge (zie VII-u (blz.124)) en Geertrui Visbeen Hendrika trouwde met **Hendrik Silvis**, ± 28 jaar oud, op donderdag 4 oktober 1860. Hendrik is geboren in 1832 in Dirksland.

VIII-at Wilhelmina Zorge is geboren omstreeks 1841 in Dirksland, dochter van Cornelis Zorge (zie VII-u (blz.124)) en Geertrui Visbeen Wilhelmina is overleden op dinsdag 17 maart 1908 in Loosduinen, ongeveer 67 jaar oud. Wilhelmina trouwde met **Paulus Snijder**.

Kind van Wilhelmina en Paulus:

    1 Geertrui Snijder, geboren in 1877 in Dirksland. Volgt IX-as (blz.125) .

IX-as Geertrui Snijder is geboren in 1877 in Dirksland, dochter van Paulus Snijder en Wilhelmina Zorge (zie VIII-at (blz.125)) Geertrui trouwde met **Johannes Groenendijk** op donderdag 25 mei 1899 in Dirksland. Johannes is een zoon van Johannis Groenendijk en Willemina Struik.

VIII-au Hendrik Zorge is geboren op dinsdag 13 december 1842 in Dirksland, zoon van Cornelis Zorge (zie VII-u (blz.124)) en Geertrui Visbeen Hendrik is overleden op woensdag 19 januari 1916 in Dirksland, 73 jaar oud. Hendrik trouwde met **Maatje van**

Broekhoven, ± 25 jaar oud, op woensdag 6 mei 1868 in Dirksland. Maatje is geboren in 1843 in Dirksland, dochter van Jaques van Broekhoven en Jannetje van Schelle. Maatje is overleden op woensdag 23 april 1919 in Dirksland, ± 76 jaar oud.

Kinderen van Hendrik en Maatje:

1 Geertje Zorge, geboren op zondag 21 februari 1869 in Dirksland. Volgt IX-at (blz.126) .
2 Jaques Zorge, geboren op zaterdag 15 oktober 1870 in Dirksland. Volgt IX-au (blz.127) .
3 Cornelis Zorge, geboren op donderdag 24 oktober 1872 in Dirksland.
4 Cornelis Zorge, geboren in 1873 in Dirksland. Volgt IX-av (blz.127) .
5 Jannetje Zorge, geboren op dinsdag 3 november 1874 in Dirksland. Volgt IX-aw (blz.127) .
6 Cornelia Zorge, geboren op zondag 3 februari 1878 in Dirksland. Cornelia is overleden op nieuwjaarsdag zaterdag 1 januari 1881 in Dirksland, 2 jaar oud.
7 Aartje Zorge, geboren op dinsdag 21 januari 1879 in Dirksland. Aartje is overleden op maandag 27 december 1880 in Dirksland, 1 jaar oud.
8 Hendrik Zorge, geboren op maandag 11 september 1882.
9 Willem Zorge, geboren op maandag 11 september 1882 in Dirksland. Volgt IX-ax (blz.130) .
10 Aartje Zorge, geboren op vrijdag 20 november 1885. Aartje is overleden op zondag 14 februari 1886 in Dirksland, 2 maanden oud.
11 Cornelia Zorge, geboren op zaterdag 10 september 1887 in Dirksland. Volgt IX-ay (blz.131)

Cornelia en Willem Zorge, Aagje Guldemeester, Janna en Maria Zorge

IX-at Geertje Zorge is geboren op zondag 21 februari 1869 in Dirksland, dochter van Hendrik Zorge (zie VIII-au (blz.125)) en Maatje van Broekhoven Geertje is overleden op woensdag 21 november 1900 in Dirksland, 31 jaar oud. Geertje trouwde met **Joost de Jong**, ± 31 jaar oud, op donderdag 22 april 1897 in Dirksland. Joost is geboren in 1866 in Dirksland.

IX-au **Jaques Zorge** is geboren op zaterdag 15 oktober 1870 in Dirksland, zoon van Hendrik Zorge (zie VIII-au (blz.125)) en Maatje van Broekhoven Jaques is overleden op zondag 24 november 1918 in Melissant, 48 jaar oud. Jaques trouwde met **Cornelia Struik**, ± 26 jaar oud, op donderdag 28 februari 1895 in Melissant. Cornelia is geboren in 1869 in Melissant.

IX-av **Cornelis Zorge** is geboren in 1873 in Dirksland, zoon van Hendrik Zorge (zie VIII-au (blz.125)) en Maatje van Broekhoven Cornelis is overleden op vrijdag 2 maart 1928 in Meliisant, ± 55 jaar oud. Cornelis trouwde met **Bertha Touw**, ± 21 jaar oud, op donderdag 25 maart 1897 in Dirksland. Bertha is geboren in 1876 in Melissant.

IX-aw **Jannetje Zorge** is geboren op dinsdag 3 november 1874 in Dirksland, dochter van Hendrik Zorge (zie VIII-au (blz.125)) en Maatje van Broekhoven Jannetje is overleden op zaterdag 2 februari 1901 in Melissant, 26 jaar oud.
(1) Jannetje had een verhouding met **Jan Leendert Kwak**. Jan is geboren op zaterdag 20 april 1867.
(2) Jannetje trouwde met **Marinus van Ast**, ± 36 jaar oud, op donderdag 21 september 1899 in Dirksland. Marinus is geboren in 1863 in Scherpenisse, zoon van Ferdinand van Ast en Dina Bolier. Marinus is weduwnaar van Adriana Johanna Bazen (1865-vóór 1898), met wie hij trouwde op donderdag 4 maart 1886 in Scherpenisse.

Kind van Jannetje en Jan:

   1 Janna Zorge, geboren op vrijdag 3 januari 1896 in Dirksland. Volgt X-r (blz.128) .

Geschiedenis volgens Joh. Wolfert.
Omdat er zoveel kinderen in huize Zorge woonden, waren ze nu niet bepaald rijk, dus werd Jannetje als jong meisje te werk gesteld als dienstbode op een kapitale boerderij tussen Dirksland en Melissant, die boerderij staat er nog. De boerin was overleden en de boer woonde alleen met twee meisjes en zoon Jan. De jonge boer Jan (21 jaar) werd verliefd op de knappe dienstbode en die liefde was wederzijds, ze gingen in hun liefde over de grenzen en Jannetje werd op 19 jarige leeftijd zwanger. Maar er mocht van de oude boer en de twee ongetrouwde zussen (22 en 24 jaar)niet getrouwd worden, Jannetje was namelijk beneden hun stand. De zussen waren daar zo fel tegen, dat ze zelfs dreigden hun erf kapitaal uit de boerderij te halen als Jan toch met zijn lieve Jannetje zou trouwen. Het huwelijk ging daarom niet door, Jan durfde niet tegen zijn vader en zussen in te gaan. De moeder van Jannetje, Maatje Zorge van Broekhoven, was een struise vrouw en ging samen met haar zwangere dochter naar de boerderij om Jan op zijn plicht te wijzen en dat wilde Jan ook wel want Jannetje was een knappe lieve meid en zoals later bleek, hij hield echt van haar. Maar de zussen en de oude boer bleven bij hun standpunt en hielden een huwelijk tegen. En dus trok de zwangere Jannetje weer in bij haar vader en moeder in het huis dat nog steeds aan de Poldersweegje staat. En daar begint de ellende voor haar, want in het dorp werd ze beschimpt en uitgescholden en ook de nog thuiswonende kinderen hadden niet veel met de "zondige zuster" op en keken haar met de nek aan. Dit tot groot verdriet van moeder Maatje en vader Hendrik want zij waren goed voor haar. Het werd nog erger toen het kindje werd geboren, een dochtertje waarvan het ene beentje korter was dan het andere. Dus liep het meisje, Janna Zorge, mank hetgeen nog meer scheldpartijen als mankepoot tot gevolg had. Het ergste was nog dat zij werd gezien als een vloek, een ongewenst kind waar een mankement aan was. Uiteindelijk werd de situatie zo erg, dat Jannetje en haar dochtertje Janna, dat inmiddels drie jaar was, een

betrekking als huishoudster kreeg in een ander dorp, bij een gezin met vier kinderen waarvan de moeder was overleden. Zij vluchtte voor de smaad en de schande en gelukkig klikte het wonderwel tussen haar en de werkgever, zelfs zo goed dat zij na een jaar besloten te trouwen, de schande van de ongehuwde moeder werd zo opgeheven. Dat het zo goed klikte was voor Jannetje een bescheiden zonnestraaltje in haar bewogen leven, ze hield nog steeds van de jonge boer Jan, de vader van haar kind, en hij hield van haar, maar er was voor hen samen geen toekomst en dus trouwde ze met haar broodheer.

Intussen zorgde Jan steeds dat hij ergens bij haar in de buurt was maar het was een verboden liefde en Jannetje wilde graag gelukkig zijn met haar nieuwe man. Echter, de vier jongens van dat gezin mochten haar niet en nog minder het manke stiefzusje. De kleine Janna van drie jaar werd veel gepest, ze duwden het kleine meisje met de handjes tegen een gloeiende potkachel en pakten haar eten af om zelf op te eten, kortom, ze werd niet geaccepteerd. Het meisje droeg de littekens hiervan in haar handpalmen en over haar kleine lijfje. Al vrij snel was Jannetje weer zwanger van haar tweede en wettig kindje. Helaas, het kindje, weer een meisje, werd dood geboren en Jannetje, overweldigd door alle verdriet in haar jonge leven, stierf in het kraambed drie dagen na de bevalling amper 26 jaar oud. Janna, toen net vijf jaar werd nu wees want contact met haar biologische vader was verboden.

Zo kwam er een einde aan een treurig leven van een knappe en lieve jonge vrouw Jannetje.
Zie verder het relaas van Johan bij Janna.

Het huis aan het Poldersweegje in Driksland

X-r Janna Zorge is geboren op vrijdag 3 januari 1896 in Dirksland, dochter van Jan Leendert Kwak en Jannetje Zorge (zie IX-aw (blz.127)) Janna trouwde met **Hendrik Wolfert**, 25 jaar oud, op vrijdag 20 juni 1919 in Dirksland. Hendrik is geboren op woensdag 2 mei 1894 in Dirksland, zoon van Pieter Wolfert en Dingena van Balen. Hendrik is overleden op zondag 20 maart 1977, 82 jaar oud. Hij is begraven in Dirksland. *Joh. Wolfert*

Kinderen van Janna en Hendrik:

    1 Pieter Wolfert, geboren op zaterdag 27 maart 1920 in Dirksland. Volgt XI-v (blz.129) .
    2 Jannetje Wolfert, geboren op maandag 30 januari 1922 in Dirksland. Volgt XI-w (blz.129) .

3 Dingena Wolfert, geboren op woensdag 8 augustus 1923 in Dirksland. Volgt XI-x (blz.130) .

4 Hendrik Wolfert, geboren op zondag 8 maart 1925 in Dirksland. Volgt XI-y (blz.130) .

5 Dingeman Wolfert, geboren op woensdag 14 november 1928 in Dirksland. Volgt XI-z (blz.130) .

6 Jacques Wolfert, geboren op woensdag 25 mei 1932 in Dirksland. Volgt XI-aa (blz.130) .

7 Johannes (Han) Wolfert, geboren op vrijdag 1 maart 1940 in Dirksland. Volgt XI-ab (blz.130) .

Vervolg van het relaas van Jannetje en Janna door Han Wolfert.
De vrouw van Hendrik Zorge, oma Maatje, haalde haar kleindochter, de kleine Janna weer naar huis waar zij verder is opgegroeid tot haar huwelijk met Hendrik Wolfert. Al die jaren heeft haar biologische vader Jan haar nauwlettend gevolgd, maar hij mocht geen contact leggen. Janna wist daarvan en vertelde dit later ook haar kinderen. Jan is na het overlijden van Jannetje in een diepe depressie geraakt. Negen jaar later is hij alsnog getrouwd met een, let wel, andere dienstbode. Zijn beide zussen hebben daarna alsnog hun kapitaal uit de boerderij opgeëist en twee jaar later werd Jan door geldgebrek gedwongen de boerderij te verkopen waarna hij in Sommelsdijk ging wonen. Bijna iedere dag fietste Jan richting Dirksland in de hoop een glimp op te vangen van zijn dochter Janna. De liefde tussen Jan en Jannetje was echt en sterk geweest, dat bleek wel na het overlijden van Jannetje, de fleur bij Jan was er af en hij betreurde het dat hij destijds niet tegen de wil van zijn vader en zussen was ingegaan. De nazaten van Maatje en Hendrik Zorge, nichten en neven was altijd een ander verhaal verteld om toch de schande van een ongehuwde moeder met een (mank) kind te verdringen. Sommigen meenden zelfs dat Janna een nakomertje was van Maatje en Hendrik. Groot was de spijt en verootmoediging toen men kennis kreeg aan het echte levensverhaal van Jannetje en Janna.
Janna was een diep gelovige vrouw die nooit rancuneuze gevoelens koesterde over haar jeugd zij is, evenals haar moeder Jannetje, in de volle wetenschap van het eeuwige leven gestorven ondanks al het leed en verdriet vertrouwend op haar Heer. Johan, de jongste zoon, kreeg van haar een boekje "Een Christen reize naar de Eeuwigheid" uit 1863. Dat boekje was een erfstuk van haar moeder Jannetje Zorge en dat boekje heeft Janna zorgvuldig bewaard als aandenken aan haar eigen moeder. De banden tussen de familie Wolfert en Zorge, kinderen uit hetzelfde huis, zijn in de loop van de tijd geheeld en er groeide een goede band met Janna en haar kinderen. Zij was zelfs zeer geliefd en rijk gezegend in haar leven met zeven kinderen en 37 kleinkinderen.

XI-v Pieter Wolfert is geboren op zaterdag 27 maart 1920 in Dirksland, zoon van Hendrik Wolfert en Janna Zorge (zie X-r (blz.128)) Pieter is overleden. Pieter trouwde met **Geertje Visser**. Geertje is geboren op dinsdag 26 april 1927. Geertje is overleden.

XI-w Jannetje Wolfert is geboren op maandag 30 januari 1922 in Dirksland, dochter van Hendrik Wolfert en Janna Zorge (zie X-r (blz.128)) Jannetje is overleden. Jannetje trouwde met **Anthonie Mans**. Anthonie is geboren op zaterdag 15 juli 1922 in Oolgensplaat. Anthonie is overleden.

XI-x   Dingena Wolfert is geboren op woensdag 8 augustus 1923 in Dirksland, dochter van Hendrik Wolfert en Janna Zorge (zie X-r (blz.128)) Dingena is overleden. Dingena trouwde met **Anthonie de Munck**. Anthonie is geboren op woensdag 12 oktober 1921 in Ierseket. Anthonie is overleden.

XI-y   Hendrik Wolfert is geboren op zondag 8 maart 1925 in Dirksland, zoon van Hendrik Wolfert en Janna Zorge (zie X-r (blz.128)) Hendrik is overleden. Hendrik trouwde met **Sijke Stolk**. Sijke is geboren op zaterdag 28 juni 1930. Sijke is overleden.

XI-z   Dingeman Wolfert is geboren op woensdag 14 november 1928 in Dirksland, zoon van Hendrik Wolfert en Janna Zorge (zie X-r (blz.128)) Dingeman is overleden. Dingeman trouwde met **Jannetje Troost**. Jannetje is geboren op vrijdag 11 maart 1932 in Melissant.

XI-aa   Jacques Wolfert is geboren op woensdag 25 mei 1932 in Dirksland, zoon van Hendrik Wolfert en Janna Zorge (zie X-r (blz.128)) Jacques trouwde met **Antje Maria van St-Annaland**. Antje is geboren op zondag 28 februari 1937.

XI-ab   Johannes (Han) Wolfert is geboren op vrijdag 1 maart 1940 in Dirksland, zoon van Hendrik Wolfert en Janna Zorge (zie X-r (blz.128)) Han trouwde met **Jacomijntje van Wijk**. Jacomijntje is geboren op woensdag 7 juli 1943 in Ouddorp.

Kinderen van Han en Jacomijntje:
1 **Janna Cornalia Wolfert**, geboren op dinsdag 9 oktober 1962.
2 **Cornelia Neeltje Wolfert**, geboren op zaterdag 19 oktober 1963.
3 **Dingena Wolfert**, geboren op woensdag 1 september 1965.
4 **Maatje Wolfert**, geboren op woensdag 3 maart 1971.
5 **Johanna Jacomijntje Wolfert**, geboren op woensdag 11 augustus 1971.

IX-ax   Willem Zorge is geboren op maandag 11 september 1882 in Dirksland, zoon van Hendrik Zorge (zie VIII-au (blz.125)) en Maatje van Broekhoven Willem trouwde met **Aagje Guldemeester**, ± 22 jaar oud, op donderdag 31 augustus 1905 in Dirksland. Aagje is geboren in 1883 in Sommelsdijk.

Kinderen van Willem en Aagje:

1 **Hendrik Zorge**. Volgt X-s (blz.130) .
2 **Maatje Zorge**, geboren in 1907 in Dirksland. Volgt X-t (blz.131) .

X-s   Hendrik Zorge zoon van Willem Zorge (zie IX-ax (blz.130)) en Aagje Guldemeester Hendrik trouwde met **Commertje Hillegonda Tanis**.

Kind van Hendrik en Commertje:
1 **Willem Zorge**.

X-t Maatje Zorge is geboren in 1907 in Dirksland, dochter van Willem Zorge (zie IX-ax (blz.130)) en Aagje Guldemeester Maatje trouwde met **Maarten van Oostenbrugge**, ± 29 jaar oud, op dinsdag 5 januari 1926 in Melissant. Maarten is geboren in 1897 in Melissant.

IX-ay Cornelia Zorge is geboren op zaterdag 10 september 1887 in Dirksland, zoon van Hendrik Zorge (zie VIII-au (blz.125)) en Maatje van Broekhoven Cornelia trouwde met **Jan Leendert Visser**, ± 26 jaar oud, op dinsdag 13 juni 1911 in Dirksland. Jan is geboren in 1885 in Melissant.

VIII-av Willem Zorge is geboren op zondag 18 mei 1845 in Dirksland, zoon van Cornelis Zorge (zie VII-u (blz.124)) en Geertrui Visbeen Willem is overleden op Hemelvaartsdag donderdag 21 mei 1936 in Haarlem, 91 jaar oud.
Stamvader van Haarlemmermeer
Willem vertrok met zijn gezin van Dirksland (Zeeland) naar Haarlemmermeer

(1) Willem trouwde met **Leentje Tiggelman**. Leentje is geboren op woensdag 2 juni 1852 in Den Bommel. Leentje is overleden op dinsdag 6 januari 1942 in Amsterdam, 89 jaar oud.
(2) Willem trouwde met **Leentje Vaalburg**, ± 24 jaar oud, op donderdag 19 mei 1870 in Dirksland. Leentje is geboren in 1846 in Dirksland. Leentje is overleden op dinsdag 23 november 1920 in Haarlemmermeer, ± 74 jaar oud.

Kinderen van Willem en Leentje (2):

> **1 Geertje Zorge**, geboren op donderdag 19 oktober 1871 in Dirksland. Geertje is overleden op zaterdag 4 mei 1872, 6 maanden oud.
> **2 Adrianus Zorge**, geboren in 1873 in Dirksland. Volgt IX-az (blz.131) .
> **3 Geertje Zorge**, geboren op maandag 24 mei 1875 in Dirksland. Volgt IX-ba (blz.132) .
> **4 Cornelis Zorge**, geboren in 1877 in Dirksland. Volgt IX-bb (blz.132) .
> **5 Jacob Zorge**, geboren op vrijdag 18 april 1879 in Haarlemmermeer. Volgt IX-bc (blz.135) .
> **6 Neeltje Zorge**, geboren op maandag 20 december 1880 in Haarlemmermeer. Volgt IX-bd (blz.135) .
> **7 Cornelia Zorge**, geboren op maandag 20 december 1880 in Haarlemmermeer.
> **8 Hendrik Zorge**, geboren op tweede kerstdag dinsdag 26 december 1882 in Haarlemmermeer. Volgt IX-be (blz.135) .
> **9 Leentje Zorge**, geboren op woensdag 24 december 1884 in Haarlemmermeer. Volgt IX-bf (blz.135) .
> **10 Josina Zorge**, geboren op maandag 12 augustus 1889 in Haarlemmermeer. Volgt IX-bg (blz.135) .

IX-az Adrianus Zorge is geboren in 1873 in Dirksland, zoon van Willem Zorge (zie VIII-av (blz.131) en Leentje Vaalburg Adrianus is overleden op zaterdag 21 april 1951, ± 78 jaar oud [bron: LDS]. Adrianus trouwde met **Hiltje Broertjes**, ± 20 jaar oud, op vrijdag

5 februari 1897 in Haarlemmermeer. Hiltje is geboren in 1877 in Venhuizen. Hiltje is overleden op maandag 15 september 1924 in Haarlemmermeer, ± 47 jaar oud.

Kinderen van Adrianus en Hiltje:

1 Willem Zorge, geboren in 1897 in Amsterdam. Volgt X-u (blz.132) .
2 Dirk Zorge, geboren op maandag 8 mei 1899 in Haarlemmermeer. Dirk is overleden op zaterdag 5 juni 1920 in Haarlemmermeer, 21 jaar oud.
3 Cornelis Zorge, geboren op maandag 10 december 1900 in Haarlemmermeer. Volgt X-v (blz.132) .
4 Nicolaas Zorge, geboren op dinsdag 4 maart 1902 in Haarlemmermeer.
5 Leentje Zorge, geboren op vrijdag 27 januari 1905 in Haarlemmermeer.
6 Fijtje Zorge, geboren op dinsdag 4 september 1906 in Haarlemmermeer.
7 Aaltje Zorge, geboren in september 1916. Aaltje is overleden op maandag 13 november 1916 in Haarlemmermeer, 2 maanden oud.

X-u Willem Zorge is geboren in 1897 in Amsterdam, zoon van Adrianus Zorge (zie IX-az (blz.131)) en Hiltje Broertjes Beroep: Agent van Politie.
Willem trouwde met **Geertje Plessius**, ± 23 jaar oud, op woensdag 2 augustus 1922 in Amsterdam. Geertje is geboren in 1899 in SLoten.

X-v Cornelis Zorge is geboren op maandag 10 december 1900 in Haarlemmermeer, zoon van Adrianus Zorge (zie IX-az (blz.131)) en Hiltje Broertjes Beroep: Tuinder.
Cornelis trouwde met **Sijntje Langenberg**, ± 19 jaar oud, op woensdag 19 juli 1922 in Haarlemmermeer. Sijntje is geboren in 1903 in Weesperkarspel.

IX-ba Geertje Zorge is geboren op maandag 24 mei 1875 in Dirksland, dochter van Willem Zorge (zie VIII-av (blz.131)) en Leentje Vaalburg Geertje is overleden op maandag 31 oktober 1955, 80 jaar oud. Geertje trouwde met **Arie Dompeling**, ± 26 jaar oud, op woensdag 24 maart 1897 in Haarlemmermeer. Arie is geboren in 1871. Beroep: Koetsier. Arie is overleden in 1948, ± 77 jaar oud.
Kinderen van Geertje en Arie:

1 Jenneke Gerritje Dompeling, geboren op maandag 1 november 1897 in Haarlemmermeer.
2 Willem Dompeling, geboren op zaterdag 16 december 1899 in Haarlemmermeer.

IX-bb Cornelis Zorge is geboren in 1877 in Dirksland, zoon van Willem Zorge (zie VIII-av (blz.131) en Leentje Vaalburg Cornelis is overleden op donderdag 23 september 1965, ± 88 jaar oud [bron: LDS]. Cornelis trouwde met **Grietje Eisse Janssen**, ± 23 jaar oud, op woensdag 31 oktober 1906 in Haarlemmermeer. Grietje is geboren in 1883 in Haarlemmermeer. Grietje is overleden op woensdag 21 mei 1969, ± 86 jaar oud [bron: LDS].

132

Kinderen van Cornelis en Grietje:

1 Eisse Zorge. Volgt X-w (blz.133) .
2 Willie Zorge. Volgt X-x (blz.133) .
3 Leentje Zorge, geboren op zaterdag 12 oktober 1907 in Haarlemmermeer. Volgt X-y (blz.133) .
4 Gerrit Zorge, geboren op dinsdag 17 november 1914 in Haarlemmermeer. Volgt X-z (blz.133) .

X-w   Eisse Zorge zoon van Cornelis Zorge (zie IX-bb (blz.132)) en Grietje Eisse Janssen

Kind van Eisse
1 Cornelis (Kees) Zorge.

X-x   Willie Zorge dochter van Cornelis Zorge (zie IX-bb (blz.132)) en Grietje Eisse Janssen Willie trouwde met **? Lijsse**.

X-y   Leentje Zorge is geboren op zaterdag 12 oktober 1907 in Haarlemmermeer, dochter van Cornelis Zorge (zie IX-bb (blz.132)) en Grietje Eisse Janssen Leentje trouwde met **? Penninga**.

X-z   Gerrit Zorge is geboren op dinsdag 17 november 1914 in Haarlemmermeer [bron: LDS], zoon van Cornelis Zorge (zie IX-bb (blz.132)) en Grietje Eisse Janssen Gerrit is overleden op zaterdag 29 maart 1969 in Badhoevedorp, 54 jaar oud. Hij is begraven in Nieuwe Alg. Berg.Pl. Badhoevedorp. Gerrit trouwde met **Neeltje Magdalena de Nooijer**. Neeltje is geboren op vrijdag 24 december 1915. Neeltje is overleden op woensdag 2 september 2009 in Castricum, 93 jaar oud. Zij is begraven op maandag 7 september 2009 in Wilgenhof te Hoofddorp.

Kinderen van Gerrit en Neeltje:

1 Cornelis (Kees) Zorge. Volgt XI-ac (blz.133) .
2 Jeremias (Jirre) Zorge, geboren in 1943. Volgt XI-ad (blz.134) .
3 Eisse Zorge, geboren in 1947. Volgt XI-ae (blz.134) .

XI-ac   Cornelis (Kees) Zorge zoon van Gerrit Zorge (zie X-z (blz.133)) en Neeltje Magdalena de Nooijer Kees trouwde met **Hannie Kaper**.

Kinderen van Kees en Hannie:

1 Hester Zorge, geboren op zaterdag 24 juni 1967 in Amsterdam.

2 Merel Zorge, geboren op maandag 18 september 1978 in Amsterdam. Volgt XII-e (blz.134) .

XII-e   Merel Zorge is geboren op maandag 18 september 1978 in Amsterdam, dochter van Cornelis (Kees) **Zorge** (zie XI-ac (blz.133)) en Hannie Kaper
Merel trouwde met **Rogier de Lint**.

Kind van Merel en Rogier:

1 Josephine de Lint, geboren op zaterdag 11 december 2010 in Amsterdam.

XI-ad   Jeremias (Jirre) Zorge is geboren in 1943, zoon van Gerrit Zorge (zie X-z (blz.133)) en Neeltje Magdalena de Nooijer Jirre is overleden op maandag 1 februari 2010, ± 67 jaar oud. Jirre trouwde met **Margaretha Johanna van (Greetje) Beek**. Greetje is geboren op donderdag 13 december 1945.

Kinderen van Jirre en Greetje:

1 Dino Zorge, geboren op maandag 4 augustus 1969. Volgt XII-f (blz.134) .
2 Yuri Zorge, geboren op vrijdag 28 juli 1972. Volgt XII-g (blz.134) .

XII-f   Dino Zorge is geboren op maandag 4 augustus 1969, zoon van Jeremias (Jirre) Zorge (zie XI-ad (blz.134)) en Margaretha Johanna van (Greetje) Beek Beroep: Ondernemer.
Dino trouwde met **Danielle Blees**. Danielle is geboren op vrijdag 4 maart 1966.

Kinderen van Dino en Danielle:

1 Bruno Zorge, geboren op vrijdag 29 december 2000.
2 Jonah Zorge, geboren op woensdag 17 maart 2004.

XII-g   Yuri Zorge is geboren op vrijdag 28 juli 1972, zoon van Jeremias (Jirre) Zorge (zie XI-ad (blz.134)) en Margaretha Johanna van (Greetje) Beek. Yuri heeft een relatie met **Mandy Michelle Hulleman**. Mandy is geboren op zondag 21 maart 1982.

XI-ae   Eisse Zorge is geboren in 1947, zoon van Gerrit Zorge (zie X-z (blz.133)) en Neeltje Magdalena de Nooijer Eisse trouwde met **Willy Jaspers**.

Kinderen van Eisse en Willy:

1 Maike Zorge, geboren in 1975.
2 Ynske Zorge, geboren in 1979. Volgt XII-h (blz.135) .

XII-h Ynske Zorge is geboren in 1979, dochter van Eisse Zorge (zie XI-ae (blz.134)) en Willy Jaspers Ynske trouwde met **Machiel van Meurs**.

Kind van Ynske en Machiel:
   1 Bowe van Meurs.

IX-bc Jacob Zorge is geboren op vrijdag 18 april 1879 in Haarlemmermeer, zoon van Willem Zorge (zie VIII-av (blz.131)) en Leentje Vaalburg Jacob trouwde met **Ida Vonk**, ± 32 jaar oud, op donderdag 28 oktober 1909 in Diemen. Ida is geboren in 1877 in Diemen.

IX-bd Neeltje Zorge is geboren op maandag 20 december 1880 in Haarlemmermeer, dochter van Willem Zorge (zie VIII-av (blz.131)) en Leentje Vaalburg Neeltje trouwde met **Gerrit Pekelharing**, ± 23 jaar oud, op woensdag 18 mei 1904 in Haarlemmermeer. Gerrit is geboren in 1881.

IX-be Hendrik Zorge is geboren op tweede kerstdag dinsdag 26 december 1882 in Haarlemmermeer, zoon van Willem Zorge (zie VIII-av (blz.131)) en Leentje Vaalburg Hendrik is overleden op maandag 15 september 1969 in Nieuw Vennep, 86 jaar oud. Hendrik trouwde met **Jannetje Hendrika Cornelia Bras**, ± 22 jaar oud, op woensdag 17 maart 1909 in Haarlemmermeer. Jannetje is geboren in 1887. Jannetje is overleden in 1973, ± 86 jaar oud.

IX-bf Leentje Zorge is geboren op woensdag 24 december 1884 in Haarlemmermeer, dochter van Willem Zorge (zie VIII-av (blz.131)) en Leentje Vaalburg Leentje trouwde met **Jan Hoogmoed**, ± 25 jaar oud, in 1906. Jan is geboren in 1881.

IX-bg Josina Zorge is geboren op maandag 12 augustus 1889 in Haarlemmermeer, dochter van Willem Zorge (zie VIII-av (blz.131)) en Leentje Vaalburg Josina trouwde met **Janus Hogenhout**, ± 24 jaar oud, in 1912. Janus is geboren in 1888.

VII-v Lijdia Zorge is geboren op maandag 19 februari 1816 in Dirksland, dochter van Willem Zorge (zie VI-t (blz.124)) en Cornelia Davids (Wolff) Kolff Lijdia is overleden op dinsdag 12 maart 1895 in Dirksland, 79 jaar oud.
(1) Lijdia trouwde met **Gerrit van Ochten**, 31 jaar oud, op zaterdag 5 maart 1842 in Dirksland [bron: LDS]. Gerrit is geboren op maandag 4 maart 1811 in Dirksland. Hij is gedoopt op zondag 17 maart 1811 in Dirksland.
(2) Lijdia trouwde met **Floris Koedam**, ± 41 jaar oud, op maandag 21 januari 1856 in Dirksland. Floris is geboren in 1815 in Everdingen. Floris is overleden op dinsdag 17 november 1857 in Dirksland, ± 42 jaar oud.

VI-u Adriana Zorge is geboren in mei 1765 in Dirklsand, dochter van Cornelis Adriaans Zorge (zie V-r (blz.123)) en Cornelia Willems Bewesier Zij is gedoopt op zondag 5 mei 1765 in Dirksland. Adriana trouwde met **Jacob van Dongen**, 31 jaar oud, op zondag 31 augustus 1794 in Dirksland [bron: Cor Koene]. Jacob is geboren op zondag 17 april 1763 in Dirksland. Jacob is overleden in 1834, ± 71 jaar oud.

V-s Jacoba Zorge is geboren in november 1728 in Dirksland, dochter van Adriaan (Arent) Zorge (zie IV-j (blz.122)) en Neeltje Alegoet Zij is gedoopt op zaterdag 22 november 1738 in Dirksland. Jacoba is overleden op zondag 1 april 1821 in Dirksland, 92 jaar oud. Jacoba trouwde met **Gijsbert van Nederveen** op vrijdag 14 september 1764 in Oude Tonge [bron: Cor Koene].

V-t Pieter Adriaans Zorge is geboren in november 1749 [bron: zie notes bij Arent], zoon van Adriaan (Arent) Zorge (zie IV-j (blz.122)) en Kaatje Pieters Duurt Hij is gedoopt op maandag 1 december 1749 in Dirksland. Pieter trouwde met **Maria Molenaar**, 22 jaar oud, op zondag 17 september 1775 in Dirksland [bron: LDS]. Maria is geboren in januari 1753 in Dirksland, dochter van Daniël Molenaar en Trijntje Hartog. Zij is gedoopt op woensdag 24 januari 1753 in Dirksland.

Kinderen van Pieter en Maria:

> **1 Kaatje Zorge**, geboren op zondag 26 september 1779 in Dirksland.
> **2 Adriaan Zorge**, geboren in april 1781 in Dirksland. Volgt VI-v (blz.136) .
> **3 Daniel Pieters Zorge**, geboren in december 1783 in Dirksland. Volgt VI-w (blz.136) .
> **4 Geertrui Zorge**, geboren in 1801 in Haarlemmermeer.

VI-v Adriaan Zorge is geboren in april 1781 in Dirksland, zoon van Pieter Adriaans Zorge (zie V-t (blz.136)) en Maria Molenaar Hij is gedoopt op zondag 22 april 1781 in Dirksland. Adriaan is overleden op maandag 19 januari 1829 in Dirksland, 47 jaar oud.
(1) Adriaan trouwde met **Trijntje Gijsberts Bijl**.
(2) Adriaan trouwde met **Maria Boshart**.

Kind van Adriaan en Trijntje:

> **1 Arij Zorge**, geboren op zondag 21 december 1800 in Zuidbeierland.

VI-w Daniel Pieters Zorge is geboren in december 1783 in Dirksland [bron: LDS], zoon van Pieter Adriaans Zorge (zie V-t (blz.136)) en Maria Molenaar Hij is gedoopt op zondag 7 december 1783 in Dirksland. Daniel is overleden op vrijdag 4 september 1846 in Nieuwe-Tonge, 62 jaar oud.
(1) Daniel trouwde met **Maria Redding**. Maria is geboren in Schiedam. Maria is overleden vóór 1817.

(2) Daniel trouwde met **Maria Bakker**, ± 35 jaar oud, op zondag 26 januari 1817 in Nieuwe Tonge. Maria is geboren in 1782 in Nieuwe Tonge. Zij is gedoopt op zondag 28 juli 1782 in Nieuwe Tonge. Maria is overleden op maandag 8 februari 1836 in Nieuwe-Tonge, ± 54 jaar oud.

Kinderen van Daniel en Maria (1):

    1 Pieter Adrianus Zorge, geboren in 1807 in Zwijndrecht. Volgt VII-w (blz.137) .
    2 Gillis Zorge, geboren in 1810. Gillis is overleden op donderdag 5 januari 1826 in Dirksland, ± 16 jaar oud.
    3 Adrianus Zorge, geboren op donderdag 28 juni 1810 in Goedereede. Volgt VII-x (blz.141) .
    4 Maria Zorge, geboren op zondag 11 juli 1813 in Stellendam. Volgt VII-y (blz.142)
.
    5 Adriana Zorge, geboren op dinsdag 10 oktober 1815 in Goedereede. Adriana is overleden op dinsdag 2 december 1834 in Nieuwe-Tonge, 19 jaar oud.

Kind van Daniel en Maria (2):

    6 Arentje Zorge, geboren op woensdag 12 maart 1823 in Dirksland. Volgt VII-z (blz.142) .

VII-w Pieter Adrianus Zorge is geboren in 1807 in Zwijndrecht, zoon van Daniel Pieters Zorge (zie VI-w (blz.136)) en Maria Redding Pieter is overleden op maandag 22 november 1847 in Dirksland, ± 40 jaar oud. Pieter trouwde met **Sara van t' Hof**, 25 jaar oud, op vrijdag 6 mei 1831 in Dirksland. Sara is geboren op woensdag 28 augustus 1805 in Dirksland, dochter van Willem van t' Hof en Adriaantje Karon. Sara is overleden op paaszondag 16 april 1854 in Dirksland, 48 jaar oud [bron: jacobvanthof].

Kinderen van Pieter en Sara:

    1 Daniel Zorge, geboren op vrijdag 13 april 1832 in Dirksland. Volgt VIII-aw (blz.138) .
    2 Willem Zorge, geboren op zondag 15 september 1833 in Dirksland. Willem is overleden vóór 1835, ten hoogste 2 jaar oud.
    3 Willem Zorge, geboren op dinsdag 31 maart 1835 in Dirksland. Volgt VIII-ax (blz.140) .
    4 Gilles Zorge, geboren op zondag 14 augustus 1836 in Dirksland. Gilles is overleden op donderdag 15 februari 1838 in Dirksland, 1 jaar oud.
    5 Gilles Zorge, geboren op maandag 12 augustus 1839 in Dirksland. Gilles is overleden op zondag 8 maart 1840 in Driksland, 6 maanden oud.
    6 Neeltje Zorge, geboren in 1842. Neeltje is overleden op zaterdag 10 september 1842, nog geen jaar oud.
    7 Adriaantje Zorge, geboren op dinsdag 25 januari 1842 in Dirksland. Adriaantje is overleden op zaterdag 27 augustus 1842 in Dirksland, 7 maanden oud.
    8 Maria Zorge, geboren op dinsdag 25 januari 1842 in Dirksland. Maria is overleden op woensdag 19 oktober 1842 in Dirksland, 8 maanden oud.

VIII-aw Daniel Zorge is geboren op vrijdag 13 april 1832 in Dirksland [bron: LDS], zoon van Pieter Adrianus Zorge (zie VII-w (blz.137)) en Sara van t' Hof Daniel is overleden op zondag 22 december 1861 in Dirksland, 29 jaar oud.
Daniel trouwde met **Maria Spek**, 26 jaar oud, op vrijdag 3 april 1857 in Dirksland [bron: genlias]. Maria is geboren op zondag 17 oktober 1830 in Dirksland [bron: genlias], dochter van Paulus Spek en Elizabeth Poortvliet. Maria is overleden op zaterdag 19 januari 1889 in Dirksland, 58 jaar oud.
Kinderen van Daniel en Maria:

> **1 Sara Zorge**, geboren op maandag 28 september 1857 in Dirksland. Volgt IX-bh (blz.138) .
> **2 Elizabeth Zorge**, geboren op dinsdag 26 oktober 1858 in Dirksland. Elizabeth is overleden op dinsdag 7 juni 1859 in Dirksland, 7 maanden oud.
> **3 Paulus Zorge**, geboren op zondag 19 augustus 1860 in Dirksland. Volgt IX-bi (blz.138) .

IX-bh Sara Zorge is geboren op maandag 28 september 1857 in Dirksland, dochter van Daniel Zorge (zie VIII-aw (blz.138)) en Maria Spek Sara is overleden op woensdag 31 december 1913 in Rotterdam, 56 jaar oud. Sara trouwde met **Adrianus Noordijk**, ± 32 jaar oud, op donderdag 7 juli 1887 in Dirksland [bron: Hans Noordijk]. Adrianus is geboren in 1855 in Dirksland [bron: Hans Noordijk].

Kinderen van Sara en Adrianus:

> **1 Paulus Noordijk**. Paulus is overleden op dinsdag 20 juli 1897 in Rotterdam.
> **2 Daniel Noordijk**, geboren in 1890 in Dirksland. Daniel is overleden op dinsdag 14 mei 1912 in Rotterdam, ± 22 jaar oud.
> **3 Elizabeth Noordijk**, geboren in 1891. Volgt X-aa (blz.138) .
> **4 Maria Noordijk**, geboren in 1894. Volgt X-ab (blz.138) .
> **5 Helena Noordijk**, geboren in april 1896. Helena is overleden op zaterdag 11 juli 1896 in Rotterdam, 3 maanden oud.

X-aa Elizabeth Noordijk is geboren in 1891, dochter van Adrianus Noordijk en Sara Zorge (zie IX-bh (blz.138)) Elizabeth is overleden op maandag 29 juni 1931 in Poortugal, ± 40 jaar oud. Elizabeth trouwde met **Lucas Bakker**.

X-ab Maria Noordijk is geboren in 1894, dochter van Adrianus Noordijk en Sara Zorge (zie IX-bh (blz.138)) Maria is overleden op maandag 27 januari 1919 in Rotterdam, ± 25 jaar oud. Maria trouwde met **Johannes Hendrikus van der Weck**.

IX-bi Paulus Zorge is geboren op zondag 19 augustus 1860 in Dirksland, zoon van Daniel Zorge (zie VIII-aw (blz.138)) en Maria Spek Paulus is overleden op donderdag 29 juni 1944 in Melissant, 83 jaar oud. Paulus trouwde met **Teuntje van der Spaan**, ± 23 jaar oud, op vrijdag 30 november 1883 in Melissant. Teuntje is geboren in 1860 in Melissant. Teuntje is overleden op woensdag 11 maart 1931 in Melissant, ± 71 jaar oud.

Kinderen van Paulus en Teuntje:

>**1 Daniel Zorge**, geboren op maandag 26 mei 1884 in Melissant. Volgt X-ac (blz.139).
>**2 Jan Cornelis Zorge**, geboren op donderdag 10 juni 1886 in Dirksland. Volgt X-ad (blz.139).
>**3 Maria Zorge**, geboren op donderdag 13 januari 1887 in Melissant. Volgt X-ae (blz.139).
>**4 Krijntje Hendrika Zorge**, geboren op vrijdag 16 juli 1897 in Melissant. Volgt X-af (blz.139).

X-ac   Daniel Zorge is geboren op maandag 26 mei 1884 in Melissant, zoon van Paulus Zorge (zie IX-bi (blz.138)) en Teuntje van der Spaan Daniel trouwde met **Cornelia Trommel**, ± 26 jaar oud, op donderdag 1 juni 1911 in Melissant. Cornelia is geboren in 1885 in Melissant.
geboorteaangifte werd gedaan door Jan van der Spaan. De moeder woonde in Melissant maar de vader nog in Dirksland.

X-ad   Jan Cornelis Zorge is geboren op donderdag 10 juni 1886 in Dirksland, zoon van Paulus Zorge (zie IX-bi (blz.138)) en Teuntje van der Spaan Jan is overleden op vrijdag 29 november 1918 in Dirksland, 32 jaar oud. Jan trouwde met **Neeltje van Putten**, ± 25 jaar oud, op donderdag 6 april 1911 in Herkingen [bron: genlias]. Neeltje is geboren in 1886 in Herkingen.
Kind van Jan en Neeltje:

>**1 Paulus Zorge**, geboren in 1911. Paulus is overleden op maandag 18 september 1911 in Dirksland, nog geen jaar oud.

X-ae   Maria Zorge is geboren op donderdag 13 januari 1887 in Melissant, dochter van Paulus Zorge (zie IX-bi (blz.138)) en Teuntje van der Spaan Maria trouwde met **Willem van de Werf**, ± 25 jaar oud, op donderdag 26 februari 1914 in Melissant [bron: genlias]. Willem is geboren in 1889 in Melissant.

X-af   Krijntje Hendrika Zorge is geboren op vrijdag 16 juli 1897 in Melissant, dochter van Paulus Zorge (zie IX-bi (blz.138)) en Teuntje van der Spaan Krijntje is overleden op woensdag 22 december 1976 in Stellendam, 79 jaar oud. Zij is begraven in Stellendam. Krijntje trouwde met **Doris Filippus Oosters**, 24 jaar oud, op woensdag 17 augustus 1921 in Melissant. Doris is geboren op zaterdag 7 november 1896 in Ooltgensplat. Doris is overleden op dinsdag 20 mei 1980, 83 jaar oud. Hij is begraven in Stellendam.

VIII-ax Willem Zorge is geboren op dinsdag 31 maart 1835 in Dirksland, zoon van Pieter Adrianus Zorge (zie VII-w (blz.137)) en Sara van t' Hof Willem is overleden op maandag 9 april 1894 in Haarlemmermeer, 59 jaar oud. Willem trouwde met **Adriana Boogerd**, 22 jaar oud, op woensdag 15 mei 1861 in Dirksland. Adriana is geboren op maandag 25 juni 1838 in Dirksland, dochter van Pieter Bogerd en Neeltje Keijzer.
Alias: Bogerd

Kinderen van Willem en Adriana:

> **1 Sara Zorge**, geboren in 1862. Sara is overleden op donderdag 10 augustus 1876 in Haarlemmermeer, ± 14 jaar oud.
> **2 Pieter Zorge**, geboren op woensdag 28 februari 1866 in Haarlemmermeer. Pieter is overleden vóór 1870, ten hoogste 4 jaar oud.
> **3 Neeltje Zorge**, geboren in 1869 in Haarlemmermeer. Volgt IX-bj (blz.140) .
> **4 Pieter Zorge**, geboren op dinsdag 1 maart 1870 in Haarlemmermeer. Volgt IX-bk (blz.140) .
> **5 Maria Zorge**, geboren op dinsdag 22 april 1873 in Haarlemmermeer. Maria is overleden in 1873, nog geen jaar oud.
> **6 Lena Maria Zorge**, geboren in 1876 in Haarlemmermeer. Lena is overleden op dinsdag 8 januari 1878 in Haarlemmermeer, ± 2 jaar oud.
> **7 Sara Zorge**, geboren op woensdag 27 december 1876 in Haarlemmermeer.
> **8 Hendrika Zorge**, geboren in 1887 in Haarlemmermeer. Hendrika is overleden op zaterdag 10 mei 1890 in Haarlemmermeer, ± 3 jaar oud.

IX-bj Neeltje Zorge is geboren in 1869 in Haarlemmermeer, dochter van Willem Zorge (zie VIII-ax (blz.140)) en Adriana Boogerd
(1) Neeltje trouwde met **Cornelis Verbrugge**, ± 24 jaar oud, op vrijdag 21 februari 1890 in Haarlemmermeer. Cornelis is geboren in 1866.
(2) Neeltje trouwde met **Willem van Groen**, ± 31 jaar oud, op zaterdag 19 december 1891 in Ouder Amstel. Willem is geboren in 1860.

IX-bk Pieter Zorge is geboren op dinsdag 1 maart 1870 in Haarlemmermeer, zoon van Willem Zorge (zie VIII-ax (blz.140)) en Adriana Boogerd Beroep: Timmerman, Koster. Pieter is overleden op zondag 19 februari 1956 in Bennebroek, 85 jaar oud.
Pieter trouwde met **Geertrui van Rijswijk**, 25 jaar oud, op vrijdag 19 juli 1895 in Haarlemmermeer. Geertrui is geboren op maandag 27 december 1869 in Haarlemmermeer. Geertrui is overleden op zaterdag 24 november 1951 in Haarlemmeremeer, 81 jaar oud.

Kinderen van Pieter en Geertrui:

> **1 Wilhelmina Zorge**, geboren op dinsdag 5 mei 1896 in Haarlemmermeer. Volgt X-ag (blz.141) .
> **2 Adriana Zorge**, geboren op dinsdag 8 november 1898 in Haarlemmermeer. Volgt X-ah (blz.141) .
> **3 Geertrui Zorge**, geboren op donderdag 6 juni 1901 in Haarlemmermeer. Volgt X-ai (blz.141) .

4 Helena Zorge, geboren op donderdag 6 maart 1902 in Haarlemmermeer. Volgt X-aj (blz.141).
5 Neeltje Zorge, geboren op vrijdag 27 november 1903 in Haarlemmermeer. Volgt X-ak (blz.141).

X-ag Wilhelmina Zorge is geboren op dinsdag 5 mei 1896 in Haarlemmermeer, dochter van Pieter Zorge (zie IX-bk (blz.140)) en Geertrui van Rijswijk Wilhelmina trouwde met **Petrus Bokhorst**, ± 25 jaar oud, op woensdag 28 mei 1919 in Haarlemmermeer. Petrus is geboren in 1894 in Haarlemmermeer, zoon van Hillebrand Bokhorst en Anna Elisabeth Goudriaan.

X-ah Adriana Zorge is geboren op dinsdag 8 november 1898 in Haarlemmermeer, dochter van Pieter Zorge (zie IX-bk (blz.140)) en Geertrui van Rijswijk Adriana trouwde met **Cornelis Bokhorst**, ± 21 jaar oud, op woensdag 28 april 1920 in Haarlemmermeer. Cornelis is geboren in 1899 in Haarlemmermeer, zoon van Arie Hendrik Bokhorst en Suzanna Johanna Trommel.

X-ai Geertrui Zorge is geboren op donderdag 6 juni 1901 in Haarlemmermeer, dochter van Pieter Zorge (zie IX-bk (blz.140)) en Geertrui van Rijswijk Geertrui trouwde met **Jan Kulk**, ± 20 jaar oud, op dinsdag 7 januari 1919 in Katwijk. Jan is geboren in 1899 in Katwijk, zoon van Cornelis Kulk en Anna Wilhelmina van der Plas.

X-aj Helena Zorge is geboren op donderdag 6 maart 1902 in Haarlemmermeer, dochter van Pieter Zorge (zie IX-bk (blz.140)) en Geertrui van Rijswijk Helena is overleden op maandag 31 oktober 1988 in Nieuw Vennep, 86 jaar oud. Helena trouwde met **Simon Bokhorst**, geen dag oud, op woensdag 8 augustus 1928. Simon is geboren op woensdag 8 augustus 1928.

X-ak Neeltje Zorge is geboren op vrijdag 27 november 1903 in Haarlemmermeer, dochter van Pieter Zorge (zie IX-bk (blz.140)) en Geertrui van Rijswijk Neeltje is overleden op maandag 8 maart 1993 in Nieuw Vennep, 89 jaar oud. Neeltje trouwde met **Joost Café**. Joost is geboren in 1896. Joost is overleden in 1969, ± 73 jaar oud.

VII-x Adrianus Zorge is geboren op donderdag 28 juni 1810 in Goedereede, zoon van Daniel Pieters Zorge (zie VI-w (blz.136)) en Maria Redding Adrianus is overleden op vrijdag 6 april 1877 in Nieuwe-Tonge, 66 jaar oud.
(1) Adrianus trouwde met **Maria van Balen**, ± 28 jaar oud, op paaszondag 16 april 1843 in Nieuwe-Tonge. Maria is geboren in 1815 in Stad aan 't Haringvliet, dochter van Lammert van Balen en Jacominjntje Hameteman. Maria is overleden op woensdag 17 april 1844 in Nieuwe-Tonge, ± 29 jaar oud.

(2) Adrianus trouwde met **Maria Siebrandse**, ± 29 jaar oud, op donderdag 13 juni 1844 in Nieuwe-Tonge. Maria is geboren in 1815 in Nieuwe-Tonge. Maria is overleden op vrijdag 17 december 1852 in Nieuwe-Tonge, ± 37 jaar oud.

(3) Adrianus trouwde met **Maria Grevenstuk**, 39 jaar oud, op vrijdag 21 april 1854 in Nieuwe-Tonge. Maria is geboren op maandag 30 januari 1815 in Dirksland, dochter van Bernardus Grevenstuk en Dirkje van Solingen. Maria is overleden op donderdag 14 juli 1870 in Nieuwe-Tonge, 55 jaar oud.

Kind van Adrianus en Maria (2):

> **1 Daniël Zorge**, geboren op zondag 24 augustus 1845 in Nieuwe-Tonge. Daniël is overleden op zondag 22 maart 1868 in Nieuwe-Tonge, 22 jaar oud.

Kind van Adrianus en Maria (3):

> **2 Daniel Zorge**, geboren op zondag 24 augustus 1845 in Nieuwe-Tonge.

VII-y Maria Zorge is geboren op zondag 11 juli 1813 in Stellendam, dochter van Daniel Pieters Zorge (zie VI-w (blz.136)) en Maria Redding Maria is overleden op dinsdag 6 maart 1866 in Nieuwe-Tonge, 52 jaar oud. Maria trouwde met **Leendert de Gast**, 20 jaar oud, op zondag 21 augustus 1836 in Nieuwe-Tonge. Leendert is geboren op woensdag 8 mei 1816 in Nieuwe Tonge.

VII-z Arentje Zorge is geboren op woensdag 12 maart 1823 in Dirksland, dochter van Daniel Pieters Zorge (zie VI-w (blz.136)) en Maria Bakker Arentje is overleden op donderdag 27 oktober 1859 in Nieuwe-Tonge, 36 jaar oud. Arentje trouwde met **Mattheus Breur**, 27 jaar oud, op vrijdag 9 oktober 1846 in Nieuwe Tonge. Mattheus is geboren op maandag 8 februari 1819 in Nieuwe-Tonge.

Bijlagen

Enkele veel gebruikte afkortingen en bronnen:

LDS   = Latter Day Saints, een afkorting van The Church of Jesus
           Christ of the Latter Day Saints.
           Ook wel de mormonen genoemd
RaBS = Retro-akte Burgelijk Stand
DNL   = De Nederlandse Leeuw. Uitgave van de publicaties met
           genealogische informatie over adel e.d.
Toeg   = Toegang nummer van het archief
Inv   = Inventaris nummer van het archief
Kwst   = Kwartierstaat
RAZH = Rijkarchief Zuid-Holland
RAZE = Rechterlijk archief Zeeuwse eilanden

Bronnen

Verder zijn een aantal bronnen veelvuldig geraadpleegd waarvan verder geen
aparte vermeldingen zijn gemaakt zoals:

- CBG. Centraal Bureau voor genealogie
- NVG. Nederlandse Genealogische Vereniging
- De Nederlandse Leeuw. Koninklijke Nederlandse Genootschap voor Geslacht- Wapenkunde
- Genlias http://www.genlias.nl
- James D. Allen Pedigree
- De gewaardeerde advertentie monitor/scan service en vrijwilligers van http://www.online-familieberichten.nl
  http://www.hollantsnet.nl
  http://www.graftombe.nl
- Zeeuws Archief
- Rijksarchief Zuid-Holland
- Rechterlijk Archief Zeeuwse Eilanden

Veel bronnen van individuele personen of instanties zijn hier niet vermeld.
Uitgebreidee en up-to-date bronvermelding van gezinnen, doop, huwelijk en
overlijden kunnen worden bekeken op het originele bronbestand op:
http://www.vantwillert.net/stamboom

Voorbeeld van een inwoner- of ingezetenenlijst

Dit is een voorbeeld uit het archief van Schouwen-Duiveland van een blad uit het bevolkingsregister. Veel informatie kan met distilleren uit het bevolkingsregister Het toont de lijst van bewoners het adres Straat Wijk A64 in Bommenede.

Personen Johannis Zorge ingezetene
Opmerkingen 1-5-1847 vertrokken naar Zonnemaire.
godsdienst gereformeerd
beroep arbeider
burgerlijke staat gehuwd
geboortedatum 7-5-1803
vorige woonplaats Bruinisse
datum vestiging 1-5-1846
geboorteplaats Dreischor

Lucas Marinus de Goffau ingezetene
Opmerkingen 1-5-1848 vertrokken naar Zonnemaire.
beroep kleermaker
burgerlijke staat gehuwd
godsdienst gereformeerd
geboorteplaats Bommenede
geboortedatum 2-8-1821
vorige woonplaats Bommenede

Neeltje Duvalois ingezetene
Opmerkingen 1-5-1848 vertrokken naar Zonnemaire.
geboorteplaats Brouwershaven
geboortedatum 24-11-1810
vorige woonplaats Brouwershaven
datum vestiging 28-8-1845
beroep arbeidster
burgerlijke staat gehuwd
godsdienst gereformeerd

Luitje de Goffau ingezetene
Opmerkingen 1-5-1849 vertrokken naar wijk A 42.
beroep arbeidster
burgerlijke staat ongehuwd
godsdienst gereformeerd
geboorteplaats Bommenede
geboortedatum 27-12-1823
vorige woonplaats Bommenede

Jacob Verseput ingezetene
geboortedatum 19-3-1837
vorige woonplaats Koudekerke
datum vestiging 7-2-1840
burgerlijke staat ongehuwd
godsdienst gereformeerd
geboorteplaats Haamstede
beroep geen

Adriaantje de Goffau ingezetene
Opmerkingen 1-5-1848 vertrokken naar Zonnemaire.
beroep geen
godsdienst gereformeerd
vorige woonplaats Bommenede
burgerlijke staat ongehuwd
geboorteplaats Bommenede
geboortedatum 5-11-1845

Abraham Slaager ingezetene
Opmerkingen 1-5-1849 vertrokken naar wijk A 42.
beroep arbeider
burgerlijke staat gehuwd
godsdienst gereformeerd
geboorteplaats Sint Annaland
geboortedatum 4-9-1821
vorige woonplaats Kapelle in Schouwen
datum vestiging 1-5-1847

Jacoba Koole ingezetene
Opmerkingen 1-5-1847 vertrokken naar Zonnemaire.
beroep arbeidster
geboorteplaats Noordgouwe
geboortedatum 17-3-1808
vorige woonplaats Bruinisse
datum vestiging 1-5-1846
godsdienst gereformeerd
burgerlijke staat gehuwd

Stoffelina Zorge ingezetene
Opmerkingen 1-5-1847 vertrokken naar Zonnemaire.
beroep geen
burgerlijke staat ongehuwd
godsdienst gereformeerd
geboorteplaats Noordwelle
geboortedatum 2-8-1838
vorige woonplaats Bruinisse
datum vestiging 1-5-1846

Maria Zorge ingezetene
Opmerkingen 1-5-1847 vertrokken naar Zonnemaire.
geboorteplaats Noordwelle
geboortedatum 20-8-1840
vorige woonplaats Bruinisse
datum vestiging 1-5-1846
beroep geen
burgerlijke staat ongehuwd
godsdienst gereformeerd

Herman de Goffau ingezetene
geboortedatum 11-7-1795
vorige woonplaats Zonnemaire
datum vestiging 1-5-1821
beroep kleermaker
burgerlijke staat gehuwd
geboorteplaats Zonnemaire
godsdienst gereformeerd

Adriaantje ` Fernaais ingezetene
beroep arbeidster
burgerlijke staat gehuwd
godsdienst gereformeerd
geboorteplaats Dreischor
geboortedatum 26-10-1792
vorige woonplaats Zonnemaire
datum vestiging 1-5-1821

Maria Pieternella Slaager ingezetene
Opmerkingen 1-5-1849 vertrokken naar wijk A 42.
godsdienst gereformeerd
geboorteplaats Bommenede
geboortedatum 26-12-1848
vorige woonplaats Bommenede
burgerlijke staat ongehuwd
beroep geen

Document uit Bevolkingsregister Bommenede 1847-1850
Soort Bevolkingsregisters Toegang Bevolkingsregister Bommenede 1847-1850
Datum 1847 straat + huis nr. A 62 Inv. nr. Gemeente Bommenede en Bloois 1809 - 1866
(1943), inv. nr. 103 pagina nr. 151 opname nr. BVRBO0430

Statistieken

Hieronder staan een aantal statistische gegevens samengesteld met behulp van het rapportenprogramma Aldfaer, versie 4.2. Ze geven antwoord op vragen die vaak opgeroepen worden bij een gegevensverzameling als deze. Aangezien een onderzoek eigenlijk nooit afgerond is, zijn sommige cijfers eigenlijk (nog) niet erg betrouwbaar; ze moeten dan ook gezien worden als een momentopname met betrekking tot de op dit moment aanwezige informatie.

Samenstelling van het nageslacht van Jan Zorge

	Mannen	Vrouwen	Onbekend	Totaal
Totaal aantal personen (inclusief de stamvader)	336	340	0	676
→ waarvan naamdragers (*)	243	250	0	493
Aantal nog levende personen	69	79	0	148
→ waarvan naamdragers (*)	25	23	0	48

(*) Naamdragers zijn kinderen van de stamvader of van zijn mannelijke nakomelingen, ongeacht hun achternaam (het gaat erom dat zij directe afstammelingen van de stamvader zijn; door schrijffouten of door het aannemen van een andere naam kunnen verschillende achternamen ontstaan zijn).

Samenstelling en breedte (*) van de diverse generaties						
	Samenstelling				Breedte (*)	
	Mannen	Vrouwen	Onbekend	**Totaal**	Van	Tot
Generatie 1	1	0	0	**1**	1595	1595
Generatie 2	3	0	0	**3**	1629	1629
Generatie 3	14	11	0	**25**	1644	1671
Generatie 4	14	11	0	**25**	1676	1706
Generatie 5	32	24	0	**56**	1708	1754

Generatie 6	28	27	0	55	1740	1801
Generatie 7	35	25	0	60	1770	1823
Generatie 8	36	52	0	88	1796	1869
Generatie 9	51	59	0	110	1822	1892
Generatie 10	32	41	0	73	1866	1942
Generatie 11	28	19	0	47	1903	1966
Generatie 12	18	26	0	44	1958	1987
Generatie 13	40	41	0	81	1979	2010

(*) De breedte van een generatie wordt bepaald door de vroegst en de laatst bekende geboorte- of doopdatum binnen één generatie.

Mannen *(alleen naamdragers)* die minstens 80 jaar oud geworden zijn						
Nr.	Naam	Aanduiding	Jaar	Maand	Dag	Opmerking
1	Jan Zorge					leeft nog
2	Willem Zorge		91	0	3	
3	Izaak Zorge		90	8	19	
4	Cornelis Zorge	ongeveer	88	0	0	
5	Hendrik Zorge		86	8	20	
6	Pieter Zorge		85	11	18	
7	Paulus Zorge		83	10	10	
8	Pieter Jacobus Zorge		82	5	21	
9	Abraham Cornelis van Zorge		82	4	27	

153

10	Cornelis Zorge		ongeveer	80	10	0	

Vrouwen *(alleen naamdragers)* die minstens 80 jaar oud geworden zijn						
Nr.	Naam	Aanduiding	Jaar	Maand	Dag	Opmerking
1	Jacoba Zorge	ongeveer	92	5	0	
2	Neeltje Zorge		89	3	11	
3	Grietje Zorge		88	7	2	
4	Helena Zorge		86	7	25	
5	Aagtje Pieternella Jacoba Zorge	ongeveer	84	0	0	
6	Stoffelina Zorge		83	5	28	
7	Tanna Zorge		80	7	24	
8	Geertje Zorge		80	5	7	

154

Sterfgevallen in de eerste 3 levensjaren (*)

Geboorteperiode	Geboren	Overleden
Tot en met 31-12-1700	47	2
Van 01-01-1701 tot en met 31-12-1725	34	3
Van 01-01-1726 tot en met 31-12-1750	29	2
Van 01-01-1751 tot en met 31-12-1775	39	1
Van 01-01-1776 tot en met 31-12-1800	44	0
Van 01-01-1801 tot en met 31-12-1825	36	1
Van 01-01-1826 tot en met 31-12-1850	78	22
Van 01-01-1851 tot en met 31-12-1875	66	9
Van 01-01-1876 tot en met 31-12-1900	75	15
Van 01-01-1901 tot en met 31-12-1925	38	4
Van 01-01-1926 tot en met 31-12-1950	18	0
Van 01-01-1951 tot en met 31-12-1975	36	1
Vanaf 01-01-1976	98	0

(*) Doodgeboren kinderen worden hier niet meegeteld.

Personen _(alleen naamdragers)_ die op minstens 50-jarige leeftijd getrouwd zijn

Nr.	Naam	Aanduiding	Jaar	Maand	Dag
1	Nicolaas Willem Zorge		65	10	29
2	Wouter Adriaanse Zorge		61	9	26
3	Abraham Cornelis van Zorge		59	0	16
4	Reinier Zorge	ongeveer	52	0	0

Bereikte leeftijden (*) *(alleen naamdragers)*

Bereikte leeftijd	Mannen		Vrouwen	
	Aantal	Percentage	Aantal	Percentage
Totaal	86		90	
0 - 9 jaar	24		36	
10 - 19 jaar	4		6	
20 - 29 jaar	6		4	
30 - 39 jaar	3		9	
40 - 49 jaar	8		1	
50 - 59 jaar	11		10	
60 - 69 jaar	11		4	
70 - 79 jaar	10		12	
80 - 89 jaar	7		7	
90 - 99 jaar	2		1	
100 - 109 jaar	0		0	
110 - 119 jaar	0		0	

(*) Personen die nog leven worden hierin niet meegenomen.

Mannen *(alleen naamdragers)* die minstens 80 jaar oud geworden zijn

Nr.	Naam	Aanduiding	Jaar	Maand	Dag	Opmerking
1	Jan Zorge					leeft nog
2	Willem Zorge		91	0	3	
3	Izaak Zorge		90	8	19	

156

4	Cornelis Zorge	ongeveer	88	0	0	
5	Hendrik Zorge		86	8	20	
6	Pieter Zorge		85	11	18	
7	Paulus Zorge		83	10	10	
8	Pieter Jacobus Zorge		82	5	21	
9	Abraham Cornelis van Zorge		82	4	27	
10	Cornelis Zorge	ongeveer	80	10	0	

Vrouwen *(alleen naamdragers)* die minstens 80 jaar oud geworden zijn

Nr.	Naam	Aanduiding	Jaar	Maand	Dag	Opmerking
1	Jacoba Zorge	ongeveer	92	5	0	
2	Neeltje Zorge		89	3	11	
3	Grietje Zorge		88	7	2	
4	Helena Zorge		86	7	25	
5	Aagtje Pieternella Jacoba Zorge	ongeveer	84	0	0	
6	Stoffelina Zorge		83	5	28	
7	Tanna Zorge		80	7	24	
8	Geertje Zorge		80	5	7	

Sterfgevallen in de eerste 3 levensjaren (*)

Geboorteperiode	Geboren	Overleden
Tot en met 31-12-1700	47	2
Van 01-01-1701 tot en met 31-12-1725	34	3
Van 01-01-1726 tot en met 31-12-1750	29	2
Van 01-01-1751 tot en met 31-12-1775	39	1
Van 01-01-1776 tot en met 31-12-1800	44	0
Van 01-01-1801 tot en met 31-12-1825	36	1
Van 01-01-1826 tot en met 31-12-1850	78	22
Van 01-01-1851 tot en met 31-12-1875	66	9
Van 01-01-1876 tot en met 31-12-1900	75	15
Van 01-01-1901 tot en met 31-12-1925	38	4
Van 01-01-1926 tot en met 31-12-1950	18	0
Van 01-01-1951 tot en met 31-12-1975	36	1
Vanaf 01-01-1976	98	0

Huwelijken *(van naamdragers)* die minstens 50 jaar stand gehouden hebben

Nr.	Echtpaar	Aanduiding	Jaar	Maand	Dag	Opmerking
1	Hendrik Zorge en Jannetje Hendrika Cornelia Bras		60	5	29	
2	Helena Zorge en Simon Bokhorst		60	2	23	
3	Cornelis Zorge en Grietje Eisse Janssen		58	10	23	
4	Pieter Zorge en Geertrui van Rijswijk		56	4	5	
5	Izaak Zorge en Hermina Adriaantje Slaager		56	1	9	
6	Johanna Hendrika Zorge en Jan van Ast		55	7	4	
7	Krijntje Hendrika Zorge en Doris Filippus Oosters		55	4	5	
8	Marinus Zorge en Wilhelmina Cornelia de Later		53	0	24	
9	Cornelia Adriana van Zorge en Johannes Nieuwdorp	ongeveer	52	0	0	
10	Suzanna Zorge en Hendrik Otte					beide leven nog
11	Geertje Zorge en Arie Dompeling	ongeveer	51	0	0	
12	Willem Zorge en Leentje Vaalburg		50	6	4	

Personen *(alleen naamdragers)* **die op minstens 50-jarige leeftijd getrouwd zijn**

Nr.	Naam	Aanduiding	Jaar	Maand	Dag
1	Nicolaas Willem Zorge		65	10	29
2	Wouter Adriaanse Zorge		61	9	26
3	Abraham Cornelis van Zorge		59	0	16
4	Reinier Zorge	ongeveer	52	0	0

Huwelijken *(van naamdragers)* **die als "moetjes" (*) aangemerkt zouden kunnen worden**

Echtpaar	Huwelijk (**)	1e Kind	Geboren (***)
Wouterijntje Cornelisse Zorge en Claes Cornelis Oole	13-10-1686	Cornelis	13-04-1687
Lieven Zorge en Anna van der Jagt	07-12-1814	Lena	12-04-1815
Jan Zorge en Cornelia Fonteijne	30-05-1826	Reinier	26-11-1826
Jacoba Zorge en Hans Karens	26-02-1981	Jacob	28-08-1981
Leendert Jansz Zorge en Matij Jans Frankce	05-09-1709	Jan	10-11-1709
Jan Zorge en Martijntje Kroon	21-02-1740	Leendert	27-02-1740
Aelbreght Janse Zorge en Lena Schietekate	10-08-1718	Dina	04-02-1719
Jan Aelbrechtse Zorge en Magdalena Carelse Guilkenaar	03-05-1749	Lena Jans	26-10-1749
Cornelis Zorge en Geertrui Visbeen	10-05-1833	Cornelia	13-06-1833
Daniel Zorge en Maria Spek	03-04-1857	Sara	28-09-1857
Paulus Zorge en Teuntje van der Spaan	30-11-1883	Daniel	26-05-1884

(*) Een huwelijk wordt als "moetje" aangemerkt als het eerste kind vóór of binnen 7 maanden ná het huwelijk geboren wordt.

Echtparen die minstens 10 kinderen (*) gekregen hebben

Echtpaar	Kinderen
Adriaan van Zorge en Catharina van Westdorp	15
Adriaan Dingemans Zorge en Dina Hermans van Bloois	13
Jan Tonisse Zorge en Dina Leenderts Pijpeling	12
Willem Zorge en Pietertje van der Pol	11
Rogier Zorge en Adriana Kornelisse Bibbe	11
Reijer Zorge en Maria Janse van de Velde	11
Marinus van Zorge en Janna van As	11
Hendrik Zorge en Maatje van Broekhoven	11
Adriaan Zorge en Neeltje Alegoet	11
Willem Zorge en Leentje Vaalburg	10
Joost Anthonisse van Zorge en Paulina Mattheeuwse Zierveld	10
Jan Zorge en Cornelia Fonteijne	10
Jacob Zorge en Maatje Tuinman	10
Cornelis Zorge en Geertrui Visbeen	10

(*) Hierbij worden ook doodgeboren kinderen geteld

161

Personen die minstens 10 kinderen (*) gekregen hebben

Persoon	Kinderen	Relaties (**)
Adriaan van Zorge	16	2
Reijer Zorge	15	2
Adriaan Zorge	14	2
Adriaan Dingemans Zorge	13	1
Jan Tonisse Zorge	12	1
Willem Zorge	11	1
Rogier Zorge	11	1
Marinus van Zorge	11	1
Hendrik Zorge	11	1
Cornelis Zorge	11	2
Willem Zorge	10	1
Joost Anthonisse van Zorge	10	1
Jan Zorge	10	1
Jacob Zorge	10	1
Cornelis Zorge	10	1

(*) Hierbij worden ook doodgeboren kinderen geteld.
(**) Hier staat vermeld uit hoeveel relaties de kinderen voortgekomen zijn.

Achternamen die meer dan 5 keer voorkomen *(bij naamdragers)*

Achternaam	Aantal
Zorge	492

162

Mannen *(alleen naamdragers)* **die na hun 40e een kind hebben gekregen**

Nr.	Naam	Aanduiding	Jaar	Maand	Dag
1	Jan Zorge	ongeveer	72	0	0
2	Abraham Cornelis van Zorge		66	11	3
3	Anthony van Zorge		59	8	20
4	Adriaan Zorge	ongeveer	58	6	0
5	Willem Zorge	ongeveer	53	3	0
6	Willem Zorge	ongeveer	52	0	0
7	Pieter Adriaans Zorge	ongeveer	52	0	0
8	Jacob van Zorge	ongeveer	52	0	0
9	Paulus van Zorge	ongeveer	51	0	0
10	Jan Zorge	ongeveer	51	0	0
11	Willem Zorge		50	4	13
12	Jacob Zorge	ongeveer	50	0	0
13	Izaak Zorge		49	11	4
14	Johannis Zorge	ongeveer	49	0	0
15	Marinus Zorge	ongeveer	48	0	0
16	Adriaan van Zorge	ongeveer	48	0	0
17	Reijer Zorge		47	11	14
18	Anthonij van Zorge	ongeveer	47	0	0
19	Reinier Zorge	ongeveer	46	0	0
20	Marinus van Zorge	ongeveer	46	0	0
21	Adriaan Zorge	ongeveer	46	0	0

22	Jacobus Zorge		45	11	0
23	Aelbreght Janse Zorge	ongeveer	45	10	0
24	Hendrik Zorge		44	8	28
25	Jacob Zorge		44	6	19
26	Willem Zorge		44	2	25
27	Iman Zorge	ongeveer	44	0	0
28	Jan Zorge		43	10	20
29	Adriaan Dingemans Zorge	ongeveer	43	10	0
30	Jan Tonisse Zorge	ongeveer	43	4	0
31	Marinus Zorge	ongeveer	43	0	0
32	Adrianus Zorge	ongeveer	43	0	0
33	Rogier Zorge	ongeveer	42	0	0
34	Reinier Zorge	ongeveer	42	0	0
35	Reinier Zorge		41	10	1
36	Cornelis Zorge	ongeveer	41	7	0
37	Cornelis Cornelisse Zorge		41	5	17

Meerlingen (*) *(alleen van gezinnen met een naamdrager)*	

Tweeling	
Paar (**)	**Aantal (***)**
Adriaan Dingemans Zorge en Dina Hermans van Bloois	1
Cornelis Zorge en Lijsbeth Jans Heer	1
Jan Zorge en Cornelia Fonteijne	1
Jan Tonisse Zorge en Dina Leenderts Pijpeling	1
Cornelis Zorge en Geertrui Visbeen	2
Hendrik Zorge en Maatje van Broekhoven	1
Willem Zorge en Leentje Vaalburg	1
Pieter Adrianus Zorge en Sara van t' Hof	1

(*) Er is sprake van een meerling als kinderen binnen één maand van elkaar geboren worden.
(**) Het doet niet terzake of de paren getrouwd zijn of niet.
(***) Er kunnen meerdere meerlingen voorkomen bij één (echt)paar!

Voornamen (*) van mannen die meer dan 2 keer voorkomen *(bij naamdragers)*	
Voornaam	Aantal
Jan	21
Cornelis	17
Willem	14
Adriaan	6
Reinier	5

Rogier	5
Samuel	5
Abraham van	4
Hendrik	4
Leendert	4
Marinus	4
Pieter	4
Abraham	3
Adrianus	3
Anthonij van	3
Daniel	3
Jacob	3
Jacob van	3
Jan van	3
Johannes	3
Paulus van	3
Reijer	3

(*) De combinatie van alle voornamen is bepalend, dus niet alleen de eerste voornaam.

Voornamen (*) van vrouwen die meer dan 2 keer voorkomen *(bij naamdragers)*

Voornaam	Aantal
Cornelia	14
Maria	13
Dina	8
Janna	7
Neeltje	7
Sara	6
Johanna	5
Adriana	4
Geertje	4
Jacoba	4
Martina	4
Pieternella van	4
Hendrika	3
Jacomina	3
Leentje	3
Lena	3
Lijdia	3
Suzanne	3

(*) De combinatie van alle voornamen is bepalend, dus niet alleen de eerste voornaam.

Geboorteplaatsen *(van naamdragers)* **door de jaren heen die meer dan 2 keer voorkomen.**

Periode tot en met 1700 (in totaal 40 personen)

Geboorteplaats	Aantal
Dreischor	37

Periode van 1701 tot en met 1725 (in totaal 30 personen)

Geboorteplaats	Aantal
Dreischor	27

Periode van 1726 tot en met 1750 (in totaal 24 personen)

Geboorteplaats	Aantal
Dirksland	10
Dreischor	6
Nieuwerkerk, Schouwen	5

Periode van 1751 tot en met 1775 (in totaal 27 personen)

Geboorteplaats	Aantal
Dreischor	7
Dirksland	5
Stavenisse	5
Nieuwerkerk	3

Oosterland	3

Periode van 1776 tot en met 1800 (in totaal 32 personen)

Geboorteplaats	Aantal
Dreischor	7
Stavenisse	5
Bruinisse	4
Dirksland	3
Nieuwerkerk	3

Periode van 1801 tot en met 1825 (in totaal 29 personen)

Geboorteplaats	Aantal
Dreischor	6
Bruinisse	5
Dirksland	3
Nieuwerkerk	3
Stavenisse	3

Periode van 1826 tot en met 1850 (in totaal 59 personen)

Geboorteplaats	Aantal
Dirksland	16
Stavenisse	6
Noordgouwe	5
Poortvliet	5

169

Dreischor	4
Sint Philipsland	4
Elkerzee	3
Middelburg	3

Periode van 1851 tot en met 1875 (in totaal 45 personen)

Geboorteplaats	Aantal
Dirksland	11
Ellemeet	5
Noordgouwe	5
Haarlemmermeer	4
Stavenisse	4
Nieuwerkerk	3
Ouwerkerk	3

Periode van 1876 tot en met 1900 (in totaal 50 personen)

Geboorteplaats	Aantal
Haarlemmermeer	13
Ellemeet	7
Dirksland	6
Rotterdam	5
Stavenisse	5
Poortvliet	4
Melissant	3

Ouwerkerk	3

Periode van 1901 tot en met 1925 (in totaal 22 personen)

Geboorteplaats	Aantal
Haarlemmermeer	8
Rotterdam	5
Ouwerkerk	3

Periode van 1926 tot en met 1950 (in totaal 12 personen)

Geboorteplaats	Aantal
Rotterdam	6

Periode van 1951 tot en met 1975 (in totaal 12 personen)

Geboorteplaats	Aantal
Rotterdam	8

Periode van 1976 tot en met 2000 (in totaal 8 personen)

Geboorteplaats	Aantal
Er zijn geen geboorteplaatsen die meer dan 2 keer voorkomen.	

Periode vanaf 2001 (in totaal 7 personen)

Geboorteplaats	Aantal
Er zijn geen geboorteplaatsen die meer dan 2 keer voorkomen.	

Index 1083 personen

Alegoet, Jacob IV-j (blz.122)
Alegoet, Neeltje (*1700, †<1746) IV-j (blz.122) ; V-q (blz.123) ;
Anthonisse, Jacobus (*1835) VIII-ap (blz.114)
As, Janna van (*1848, †1922) VIII-aq (blz.114) ; IX-ap (blz.115) ;
Ast, Ferdinand van (*1828) IX-aw (blz.127)
Ast, Marinus van (*1863) IX-aw (blz.127)
Ast, Matie van VII-t (blz.113)
Baas, Marrigje (*1897) X-p (blz.112)
Bakker, A.M (*1909 - 1992) XI-d **(blz.70)**
Bakker, Adriaantje de (*1842 - 1904) IX-m **(blz.68)** ; X-a (blz.69) ;
Bakker, Dingenes de (*1790) VII-e (blz.68) ; VIII-k (blz.68)
Bakker, Lucas X-aa (blz.138)
Bakker, M. (*1875 - 1956) X-b (blz.70) ; XI-d (blz.70)
Bakker, Maria (*1782 - 1836) VI-w (blz.137) ; VII-z (blz.142)
Bakker, Marinus de (*1815) VIII-k **(blz.68)** ; IX-m (blz.68)
Bal, Jacoba Johanna IX-b (blz.65)
Balen, Dingena van (*1867 - 1947) X-r (blz.128)
Balen, Lammert van VII-x (blz.141)
Balen, Maria van (*1815 - 1844) VII-x (blz.141)
Bastiaanse, Aagtje (*1852 - 1931) VIII-aa (blz.99) ;
Bastiaanse, Izak VIII-aa (blz.99)
Batens, Elizabeth VIII-a (blz.63)
Baudewijn, Colleta (*1815 - 1848) VIII-a (blz.63)
Baudewijn, Johannes Baptist VIII-a (blz.63)
Bazen, Adriana Johanna (*1865, †<1898) IX-aw (blz.127)
Beek, Margaretha Johanna van (Greetje) (*1945) XI-ad (blz.134)
Bemmel, Wim van XI-l,1 (blz.90)
Bendegom, Maatje van VIII-h (blz.67)
Berge, Crijntje Abrahams van den V-n (blz.120)
Bernards, Johannes (*1723) IV-i,1 (blz.122)
Bernards, Philippus (*1683) IV-i (blz.122)
Berrevoets, Neeltje Cornelia (*1909 - 2001) X-h (blz.74)
Bewesier, Cornelia Willems (*1732) V-r (blz.123) ; VI-s (blz.124) ;
Bibbe, Adriana Kornelisse (1694) IV-d (blz.59) ; V-g (blz.59) ;
Bierens, Willem IX-am (blz.110)
Biert, Geertje van VII-u (blz.124)
Bijl, Maatje Cornelia van der XI-e (blz.74)
Bijl, Tijntje Gijsberts VI-v (blz.136)
Blaeij, Cornelis de (*1856) IX-a
Blees, Danielle (*1966) XII-f (blz.134)
Blok, Pieter (*1864) IX-v (blz.75)
Bloois, Cornelis van VI-r (blz.122)
Bloois, Dina Hermans van IV-b (blz.54) ; V-a (blz.55) ; V-b (blz.55) ;
Boer, Leendert den IX-c (blz.65)
Bogerd, Pieter VIII-ax (blz.140)
Bokhorst, Arie Hendrik X-ah (blz.141)
Bokhorst, Cornelis (*1899) X-ah (blz.141)
Bokhorst, Hillebrand X-ag (blz.141)
Bokhorst, Petrus (*1894) X-ag (blz.141)
Bokhorst, Simon (*1928) X-aj (blz.141)

Bolier, Dina   IX-aw (blz.127)
Bonte, Jacobus   X-c (blz.72)
Bonte, Jacobus (*1897)   X-c (blz.72)
Boogaard, Jacoba   VI-g (blz.107)
Boogerd, Adriana (*1838)   VIII-ax (blz.140) ; IX-bj (blz.140) ;
Boom, Jacob Adriaan van den (* 1918)   IX-g,1 (blz.66)
Boom, Machiel van den (*1884)   IX-g (blz.65)
Boshart, Maria   VI-v (blz.136)
Branders, Mientje   XI-b (blz.70)
Bras, Jannetje Hendrika Cornelia (*1887, †1973)   IX-be (blz.135)
Breur, Mattheus (*1819)   VII-z (blz.142)
Broekhoven, Cornelis (†<1832) VI-t (blz.124)
Broekhoven, Jaques van (*1811)   VIII-au (blz.126)
Broekhoven, Maatje van (*1843 - 1919)   VIII-au (blz.125) ;
Broekhuizen, Adriaan van (*1765)   V-q,2 (blz.123)
Broekhuizen, Adrianus van   V-q,1 (blz.123)
Broekhuizen, Floris Christiaans van   V-q (blz.123)
Broekhuizen, Walter   XI-m,1 (blz.91)
Broersma, Chris Marish   XII-p (blz.89)
Broersma, Hemke   XII-p (blz.88)
Broertjes, Hiltje (*1877 - 1924)   IX-az (blz.131) ; X-u (blz.132) ;
Brune, Aaltje Guiliaems de (*1628)   II-c (blz.117) ; III-g (blz.117)
Café, Joost (*1896, †1969)   X-ak (blz.141)
Coenraad, Theodora Elizabeth (*1878 - 1955)   IX-z (blz.76)
Coenraad, Willem   IX-z (blz.76)
Cornelisse, Cornelia Willemina   IX-ad (blz.100)
Corstjens, Johan   XI-h,1 (blz.81)
Dalen, Quirijn van   IX-al (blz.110)
Dammans, Susanne   II-c (blz.117)
Dankerse, Lena Lievense (†1834)   VI-b (blz.61) ; VII-b (blz.62) ;
Dankerse, Lieven Cornelisse   VI-b (blz.61)
Dekker, Maatje (*1938 - 2006)   XII-q (blz.89)
Delfos, Catharina   X-c (blz.72)
Diedrick, Heather Ann (*1976)   XII-d (blz.95)
Dijke, Kornelis van   IX-t (blz.75)
Dijke, Maarten van (*1861)   VIII-q (blz.96)
Dijke, Maarten van (*1861 - 1922)   IX-t (blz.75)
Dijkema, Hendrik (*1833)   IX-aj (blz.109)
Doele, Anna van den   V-j (blz.102) ; VI-c (blz.102) ; VI-d (blz.102) ; VI-e (blz.104)
Dompeling, Arie (*1871, †1948)   IX-ba (blz.132)
Dompeling, Jenneke Gerritje (*1897)   IX-ba,1 (blz.132)
Dompeling, Willem (*1899)   IX-ba,2 (blz.132)
Dongen, Jacob van (*1763, †1834)   VI-u (blz.136)
Dooge, Dina (*1761)   V-m,3 (blz.119)
Dooge, Johannes (*1749)   V-m,2 (blz.119)
Dooge, Maarten (†1767)   V-n (blz.120)
Dooge, Maarten Jannisse   V-m (blz.119)
Dooge, Tannetje (*1745)   V-m,1 (blz.119)
Dootjes, johannes Anthonie (*1775)   VI-i (blz.115)
Dussen, Adriaantje van   VII-b (blz.63) ; VIII-a (blz.63) ; VIII-b (blz.63)
Duurt, Kaatje Pieters   IV-j (blz.122) ; V-t (blz.136)
Dijk, Johan van   XI-h,1 (blz.81)
Eijck, Marinus Janse   V-e (blz.55)
Elenbaas, Bartelina (*1888)   IX-ad (blz.100) ; X-l (blz.101)
Elenbaas, Jozua   IX-ad (blz.100)
Elve, Anna Janna (*1851 - 1944)   IX-l **(blz.68)**

Elve, Marienis (*1821)   VIII-i (blz.67) ; IX-l (blz.68)
Evelingen, Gesina Johanna Petronella van (*1869 - 1925)
Evertse, Jan (*1846)   IX-j (blz.66) ; VIII-y (blz.99)
Fabriek, Arendina (*1886)   IX-h (blz.66)
Fabriek, Jan (*1848 - 1926)   IX-h (blz.66)
Falling, Elizabeth   IX-ac (blz.99)
Farowe, Pieternella van (*1802)   VII-m (blz.103)
Fase, Abraham (†1894)   VIII-h (blz.67)
Fase, Abraham (*1848 - 1848)   VIII-h,1 (blz.67)
Fase, Abraham (*1853)   VIII-h,4 (blz.67)
Fase, Anna (*1852 - 1934)   VIII-h,3 (blz.67)
Fase, Arie (*1823 - 1894)   VIII-h (blz.67) ; IX-k (blz.67)
Fase, Lieven (*1855 - 1855)   VIII-h,5 (blz.67)
Fase, Maatje (*1849 - 1916)   IX-k **(blz.67)**
Fase, Pieter (*1857)   VIII-h,6 (blz.67)
Fasol, Janna Janse   VI-b (blz.61)
Felius, Jacomijntje van (*1827 - 1895)   VIII-l (blz.71) ;
Felius, Pieter van   VIII-l (blz.71)
Fernabuk, Maatje (*1809)   VII-g (blz.96) ; VIII-s (blz.97) ; VIII-t (blz.97)
Fernabuk, Machiel   VII-g (blz.96)
Fierens, Aad   XI-u **(blz.100)**
Fierens, Hendrik (†2004)   X-l (blz.101) ; XI-s (blz.100) ; XI-t (blz.100) ;
Fierens, Mia   XI-t **(blz.100)**
Fierens, Sjaak   X-l,4 (blz.101)
Fierens, Tiny   XI-s **(blz.100)**
Flikweert, Henk   XI-s (blz.100)
Fonteijne, Cornelia (*1805)   VII-f (blz.71) ; VIII-l (blz.71) ;
Fonteijne, Jean   VI-o,1 (blz.121)
Fonteijne, Pierre   VI-o (blz.121)
Frankce, Matij Jans   IV-g (blz.118) ; V-l (blz.119)
Franke, Leentje Paulina (*1881)   IX-ar (blz.115)
Gaakeer, Jacoba Cornelia (*1866)   IX-ao (blz.111) ; X-p (blz.112) ;
Gaalen, Willemina van   XI-a (blz.69)
Gast, Leendert de (*1816)   VII-y (blz.142)
Gelder, martin van   XII-v (blz.92)
Geluk, Jan (*1837)   VIII-ah (blz.107)
Gilde, Jan (*1835)   VIII-v (blz.98)
Goedegebuur, Cor   XI-j,3 (blz.83)
Goedegebuur, Cornelis (*1941)   XI-j (blz.83)
Goedegebuur, Ellen   XI-j,5 (blz.83)
Goedegebuur, Jaap   XI-j,4 (blz.83)
Goedegebuur, Marjan   XI-j,1 (blz.83)
Goedegebuur, Willem   XI-j,2 (blz.83)
Goudriaan, Anna Elisabeth   X-ag (blz.141)
Graaf, Laurina Levina de (*1839)   VIII-ag (blz.107)
Graafeijland, Joppa van (*1793 - 1865)   VII-c (blz.64) ;
Graafeijland, Leendert van   VII-c (blz.64)
Grevenstuk, Bernardus   VII-x (blz.142)
Grevenstuk, Maria (*1815 - 1870)   VII-x (blz.142)
Groen, Willem van (*1860)   IX-bj (blz.140)
Groenendijk, Johannes   IX-as (blz.125)
Groenendijk, Johannis   IX-as (blz.125)
Guilkenaar, Magdalena Carelse   V-o (blz.121) ; VI-n (blz.121) ; VI-o (blz.121) ;
Guldemeester, Aagje (*1883)   IX-ax (blz.130) ; X-s (blz.130) ; X-t (blz.131)

175

Haan, Eva de (*1799)   VIII-aj (blz.108)
Haan, Jan (*1869)   VIII-p,2 (blz.96)
Haan, Kornelis (*1867, †1922)   VIII-p,1 (blz.96)
Haan, Pieter de (*1839)   VIII-p (blz.96)
Haar, Jan ter   XI-h,1 (blz.81)
Hack, Pieter (*1826 - 1893)   VIII-j (blz.68)
Hage, Catharina (*1857)   IX-an (blz.111) ; X-n (blz.111) ; X-o (blz.111)
Hage, David   IX-an (blz.111)
Hage, Marinus Johannes (*1814)   VIII-g (blz.67)
Halteren, Pietertje van   IX-k (blz.67)
Hameteman, Jacominjntje   VII-x (blz.141)
Hanse, Lena (*1850 - 1894)   VIII-o (blz.96)
Hanse, Pieter   VIII-o (blz.96)
Harrewijen, Adrie van (*1931)   XI-f (blz.77)
Harrewijen, Pieta van   XI-f,1 (blz.77)
Hartog, Trijntje   V-t (blz.136)
Harze, Annie de   V-b (blz.55)
Have, Joost Jans van der   VI-l (blz.120)
Have, Jooste van der (*1799)   VI-l,2 (blz.120)
Have, Lena van der (*1794)   VI-l,1 (blz.120)
Heer, Arnolde Antoinette   VII-j (blz.101)
Heer, Lijsbeth Jans   II-b (blz.57) ; III-e (blz.58) ; III-f (blz.58)
Heesbees, Dingeman (*1720)   IV-f,1 (blz.118)
Heesbees, Leendert   IV-f (blz.118)
Heiden, Adrianus van der (*1934)   XII-o (blz.87)
Heiden, Anna Cornelia Elisabeth van der (Annelies) (*1966)
Heijboer, Pieter   IX-aa (blz.95)
Hengel, Paul van der   XII-v (blz.92)
Heuvelman, Johanna Marrigje (Marjoke) (*1969)   XII-p (blz.88)
Hof, Cornelia van 't   VII-p (blz.108) ; VIII-aj (blz.108)
Hof, Sara van t' (*1805 - 1854)   VII-w (blz.137) ;
Hof, Willem van t' (*1775 - 1824)   VII-w (blz.137)
Hogenhout, Janus (*1888)   IX-bg (blz.135)
Hooge, Anna Lievense de (†<1759)   VI-a (blz.61) ; VII-a (blz.61)
Hoogendoorn, Neeltje (*1939)   XII-z (blz.87)
Hoogerheide, Adriaan (*1829)   VIII-am (blz.113)
Hoogerland, Elizabeth Johanna   VIII-n (blz.74) ; IX-t (blz.75) ;
Hoogmoed, Jan (*1881)   IX-bf (blz.135)
Hoorn, Amanda van   XII-v (blz.92)
Hout, Christoffel Gerrit van den (*1852)   IX-k (blz.67)
Hout, Pieter van den   IX-k (blz.67)
Huizen, Anna van (*1848 - 1916)   IX-h (blz.66)
Huizer, Pietertje (*1874 - 1955)   X-j (blz.76)
Hulleman, Mandy Michelle (*1982)   XII-g (blz.134)
Isaacs, Adriana (*1749)   V-h,1 (blz.59)
Isaacs, Marinus (*1752)   V-h,2 (blz.59)
Jagt, Anna van der (*1790)   VII-d (blz.66) ; VIII-g (blz.67) ;
Janse, Arnoldus   IV-c (blz.56)
Janssen, Grietje Eisse (*1883 - 1969)   IX-bb (blz.132) ; X-w (blz.133)
Jaspers, Willy   XI-ae (blz.134) ; XII-h (blz.135)
Jasperse, Cornelis   IX-l (blz.68)
Jeroens, Sererijna   IV-j (blz.122)
Jong, Joost de (*1866)   IX-at (blz.126)
Jonge, Adriaan (*1752)   V-f,2 (blz.55)
Jonge, Adriana de (*1905)   X-g (blz.74)
Jonge, Claas de (*1746)   V-f,1 (blz.55)

Jonge, Cornelis de (*1785)   VII-s (blz.112)
Jonge, Pieter Claasz de   V-f (blz.55)
Jonge, Pieternella de (*1831 - 1920)   VIII-c (blz.64)
Jongh, Ada de   XI-j,4 (blz.83)
Kaper, Hannie   XI-ac (blz.133) ; XII-e (blz.134)
Kardux, Lijdia   VI-t (blz.124)
Karens, Hans   XI-g,1 (blz.79)
Karon, Adriaantje   VII-w (blz.137)
Keijzer, Anna Cornelia (Annie) (*1944)   XI-k (blz.87) ; XII-o (blz.87)
Keijzer, Cornelis (*1903 - 1963)   XI-k (blz.87)
Keijzer, Neeltje   VIII-ax (blz.140)
Kievit, Davida Maria (*1875)   IX-ak (blz.110)
Kinders, Johannes   VIII-w (blz.98)
Kinders, Leonardus (*1847)   VIII-w (blz.98)
Kip, Pieter (*1756 - 1822)   VI-m (blz.120)
Kip, Willemijntje   VII-g (blz.96)
Klaasse, Marinus Jacobse (†<1790)   VI-l (blz.120)
Klaren, Johannes   VIII-ab (blz.101)
Klein, Maria Wilhelmina van der   IX-ai (blz.109) ; X-m (blz.109)
Klink, Teuntje Pieters   IV-a (blz.54)
Kloet, Maria Cornelisse   VIII-l (blz.71)
Klooster, Lijdia van de (*1789)   VII-p (blz.108) ; VIII-ak (blz.109)
Kloote, Cornelia   V-a (blz.55)
Kloote, Maria   VIII-m (blz.72)
Klop, Adrianus   IX-q (blz.72)
Klos, Willemina Cornelia (*1848)   IX-an (blz.111)
Koch, Rosa   XI-q (blz.94)
Koedam, Floris (*1815 - 1857)   VII-v (blz.135)
Koelewijn, Hilletje (Hilda) (*1954)   XII-p (blz.88)
Koene, C.S.P   XI-o (blz.94)
Koene, Marieke   XI-o,1 (blz.94)
Koene, Rianne   XI-o,2 (blz.94)
Kolff, Cornelia Davids (Wolff) (1773 - 1852)   VI-t (blz.124)
Kolff, David   VI-t (blz.124)
Kooi, Grietje van der   XI-m,1 (blz.91)
Koole, Cornelia (*1817)   VIII-k (blz.68) ; IX-m (blz.68)
Koole, Geestje (*1880 - 1911)   X-a (blz.69) ; XI-a (blz.69) ;
Kooten, Adriana   VIII-o (blz.96)
Kootstra, Hendrikus Jan (*1938)   XI-l (blz.90)
Koudstaal, Jaap   XI-g,1 (blz.79)
Koudstaal, André   XI-g,1 (blz.79)
Kortman, Jacob Dingemanse   II-a (blz.53)
Krabbendam, Marion   XII-d **(blz.80)**
Krieken, Hubrecht van (*1859 - 1915)   IX-p (blz.72)
Kroon, Cees   XI-l,1 (blz.90)
Kroon, Martijntje (*1717)   V-l (blz.119)
Kulk, Cornelis   X-ai (blz.141)
Kulk, Jan (*1899)   X-ai (blz.141)
Kwak, Jan Leendert (*1867)   IX-aw (blz.127) ; X-r (blz.128)
Langenberg, Sijntje (*1903)   X-v (blz.132)
Later, Wilhelmina Cornelia de (*1868 - 1950)   IX-s (blz.73) ;
Lek, Maatje Daniels van de (†<1654)   II-b (blz.57) ; III-d (blz.57)
Lijsse, ?   X-x (blz.133)
Linde, Pieter Joost van der   VI-n (blz.121)

Lindhout, Esther   XII-a (blz.77)
Lint, Josephine de (*2010)   XII-e,1 (blz.134)
Lint, Rogier de   XII-e (blz.134)
Locker, Lena Rengers   V-n (blz.120) ; VI-k (blz.120) ; VI-l (blz.120) ;
Lotte, Jacob   V-d (blz.55)
Luijcaerdt, Jacob Adams   VII-a (blz.61)
Luik, Pieternella Jacoba   VIII-aa (blz.99)
Maar, Iman van der   VIII-m (blz.72)
Maas, Janna van der (*1834)   VIII-m (blz.72) ; IX-o (blz.72) ; IX-p (blz.72) ; IX-q (blz.72) ;
Mans, Anthonie (*1922)   XI-w (blz.129)
Meesse, Grietje Jacobs   II-a (blz.53) ; III-a (blz.53) ; III-b (blz.53) ; III-c (blz.55)
Meeuwen, Dirk-Jan   XII-a (blz.77)
Mekking, Bas   XII-i,1 **(blz.83)**
Menheere, Leuntje Wilhelmina (*1901 - 1990)   X-f (blz.74) ;
Mentzel, Anna Theodora Elisabeth (*1818)   VII-j (blz.101) ; VIII-ac (blz.101)
Mentzel, Francois Xavier   VII-j (blz.101)
Meulmeester, N.K. de (*1910 - 2001)   XI-d (blz.70)
Meurs, Bowe van   XII-h,1 (blz.135)
Meurs, Machiel van   XII-h (blz.135)
Milort Jan   XII-a (blz.77)
Milort Lisanne   XII-a (blz.77)
Milort Caroline   XII-a (blz.77)
Milort Marilene   XII-a (blz.77)
Milort Ronald   XII-a (blz.77)
Minders, Pieter (*1839)   IX-e (blz.65)
Moelijker, Dina Cornelia (*1879)   X-a (blz.69) ; XI-c (blz.70)
Molenaar, Daniël   V-t (blz.136)
Molenaar, Maria (*1753)   V-t (blz.136) ; VI-v (blz.136) ; VI-w (blz.136)
Montfoort, Jan   VI-p (blz.121)
Munck, Anthonie de (*1921)   XI-x (blz.130)
Muste, Cornelis   III-a (blz.53)
N, Oerip   IX-ad (blz.100)
Nassette, Caroline Petronella   VIII-ac (blz.101)
Nederveen, Gijsbert van   V-s (blz.136)
Nelisse, Maria   VII-o (blz.106) ; VIII-ag (blz.107) ; VIII-ah (blz.107) ;
Nieuwdorp, Johannes (*1879, †1966)   IX-aq (blz.115)
Nieuwelink, Cornelis (*1840)   VIII-ai (blz.107)
Nieuwenhuijsen, Willemijna van (†<1793)   VI-e (blz.104)
Nikerk, Wim   XI-t (blz.100)
Nooijer, Neeltje Magdalena de (*1915 - 2009)   X-z (blz.133) ;
Noordijk, Adrianus (*1855)   IX-bh (blz.138) ; X-aa (blz.138) ; X-ab (blz.138)
Noordijk, Daniel (*1890 - 1912)   IX-bh,2 (blz.138)
Noordijk, Elizabeth (*1891 - 1931)   X-aa **(blz.138)**
Noordijk, Helena (*?-04-1896 - 1896)   IX-bh,5 (blz.138)
Noordijk, Maria (*1894 - 1919)   X-ab **(blz.138)**
Noordijk, Paulus (†1897)   IX-bh,1 (blz.138)
Ochten, Gerrit van (*1811)   VII-v (blz.135)
Ockenburg, Johannes Hermanus van (*1822)   VIII-af (blz.103)
Oeveren, Johannus Wilem van (*1869 - 1929)   IX-x (blz.76)
Olde, Karlijn Anna Magdalena de (*2007)   XII-q,1 (blz.90)
Olde, Marinus de (*1938 - 2012)   XII-q (blz.89)
Olde, Marinus Willem de (Martin) (*1970)   XII-q (blz.89)
Olde, Marnix Marinus Pieter de (*2004)   XII-q,2 (blz.90)
Olde, Noreen Wilhelmina Evaline de (*2009)   XII-q,3 (blz.90)
Oole, Claes Cornelis   III-e (blz.58)
Oole, Cornelis (*1687)   III-e,1 (blz.58)

Oole, Jacoba (*1809 - 1869)   VII-i (blz.98) ; VIII-y (blz.99)
Oole, Jannetje (*1695)   III-e,2 (blz.58)
Oostenbrugge, Maarten van (*1897)   X-t (blz.131)
Oosters, Doris Filippus (*1896 - 1980)   X-af (blz.139)
Oskam, Florine   XI-j,4 (blz.83)
Oskam, Lennard   XI-j,4 (blz.83)

Otte, Elina   XI-h,2 (blz.81)
Otte, Hendrik (*1933)   XI-h (blz.81)
Otte, Jacoba (*1938)   XI-g (blz.79)
Otte, Jacqueline   XI-h,2 (blz.81)
Otte, Jan   XI-h,1 (blz.81)
Otte, Wim   XI-h,2 (blz.81)
Ouden, Marina van den   VI-d (blz.102) ; VII-k (blz.103) ; VII-l (blz.103) ;
Peeters, Clara Gertruda Johanna (*1904 - 1949)
Pekelharing, Gerrit (*1881)   IX-bd (blz.135)
Pelle, Jacob Jacobse III-g (blz.118)
Penninga,   X-y (blz.133)
Perk, Arjan van der   XI-l,2 (blz.90)
Pierlot, August Hendricus Jacobus   X-m (blz.109)
Pierlot, Maria Wilhelmina (*1966)   X-m,1 (blz.109)
Pieters, Maria (†>1651)   III-b (blz.53) ; IV-a (blz.54) ; IV-b (blz.54)
Pijpeling, Dina Leenderts (*1660)   III-g (blz.118) ; IV-f (blz.118) ;
Plas, Anna Wilhelmina van der   X-ai (blz.141)
Plessius, Geertje (*1899)   X-u (blz.132)
Ploum, Christiaan (*1943)   XI-r (blz.95)
Pol, Nicolaas van der (*1872 - 1948)   X-j (blz.76)
Pol, Pietertje van der (*1910 - 1994)   X-j (blz.76) ; XI-f (blz.77)
Poortvliet, Elizabeth   VIII-aw (blz.138)
Poot, Cornelia (*1853)   IX-an (blz.111)
Potappel, Neeltje Leenders (*1770)   VII-p (blz.108)
Putten, Neeltje van (*1886)   X-ad (blz.139)
Quist, Johannis (*1769)   VII-q (blz.112)
Redding, Maria (†<1817)   VI-w (blz.136) ; VII-w (blz.137) ; VII-x (blz.141)
Reuvers, Coby   XI-u (blz.100)
Ridderhof, Jannetje (*1864)   IX-r (blz.73)
Riesberg, Anna Theodora (†<1840)   VII-h (blz.97)
Rietveld, Maria   IX-u (blz.75)
Riezebos, Wouter   XI-j,4 (blz.83)
Rijswijk, Geertrui van (*1869 - 1951)   IX-bk (blz.140) ;
Rittman, Sophia   IX-z (blz.76)
Rogierse, Mary   III-f (blz.58) ; IV-d (blz.58) ; IV-e (blz.104)
Ronde, Marinus de (*1881)   IX-ab (blz.95)
Rooijen, Pieternella van (*1757 - 1827)   VI-h (blz.107) ;
Roon, Anja van   XI-l,1 (blz.90)
Roon, José van   XI-l,2 (blz.90)
Roon, Pieter Jozeph van (*1939)   XI-l (blz.90)
Roos, Francina   V-k (blz.105) ; VI-h (blz.107) ; VI-i (blz.115) ; VI-j (blz.115)
Ruijping, Anna Catharina   VI-a (blz.61)
Ruitenberg, Betty   XI-i **(blz.83)**
Rutgers, Steventje (*1792)   VII-l (blz.103) ; VIII-ae (blz.103) ; VIII-af (blz.103)
Schaft, Susanne van der (†1796)   V-i (blz.60) ; VI-a (blz.60) ;
Schaleven, Liesebeth (*1787)   VII-k (blz.103)
Schelle, Jannetje van (*1812)   VIII-au (blz.126)

Schietekate, Lena   IV-h (blz.119) ; V-m (blz.119) ; V-n (blz.119) ; V-o (blz.121)
Schipper, Ilse   XI-j,4 (blz.83)
Schriers, Janus   VII-h (blz.97)
Schriers, Maatje (*1815)   VII-h (blz.97) ; VIII-v (blz.98) ;
Schumacher, Ria   XI-h,1 (blz.81)
Siebrandse, Maria (*1815 - 1852)   VII-x (blz.142)
Siegman, Adolphine Ewaldine Maria (*1882 - 1933)   IX-i (blz.66)
Siereveld, Paulina Mattheeuwse   VI-f (blz.106) ; VII-n (blz.106) ; VII-o (blz.106)
Silvis, Hendrik (*1832)   VIII-as (blz.125)
Sinke, Adriana Dirkje (*1941)   XI-i **(blz.83)**
Slaager, Hermina Adriaantje (*1900)   IX-ag (blz.100)
Slikke, Christiaan Pieter van der (*1879)   X-n (blz.111) ;
Slootmaker, Cornelis (*1794)   VII-n (blz.106)
Slotboom, Willem (*1907)   X-d (blz.73)
Sluijs, Jacob van (*1888)   IX-af (blz.100)
Sluijter, Gerardus Johannes (*1846)   VIII-ad (blz.101)
Smit, David (*1807)   VIII-al (blz.113)
Smit, Jantje (*1911)   X-q (blz.112)
Smit, Pieter (*1939)   VIII-ao (blz.114)
Snijder, Dirk (*1838)   VIII-ar (blz.125)
Snijder, Geertrui (*1877)   IX-as **(blz.125)**
Snijder, Paulus   VIII-at (blz.125) ; IX-as (blz.125)
Solingen, Dirkje van   VII-x (blz.142)
Spaan, Teuntje van der (*1860 - 1931)   IX-bi (blz.139) ; X-ac (blz.139)
Spanien, Adriaan van   IV-c (blz.56)
Speet, Hendrik   VII-r (blz.112)
Speijer, Willemina   VI-q (blz.122)
Spek, Maria (*1830 - 1889)   VIII-aw (blz.138) ;
Spek, Paulus   VIII-aw (blz.138)
Splunter, Leendert van (*1872)   IX-f (blz.65)
Splunter, Maria Maatje van (*1903)   IX-f,1 (blz.65)
St-Annaland, Antje Maria van (*1937)   XI-aa (blz.130)
Steffhaam, Jacob   VIII-x (blz.98)
Steffhaan, Francina (*1878)   VIII-x,1 (blz.98)
Stel, Sara van der (*1794, †<1822)   VII-t (blz.113)
Steur, Anna (*1835)   VIII-f (blz.66) ; IX-j (blz.66)
Stoel, Dini   XI-c,2 (blz.70)
Stoel, Jan   XI-c,1 (blz.70)
Stoel, Tonis Jan   XI-c (blz.70)
Stokke, Lijsbeth   III-c (blz.56)
Stolk, Sijke (*1930)   XI-y (blz.130)
Stout, Astrid   XI-j,4 (blz.83)
Stoutjesdijk, Anna (*1795)   VI-c,2 (blz.102)
Stoutjesdijk, Cornelis (*1790)   VI-c,1 (blz.102)
Stoutjesdijk, Jacobus Isaacs (*1714 - 1773)   V-h (blz.59)
Stoutjesdijk, Johanna (*1814)   VIII-ak (blz.110) ; IX-ak (blz.110) ;
Stoutjesdijk, Josua   VI-c (blz.102)
Strietman, Hendrik   IX-d (blz.65)
Struik, Cornelia (*1869)   IX-au (blz.127)
Struik, Willemina   IX-as (blz.125)
Tanis, Commertje Hillegonda   X-s (blz.130)
Tigchom, Johannes (*1810)   VIII-b (blz.63)
Tiggelman, Leentje (*1852 - 1942)   VIII-av (blz.131)
Touw, Bertha (*1876)   IX-av (blz.127)
Triest, Willem (†1822)   VII-c (blz.64)
Trommel, Cornelia (*1885)   X-ac (blz.139)

Trommel, Suzanna Johanna   X-ah (blz.141)
Troost, Jannetje (*1932)   XI-z (blz.130)
Tuinman, Maatje   VIII-e (blz.64) ; IX-b (blz.65) ; IX-c (blz.65) ;
Twillert, Astrid Mathilde van (*1974)   XII-p (blz.88)
Twillert, Harmen van (Herman) (*1951)   XII-p (blz.88)
Uijl, Cornelis Marinus (*1874)   IX-ap (blz.115)
Uijl, Maria Johanna (*1873)   IX-y (blz.76)
Vaal, Hermanus Marinus de (*1899)   X-i (blz.76)
Vaalburg, Leentje (*1846 - 1920)   VIII-av (blz.131) ; IX-az (blz.131)
Vaane, Maatje (†1838)   VII-m (blz.103)
Velde, Abraham Janse van de (†<1808)   V-p (blz.121) ; VI-q (blz.122) ;
Velde, Abraham van der (*1821)   VIII-d (blz.64)
Velde, Adriaan Jan Anton van der (*1915)   X-a,4 (blz.69)
Velde, Bastiaan Marinus van de (*1874 - 1946)   X-a (**blz.69**) ;
Velde, D.J. van de (*1878 - 1953)   X-b (**blz.70**) ; XI-d (blz.70)
Velde, Jan Lieven van der (*1903)   XI-a (**blz.69**)
Velde, Jan van der   V-c (blz.55)
Velde, Jan van der (*1841 - 1908)   IX-m (blz.68) ; X-a (blz.69) ;
Velde, Janna van de   VII-h (blz.97)
Velde, Jannetje van de   IX-an (blz.111)
Velde, Johannes Abrahamse van der (*1758 - 1828)   VI-q (**blz.122**)
Velde, Johannes Jansz van den   V-i (blz.60)
Velde, Lena Adriana Pieternella van der (*1918)   XI-c (**blz.70**)
Velde, Lena Adrianna Pieternella van der (*1912 - 1917)
Velde, Lieven Cornelis van der (*1905)   XI-b (**blz.70**)
Velde, Maria Janse van de (*1772 - 1834)   VI-b (blz.61) ;
Velde, Maria van de (*1765 - 1850)   VI-r (**blz.122**)
Velden, Alida Jannigje van der (*1952)   XI-m (blz.91)
Ven, Lijntje van der (*1917, †2004)   X-k (blz.94) ; XI-q (blz.94) ; XI-r (blz.95)
Verboom, Dirk (*1860)   IX-b (blz.65)
Verboom, Jacomijntje (*1862)   IX-n (blz.72) ; X-c (blz.72)
Verboom, Tonis   IX-b (blz.65)
Verbrugge, Cornelis (*1866)   IX-bj (blz.140)
Verkeer, Sara   VII-c (blz.64)
Vermeer, Cornelia   VIII-w (blz.98)
Vermeer, Maria   IX-o (blz.72)
Vermeulen, Adriaan (*1820)   VIII-t (blz.97)
Verschoor, Arij (*1860)   IX-o (blz.72)
Verschoor, Eliza   IX-o (blz.72)
Verton, Cornelis (*1894)   X-e (blz.74)
Verwest, Adriaan (*1835 - 1880)   VIII-z (blz.99) ; IX-ac (blz.99)
Verwest, Jacob (*1864 - 1919)   IX-ac (**blz.99**)
Vijver, Adriaantje van de (*1848)   VIII-u (blz.97)
Vink, Neeltje (~26-04-1767, †<1810)   VI-t (blz.124)
Visbeen, Cornelis (*1797, †1861)   VI-s,1 (blz.124)
Visbeen, Geertrui (*±13-08-1808 - 1880)   VII-u (blz.124) ; VIII-ar (blz.125) ;
Visbeen, Marinus Cornelisse (*1746)   VI-s (blz.124)
Visser, Geertje (*1927)   XI-v (blz.129)
Visser, Jan Leendert (*1885)   IX-ay (blz.131)
Visser, Lena   V-r (blz.123)
Vlies, Eveline van der   XI-n,2 (blz.92)
Vlies, Hendrik Alexander van der (*1947)   XI-n (blz.92)
Vlies, Lydia van der   XI-n,1 (blz.92)
Vlies, Miranda van der   XI-n,1 (blz.92)

Vlies, Sander van der   XI-n,3 (blz.92)
Vonk, Ida (*1877)   IX-bc (blz.135)
Vos, Jan Cornelisse de   V-g (blz.59)
Vos, Janna Pieters de (*1728 - 1764)   V-k (blz.105) ; VI-f (blz.105) ; VI-g (blz.107)
Vos, Pieternella de (*1775 - 1812)   VI-e (blz.104)
Vries, Janna de   VI-j (blz.115)
Vroegop, Leendert Johannes   VIII-aa (blz.99)
Waard, Arie de   XI-j,4 (blz.83)
Wagemaker, Jacomina   IX-t (blz.75)
Wagemaker, Klazina (†1833)   VII-k (blz.103)
Wagemaker, Lena (*1839)   VIII-an (blz.114)
Wagemaker, Tannetje (*1795, †<1845)   VIII-aj (blz.108) ; IX-ah (blz.109) ; IX-ai (blz.109) ;
Wall, Sheryl Raye (*1948)   XI-q (blz.94)
Wandel, Leendert (*1858)   VIII-r (blz.96)
Wandel, Leendert (*1868)   IX-w (blz.75)
Weck, Johannes Hendrikus van der   X-ab (blz.138)
Weert, Anthony Florisse van der   III-d (blz.57)
Weert, Cornelis van der (*1676)   III-d,1 (blz.57)
Welle, Johanna van der (*1820)   VIII-h (blz.67)
Welsman, Karel   VIII-ae (blz.103)
Werf, Willem van de (*1889)   X-ae (blz.139)
Wesdorp, Lena Leenderse   IX-ah (blz.109)
Wesdorp, Marinus   VII-t (blz.113)
Wesdorp, Pieter (*1819)   IX-ah (blz.109)
Westdorp, Catharina van (*1800, †1850)   VII-t (blz.113) ; VIII-al (blz.113) ; VIII-am (blz.113)
Wielen, Johannes Marinus van der   VI-k (blz.120)
Wielen, Lena van der (*1770)   VI-k,1 (blz.120)
Wijk, Jacominijntje van (*1943)   XI-ab (blz.130)
Winter, Jop de (*1830)   VIII-s (blz.97)
Wittekoeke, Josina (*1640, †<1717)   III-c (blz.56) ; IV-c (blz.56)
Wolfert, Cornelia Neeltje (*1963)   XI-ab,2 (blz.130)
Wolfert, Dingeman (*1928)   XI-z **(blz.130)**
Wolfert, Dingena (*1923)   XI-x **(blz.130)**
Wolfert, Dingena (*1965)   XI-ab,3 (blz.130)
Wolfert, Hendrik (*1894 - 1977)   X-r (blz.128) ; XI-v (blz.129) ; XI-w (blz.129) ;
Wolfert, Hendrik (*1925)   XI-y **(blz.130)**
Wolfert, Jacques (*1932)   XI-aa **(blz.130)**
Wolfert, Janna Cornalia (*1962)   XI-ab,1 (blz.130)
Wolfert, Jannetje (*1922)   XI-w **(blz.129)**
Wolfert, Johanna Jacomijntje (*1971)   XI-ab,5 (blz.130)
Wolfert, Johannes (Han) (*1940)   XI-ab **(blz.130)**
Wolfert, Maatje (*1971)   XI-ab,4 (blz.130)
Wolfert, Pieter (*1868)   X-r (blz.128)
Wolfert, Pieter (*1920)   XI-v **(blz.129)**
Wolfhage, Jacoba   VII-f (blz.71)
Woude, Tjalksje van der   XI-h,1 (blz.81)
Zalm, Pieter Fredericus Wilhelmus van (*1892)   IX-ae (blz.100)
Zimmermann, Franz   XI-q (blz.94)
Zimmermann, Ursula Rose (*1944)   XI-q (blz.94) ; XII-z (blz.95)
Zorge, Aagtje Pieternella Jacoba (*1925 - 2009)   X-l **(blz.100)** ; XI-s (blz.100) ;
Zorge, Aaltje (*1687, †1701)   III-g,3 (blz.118)
Zorge, Aaltje (*1916 - 1916)   IX-az,7 (blz.132)
Zorge, Aartje (*1879 - 1880)   VIII-au,7 (blz.126)
Zorge, Aartje (*1885 - 1886)   VIII-au,10 (blz.126)
Zorge, Abraham (*1850 - 1850)   VII-u,9 (blz.125)
Zorge, Abraham (*1893 - 1895)   IX-s,2 (blz.73)

Zorge, Abraham (*1902)   X-g **(blz.74)**
Zorge, Abraham Cornelis van (*1842 - 1924)   IX-ak **(blz.110)**
Zorge, Abraham Jan van (*1897)   X-p **(blz.112)**
Zorge, Abraham van (*1756 - 1831)   V-k,5 (blz.105)
Zorge, Abraham van (*1774 - 1831)   VI-h **(blz.107)** ; VII-p (blz.108) ;
Zorge, Abraham van (*1820, †<1835)   VII-t,1 (blz.113)
Zorge, Abraham van (*1835)   VIII-an **(blz.114)**
Zorge, Adriaan (Arent) (*1696)   IV-j **(blz.122)** ; V-q (blz.123) ; V-r (blz.123) ; V-s (blz.136)
Zorge, Adriaan (*1731 - 1732)   IV-d,6 (blz.59)
Zorge, Adriaan (*1732 - 1737)   IV-d,7 (blz.59)
Zorge, Adriaan (*1781 - 1829)   VI-v **(blz.136)**
Zorge, Adriaan (*1788 - 1860)   VII-c **(blz.63)** ; VIII-c (blz.64) ; VIII-d (blz.64)
Zorge, Adriaan (*1860 - 1880)   VIII-c,2 (blz.64)
Zorge, Adriaan Dingemans (Arent) (*1681)   IV-b **(blz.54)** ; V-a (blz.55) ; V-b (blz.55) ;
Zorge, Adriaan Janse (†<1659)   II-a **(blz.53)** ; III-a (blz.53) ; III-b (blz.53) ; III-c (blz.55)
Zorge, Adriaan Rogierse (*1737 - 1771)   V-i **(blz.59)** ; VI-a (blz.60) ;
Zorge, Adriaan van (*1795)   VII-t **(blz.112)** ; VIII-al (blz.113) ; VIII-am (blz.113) ;
Zorge, Adriaan van (*1874)   VIII-aq,1 (blz.114)
Zorge, Adriaantje (*1649)   II-c,1 (blz.117)
Zorge, Adriaantje (*1842 - 1842)   VII-w,7 (blz.137)
Zorge, Adriana (*1765)   VI-u **(blz.136)**
Zorge, Adriana (*1770)   V-i,5 (blz.60)
Zorge, Adriana (*1815 - 1834)   VI-w,5 (blz.137)
Zorge, Adriana (*1898)   X-ah **(blz.141)**
Zorge, Adriana Cornelia (*1879 - 1894)   VIII-o,2 (blz.96)
Zorge, Adriana van (*1807)   VII-p,1 (blz.108)
Zorge, Adriana van (*1828 - 1829)   VIII-aj,3 (blz.109)
Zorge, Adriana Wilhelmina van (*1869)   X-m **(blz.109)**
Zorge, Adrianus (*1748)   IV-j,12 (blz.123)
Zorge, Adrianus (*1810 - 1877)   VII-x **(blz.141)**
Zorge, Adrianus (*1873 - 1951)   IX-az **(blz.131)** ; X-v (blz.132)
Zorge, Adrianus Werner Pieter (*1999)   XII-o,3 (blz.88)
Zorge, Aelbreght Janse (*1688)   IV-h **(blz.119)** ; V-m (blz.119) ; V-n (blz.119) ;
Zorge, Aeltie (*1732)   IV-h,8 (blz.119)
Zorge, Aeltje (*1701)   III-g,12 (blz.118)
Zorge, Anna (*1782)   VI-d,1 (blz.102)
Zorge, Anna Kirsten Nelline (*1994)   XII-o,1 (blz.88)
Zorge, Anthonia (*1789 - 1826)   VII-r **(blz.112)**
Zorge, Anthonie Abraham van (*1895)   IX-ao,4 (blz.112)
Zorge, Anthonie Johannes van (*1892 - 1892)   IX-ao,1 (blz.112)
Zorge, Anthonie Pieter van (*1902 - 1982)   IX-ak,1 (blz.110)
Zorge, Anthonij van (*1797, †1809)   VI-f,4 (blz.106)
Zorge, Anthonij van (*1808 - 1855)   VIII-ak **(blz.109)** ; IX-ak (blz.110) ; IX-al (blz.110)
Zorge, Anthonij van (*1809 - 1854)   VII-o **(blz.106)** ; VIII-ag (blz.107) ;
Zorge, Anthony van (*1722 - 1798)   V-k **(blz.105)** ; VI-f (blz.105) ; VI-g (blz.107)
Zorge, Antonia (*1797 - 1807)   VI-f,3 (blz.106)
Zorge, Antonis van (*1798)   VII-p,4 (blz.108)
Zorge, Apollonia Cornelisse (*1653)   II-b,1 (blz.57)
Zorge, Aren (*1682, †1684)   III-c,1 (blz.56)
Zorge, Aren (*1684)   III-c,2 (blz.56)
Zorge, Arentje (*1823 - 1859)   VII-z **(blz.142)**
Zorge, Ariaantje van (*1757)   V-k,6 (blz.105)
Zorge, Arij (*1800)   VI-v,1 (blz.136)
Zorge, Astrid Wilhelmina Gertruda (*1973)   XII-q **(blz.89)**

Zorge, Bruno (*2000)   XII-f,1 (blz.134)
Zorge, Carolina van (*1829, †1829)   VII-t,6 (blz.113)
Zorge, Carolina van (*1836)   VIII-ao **(blz.114)**
Zorge, Carolina Wilhelmina van (*1887, †1887)   VIII-aq,10 (blz.114)
Zorge, Cathalijntje van (*1794)   VI-f,2 (blz.106)
Zorge, Catharina Janna van (*1877)   IX-ap **(blz.114)**
Zorge, Catharina Janna van (*1885)   X-n (blz.111) ; X-o **(blz.111)**
Zorge, Christian   XII-i,1 **(blz.92)**
Zorge, Claire   XII-i,1 **(blz.83)**
Zorge, Commertje Cornelisse (*1654)   III-d **(blz.57)**
Zorge, Conny   XI-g,1 (blz.79)
Zorge, Cornelia (*1656)   II-b,3 (blz.57)
Zorge, Cornelia (*1729)   V-g **(blz.59)**
Zorge, Cornelia (*1744)   IV-a,1 (blz.54)
Zorge, Cornelia (*1791)   VI-e,1 (blz.104)
Zorge, Cornelia (*1833 - 1868)   VIII-ar **(blz.125)**
Zorge, Cornelia (*1853, †1871)   VIII-l,1 (blz.71)
Zorge, Cornelia (*1857)   IX-o **(blz.72)**
Zorge, Cornelia (*1865)   IX-t **(blz.75)**
Zorge, Cornelia (*1865)   VIII-q **(blz.96)**
Zorge, Cornelia (*1865 - 1937)   IX-j **(blz.66)** ; VIII-y (blz.99)
Zorge, Cornelia (*1878 - 1881)   VIII-au,6 (blz.126)
Zorge, Cornelia (*1880)   VIII-av,7 (blz.131)
Zorge, Cornelia (*1887)   IX-ay **(blz.131)**
Zorge, Cornelia (*1891 - 1891)   VIII-o,3 (blz.96)
Zorge, Cornelia (*1908)   IX-r,5 (blz.73)
Zorge, Cornelia Adriana van (*1878, †1956)   IX-aq **(blz.115)**
Zorge, Cornelia Arentse (*1715)   V-e **(blz.55)**
Zorge, Cornelia Marina (*1898)   IX-n,3 (blz.72)
Zorge, Cornelia Suzanna Pietertje (Lia) (*1953)   XI-o **(blz.94)**
Zorge, Cornelia van (*1822)   IX-ah **(blz.109)**
Zorge, Cornelia van (*1842)   VIII-ah **(blz.107)**
Zorge, Cornelia Wilhelmina (*1823)   VIII-af **(blz.103)**
Zorge, Cornelis (Kees)   XI-ac **(blz.133)** ; XII-e (blz.134)
Zorge, Cornelis   X-f,6 (blz.74)
Zorge, Cornelis   II-b **(blz.57)** ; III-d (blz.57) ; III-e (blz.58) ; III-f (blz.58)
Zorge, Cornelis (Kees)   X-w,1 (blz.133)
Zorge, Cornelis (*1645)   II-a,2 (blz.53)
Zorge, Cornelis (*1702)   IV-e **(blz.104)** ; V-k (blz.105)
Zorge, Cornelis (*1722, †1740)   IV-d,1 (blz.59)
Zorge, Cornelis (*1723)   IV-b,12 (blz.55)
Zorge, Cornelis (*1740, †1764)   V-j **(blz.102)** ; VI-c (blz.102) ; VI-d (blz.102) ; VI-e (blz.104)
Zorge, Cornelis (*1810 - 1891)   VII-u **(blz.124)** ; VIII-ar (blz.125) ; VIII-as (blz.125)
Zorge, Cornelis (*1828)   VIII-m **(blz.72)** ; IX-o (blz.72) ; IX-p (blz.72) ; IX-q (blz.72)
Zorge, Cornelis (*1865 - 1931)   IX-u **(blz.75)**
Zorge, Cornelis (*1872)   VIII-au,3 (blz.126)
Zorge, Cornelis (*1873 - 1928)   IX-av **(blz.127)**
Zorge, Cornelis (*1877 - 1965)   IX-bb **(blz.132)** ; X-w (blz.133) ; X-x (blz.133) ;
Zorge, Cornelis (*1900)   X-v **(blz.132)**
Zorge, Cornelis (*1904)   IX-r,3 (blz.73)
Zorge, Cornelis Adriaans (*1725 - 1797)   V-r **(blz.123)** ; VI-s (blz.124) ; VI-t (blz.124) ;
Zorge, Cornelis Cornelisse (*1665)   III-f **(blz.58)** ; IV-d (blz.58) ; IV-e (blz.104)
Zorge, Cornelis Jan (Cor) (*1947)   XI-m **(blz.91)**
Zorge, Cornelis Marcus Reinier (Reinout) (*1995)   XII-p,2 (blz.89)
Zorge, Cornelis Rogierse   VII-b **(blz.62)** ; VIII-a (blz.63) ; VIII-b (blz.63)
Zorge, Cornelis van (*1881, †1881)   VIII-aq,6 (blz.114)

Zorge, Cornelis van (*1882)   IX-ar **(blz.115)**
Zorge, Cornelis Willem Pieter (Peter) (*1966)   XII-o **(blz.87)**
Zorge, Crina (*1668)   II-b,8 (blz.57)
Zorge, Dallin Reinier (*2004)   XII-z,1 (blz.95)
Zorge, Daniel (*1832 - 1861)   VIII-aw **(blz.138)** ; IX-bh (blz.138) ; IX-bi (blz.138)
Zorge, Daniel (*1845)   VII-x,2 (blz.142)
Zorge, Daniel (*1884)   X-ac **(blz.139)**
Zorge, Daniel Pieters (*1783 - 1846)   VI-w **(blz.136)** ; VII-w (blz.137) ;
Zorge, Daniël (*1845 - 1868)   VII-x,1 (blz.142)
Zorge, Dina   VII-a **(blz.61)**
Zorge, Dina   VI-s **(blz.124)**
Zorge, Dina (*1719, †1721)   IV-h,1 (blz.119)
Zorge, Dina (*1721)   V-m **(blz.119)**
Zorge, Dina (*1732, †1733)   IV-j,6 (blz.122)
Zorge, Dina (*1734)   IV-j,8 (blz.123)
Zorge, Dina (*1754)   IV-j,14 (blz.123)
Zorge, Dina (*1757)   V-r,4 (blz.123)
Zorge, Dingeman (*1647, †<1653)   II-a,3 (blz.53)
Zorge, Dingeman (*1708)   V-a **(blz.55)**
Zorge, Dingeman Adriaanse (Sorge) (*1653)   III-b **(blz.53)** ; IV-a (blz.54)
Zorge, Dino (*1969)   XII-f **(blz.134)**
Zorge, Dirk (*1899 - 1920)   IX-az,2 (blz.132)
Zorge, Eisse   X-w **(blz.133)**
Zorge, Eisse (*1947)   XI-ae **(blz.134)** ; XII-h (blz.135)
Zorge, Elizabeth (*1858 - 1859)   VIII-aw,2 (blz.138)
Zorge, Elizabeth (*1897)   IX-u,1 (blz.75)
Zorge, Elizabeth Johanna (Bets) (*1899)   X-i **(blz.76)**
Zorge, Elizabeth Johanna (Bep) (*1944)   XI-l **(blz.90)**
Zorge, Elizabeth Marrigje Cornelia (Emma) (*1994)
Zorge, Eva Wouters (*1689)   IV-c **(blz.56)**
Zorge, Fijtje (*1906)   IX-az,6 (blz.132)
Zorge, Francina (*1848)   VIII-x **(blz.98)**
Zorge, Francsiscus Antonius Marinus (*1843)   VIII-ac **(blz.101)**
Zorge, Geertje (*1659)   II-c,3 (blz.117)
Zorge, Geertje (*1869 - 1900)   IX-at **(blz.126)**
Zorge, Geertje (*1871 - 1872)   VIII-av,1 (blz.131)
Zorge, Geertje (*1875 - 1955)   IX-ba **(blz.132)**
Zorge, Geertrui (*1801)   V-t,4 (blz.136)
Zorge, Geertrui (*1901)   X-ai **(blz.141)**
Zorge, Geertrui van (*1845 - 1876)   IX-al **(blz.110)**
Zorge, Geertruid van (*1690)   IV-i **(blz.122)**
Zorge, Geertruijd (*1690)   III-g,6 (blz.118)
Zorge, Gerrit (*1914 - 1969)   X-z **(blz.133)** ; XI-ac (blz.133) ; XI-ad (blz.134)
Zorge, Gilles (*1836 - 1838)   VII-w,4 (blz.137)
Zorge, Gilles (*1839 - 1840)   VII-w,5 (blz.137)
Zorge, Gillis (*1810 - 1826)   VI-w,2 (blz.137)
Zorge, Grietje (*1757 - 1846)   VI-m **(blz.120)**
Zorge, Guilliaem (*1664, †1667)   II-c,5 (blz.117)
Zorge, Guilliaem (*1667)   II-c,6 (blz.117)
Zorge, Helena (*1902 - 1988)   X-aj **(blz.141)**
Zorge, Helena Janna van (*1885, †1887)   VIII-aq,9 (blz.114)
Zorge, Hendrik   X-s **(blz.130)**
Zorge, Hendrik (*1842 - 1916)   VIII-au **(blz.125)** ; IX-at (blz.126) ; IX-au (blz.127) ;
Zorge, Hendrik (*1882)   VIII-au,8 (blz.126)

Zorge, Hendrik (*1882 - 1969)   IX-be **(blz.135)**
Zorge, Hendrika (*1835, †<1845)   VII-u,2 (blz.124)
Zorge, Hendrika (*1835)   VIII-as **(blz.125)**
Zorge, Hendrika (*1887 - 1890)   VIII-ax,8 (blz.140)
Zorge, Herman Adriaanse (†<21-01-1789)   VI-a **(blz.60)** ; VII-a (blz.61)
Zorge, Hermannus (*1709)   V-b **(blz.55)**
Zorge, Hester (*1967)   XI-ac,1 (blz.133)
Zorge, Iman (*1864)   IX-r **(blz.73)** ; X-d (blz.73)
Zorge, Iman (*1901 - 1967)   X-f **(blz.74)** ; XI-e (blz.74)
Zorge, Ingeborg   XI-m,1 (blz.91)
Zorge, Izaak (*1892 - 1982)   IX-ag **(blz.100)**
Zorge, Izabella van (*1845)   VIII-ai **(blz.107)**
Zorge, Jacob (*1799)   VII-g **(blz.96)** ; VIII-s (blz.97) ; VIII-t (blz.97) ; VIII-u (blz.97)
Zorge, Jacob (*±1833)   VIII-e **(blz.64)** ; IX-b (blz.65) ; IX-c (blz.65) ; IX-d (blz.65) ;
Zorge, Jacob (*1879)   IX-bc **(blz.135)**
Zorge, Jacob Abraham (*1895 - 1895)   IX-s,3 (blz.73)
Zorge, Jacob Reinier (*1877 - 1877)   VIII-e,7 (blz.65)
Zorge, Jacob van (*1800 - 1862)   VIII-aj **(blz.108)** ; IX-ah (blz.109) ; IX-ai (blz.109)
Zorge, Jacob van (*1855 - 1929)   IX-ao **(blz.111)** ; X-p (blz.112) ; X-q (blz.112)
Zorge, Jacob van (*1866)   IX-ai,2 (blz.109)
Zorge, Jacoba   IV-j,1 (blz.122)
Zorge, Jacoba (*1728 - 1821)   V-s **(blz.136)**
Zorge, Jacoba (*1889 - 1922)   IX-af **(blz.100)**
Zorge, Jacoba van (*1760)   V-k,8 (blz.105)
Zorge, Jacobus (*1727)   IV-h,6 (blz.119)
Zorge, Jacobus (*1798)   VII-m **(blz.103)**
Zorge, Jacomijna (*1842 - 1844)   VII-i,4 (blz.99)
Zorge, Jacomijntje (*1795 - 1823)   VII-e **(blz.68)** ; VIII-k (blz.68)
Zorge, Jacomijntje (*1892)   IX-n,1 (blz.72)
Zorge, Jacomina (*1727)   IV-d,3 (blz.59)
Zorge, Jacomina (*1794)   VI-b,5 (blz.62)
Zorge, Jacomina (*1838)   VII-g,2 (blz.97)
Zorge, Jacomina van (*1779)   VI-i **(blz.115)**
Zorge, Jacomina van (*1801)   VII-n **(blz.106)**
Zorge, Jahanna Marina   X-f,7 (blz.74)
Zorge, Jan   X-f,4 (blz.74)
Zorge, Jan (*±1595)   I **(blz.53)** ; II-a (blz.53) ; II-b (blz.57) ; II-c (blz.117)
Zorge, Jan (*1669, †<1671)   II-b,10 (blz.57)
Zorge, Jan (*1671)   II-b,11 (blz.57)
Zorge, Jan (*1706)   III-f,5 (blz.58)
Zorge, Jan (*1709, †1710)   IV-g,1 (blz.118)
Zorge, Jan (*1710, †1723)   IV-g,2 (blz.118)
Zorge, Jan (*1712)   V-l **(blz.119)**
Zorge, Jan (*1719, †<1725)   IV-b,9 (blz.54)
Zorge, Jan (*1723, †?-06-1723)   IV-h,4 (blz.119)
Zorge, Jan (*1723, †<1736)   IV-j,2 (blz.122)
Zorge, Jan (*1724)   IV-d,2 (blz.59)
Zorge, Jan (*1725)   IV-b,13 (blz.55)
Zorge, Jan (*1736, †1743)   IV-j,9 (blz.123)
Zorge, Jan (*1743)   IV-j,11 (blz.123)
Zorge, Jan (*1797)   VII-f **(blz.70)** ; VIII-l (blz.71) ; VIII-m (blz.72) ; VIII-n (blz.74)
Zorge, Jan (*1834)   VIII-n **(blz.74)** ; IX-t (blz.75) ; IX-u (blz.75) ; IX-v (blz.75) ;
Zorge, Jan (*1848 - 1898)   VIII-aa **(blz.99)** ; IX-ad (blz.100) ; IX-ae (blz.100) ;
Zorge, Jan (*1872, †1872)   VIII-l,4 (blz.71)
Zorge, Jan (*1873 - 1924)   IX-y **(blz.76)**
Zorge, Jan (*1917, †1984)   X-k **(blz.94)** ; XI-q (blz.94) ; XI-r (blz.95)

Zorge, Jan Aelbrechtse (*1724) V-o **(blz.121)** ; VI-n (blz.121) ; VI-o (blz.121) ;
Zorge, Jan Cornelis (*1886 - 1918) X-ad **(blz.139)**
Zorge, Jan Dingemanse IV-a **(blz.54)**
Zorge, Jan Pieter (*1872) VIII-o,1 (blz.96)
Zorge, Jan Tonisse (*1657 - 1726) III-g **(blz.117)** ; IV-f (blz.118) ; IV-g (blz.118)
Zorge, Jan van (*1759) VI-g **(blz.107)**
Zorge, Jan van (*1782) VI-j **(blz.115)**
Zorge, Jan van (*1852) IX-an **(blz.111)** ; X-n (blz.111) ; X-o (blz.111)
Zorge, Jan Willem (*1899) IX-u,2 (blz.75)
Zorge, Janna (*1810) VIII-b **(blz.63)**
Zorge, Janna (*1823) VIII-i **(blz.67)** ; IX-l (blz.68)
Zorge, Janna (*1842 - 1845) VII-i,3 (blz.99)
Zorge, Janna (*1860 - 1919) IX-p **(blz.72)**
Zorge, Janna (*1868, †?-06-1922) VIII-e,3 (blz.64)
Zorge, Janna (*1891 - 1944) X-e **(blz.74)**
Zorge, Janna (*1896) X-r **(blz.128)** ; XI-v (blz.129) ; XI-w (blz.129) ; XI-x (blz.130) ;
Zorge, Janna (*1901) IX-r,1 (blz.73)
Zorge, Janna Marina van (*1889) VIII-aq,11 (blz.114)
Zorge, Janna Samuels (*1755 - 1816) VI-l **(blz.120)**
Zorge, Janna van (*1783 - 1853) VI-h,1 (blz.108)
Zorge, Janna van (*1827) VIII-am **(blz.113)**
Zorge, Janneke (*1663) II-b,6 (blz.57)
Zorge, Jannetje (*1867) IX-v **(blz.75)**
Zorge, Jannetje (*1874 - 1901) IX-aw **(blz.127)** ; X-r (blz.128)
Zorge, Jannetje Davida van (*1884 - 1912) X-n **(blz.111)** ; X-o (blz.111)
Zorge, Jannetje Jacoba van (*1896 - 1896) IX-ao,5 (blz.112)
Zorge, Janus van (*1764) V-k,9 (blz.105)
Zorge, Jaques (*1870 - 1918) IX-au **(blz.127)**
Zorge, Jeremias (Jirre) (*1943 - 2010) XI-ad **(blz.134)** ; XII-f (blz.134) ; XII-g (blz.134)
Zorge, Johanna (*1740) IV-j,10 (blz.123)
Zorge, Johanna (*1758) VI-c **(blz.102)**
Zorge, Johanna (*1840) VIII-t **(blz.97)**
Zorge, Johanna (*1852 - 1923) VIII-ab **(blz.101)**
Zorge, Johanna (*1871 - 1945) IX-x **(blz.75)**
Zorge, Johanna Abramina van (*1894) IX-ao,3 (blz.112)
Zorge, Johanna Maria (*1843, †1880) VIII-v **(blz.98)**
Zorge, Johanna Maria Fransisca (*1846) VIII-ad **(blz.101)**
Zorge, Johanna van (*1803) VI-f,7 (blz.106)
Zorge, Johannes (*1767) V-i,4 (blz.60)
Zorge, Johannes (*1798, †<1803) VI-b,8 (blz.62)
Zorge, Johannes (*1886) IX-ad **(blz.100)** ; X-l (blz.101)
Zorge, Johannes Wijnaldus (*1869 - 1870) VIII-c,6
Zorge, Johannes Willem X-f,5 (blz.74)
Zorge, Johannis (*1811 - 1853) VII-i **(blz.98)** ; VIII-y (blz.99) ; VIII-z (blz.99)
Zorge, Johannis Marinus van (*1879) VIII-aq,5 (blz.114)
Zorge, Jonah (*2004) XII-f,2 (blz.134)
Zorge, Joost Anthonisse van VI-f **(blz.105)** ; VII-n (blz.106) ; VII-o (blz.106)
Zorge, Joppa (*1848 - 1848) VII-f,8 (blz.71)
Zorge, Joppa (*1857) IX-a (blz.71)
Zorge, Josina (*1889) IX-bg **(blz.135)**
Zorge, Jozijntje (*1657) II-a,8 (blz.53)
Zorge, Julliet Margje Mariska (*2002) XII-o,4 (blz.88)
Zorge, Kaatje (*1779) V-t,1 (blz.136)
Zorge, Kathalina (*1882 - 1953) IX-aa **(blz.95)**

Zorge, Kornelia (*1864 - 1923)   IX-c **(blz.65)**
Zorge, Kornelis (*1786)   VII-k **(blz.103)**
Zorge, Krijn (*1844 - 1846)   VII-m,2 (blz.103)
Zorge, Krijntje (*1657)   II-b,4 (blz.57)
Zorge, Krijntje Hendrika (*1897 - 1976)   X-af **(blz.139)**
Zorge, Lauwerina van (*1786, †1833)   VII-q **(blz.112)**
Zorge, Lauwerina van (*1830, †1832)   VII-t,7 (blz.113)
Zorge, Lauwrina (*1730)   IV-d,5 (blz.59)
Zorge, Leendert (*1734)   IV-h,9 (blz.119)
Zorge, Leendert (*1740)   V-l,1 (blz.119)
Zorge, Leendert (*1862 - 1863)   VIII-c,3 (blz.64)
Zorge, Leendert (*1864)   VIII-c,4 (blz.64)
Zorge, Leendert Cornelis van (*1834)   VIII-ag **(blz.107)**
Zorge, Leendert Jansz (*1685)   IV-g **(blz.118)** ; V-l (blz.119)
Zorge, Leentje (*1884)   IX-bf **(blz.135)**
Zorge, Leentje (*1905)   IX-az,5 (blz.132)
Zorge, Leentje (*1907)   X-y **(blz.133)**
Zorge, Lena (*1758)   V-r,5 (blz.123)
Zorge, Lena (*1815)   VIII-g **(blz.67)**
Zorge, Lena (*1946)   XI-r **(blz.95)**
Zorge, Lena Jans (*1749, †<1786)   VI-n **(blz.121)**
Zorge, Lena Maria (*1876 - 1878)   VIII-ax,6 (blz.140)
Zorge, Lena Samuels   VI-k **(blz.120)**
Zorge, Leuntje (*1734)   IV-d,8 (blz.59)
Zorge, Levijna (*1711)   IV-b,3 (blz.54)
Zorge, Lieven (*1791)   VII-d **(blz.66)** ; VIII-g (blz.67) ; VIII-h (blz.67) ; VIII-i (blz.67)
Zorge, Lieven (*1791)   VI-b,4 (blz.62)
Zorge, Lijdia (*1816 - 1895)   VII-v **(blz.135)**
Zorge, Lijdia (*1838 - 1839)   VII-u,4 (blz.125)
Zorge, Lijdia (*1852 - 1885)   VII-u,10 (blz.125)
Zorge, Lijdia van (*1848 - 1922)   IX-am **(blz.110)**
Zorge, Lijsbeth (*1691)   III-f,1 (blz.58)
Zorge, Lowijntje (*1651)   II-a,5 (blz.53)
Zorge, Lucretia van (*1829)   IX-aj **(blz.109)**
Zorge, Luctretia van (*1796)   VII-p,3 (blz.108)
Zorge, Maatje (*1907)   X-t **(blz.131)**
Zorge, Maatje Johanna (*1875 - 1929)   IX-f **(blz.65)**
Zorge, Maatje van (*1806)   VI-f,8 (blz.106)
Zorge, Maatje van (*1826)   VIII-al **(blz.113)**
Zorge, Maetje (*1713)   V-d **(blz.55)**
Zorge, Magdalena Adriaanse (*1722)   V-f **(blz.55)**
Zorge, Maike (*1975)   XI-ae,1 (blz.134)
Zorge, Marc Reinier Rudolf (*1970)   XII-p **(blz.88)**
Zorge, Maria (*1698)   III-g,11 (blz.118)
Zorge, Maria (*1766)   V-i,3 (blz.60)
Zorge, Maria (*1813 - 1866)   VII-y **(blz.142)**
Zorge, Maria (*1825 - 1893)   VIII-j **(blz.68)**
Zorge, Maria (*1830 - 1835)   VII-f,3 (blz.71)
Zorge, Maria (*1831 - 1866)   IX-j (blz.66) ; VIII-y **(blz.99)**
Zorge, Maria (*1833)   VIII-s **(blz.97)**
Zorge, Maria (*1842 - 1842)   VII-w,8 (blz.137)
Zorge, Maria (*1861 - 1933)   IX-q **(blz.72)**
Zorge, Maria (*1873, †1873)   VIII-ax,5 (blz.140)
Zorge, Maria (*1885)   IX-ab **(blz.95)**
Zorge, Maria (*1887)   X-ae **(blz.139)**
Zorge, Maria (*1902)   IX-r,2 (blz.73)

Zorge, Maria Adriaanse (*1711)   V-c **(blz.55)**
Zorge, Maria Clasina (*1878)   IX-g **(blz.65)**
Zorge, Maria Reijerse (*<1735, †?-08-1759)   V-h **(blz.59)**
Zorge, Maria van (*1831, †1831)   VII-t,8 (blz.113)
Zorge, Maria van (*1865, †1865)   VIII-l,3 (blz.71)
Zorge, Marina (*1820)   VIII-ae **(blz.103)**
Zorge, Marina (*1869 - 1940)   IX-d **(blz.65)**
Zorge, Marinus (*1800, †<1805)   VI-b,10 (blz.62)
Zorge, Marinus (*1805)   VII-h **(blz.97)** ; VIII-v (blz.98) ; VIII-w (blz.98) ;
Zorge, Marinus (*1843 - 1892)   VIII-o **(blz.96)**
Zorge, Marinus (*1867 - 1943)   IX-s **(blz.73)** ; X-e (blz.74) ; X-f (blz.74) ; X-g (blz.74)
Zorge, Marinus Pieter   XI-e **(blz.74)**
Zorge, Marinus Samuel (*1883)   IX-i **(blz.66)**
Zorge, Marinus van (*1825, †1825)   VII-t,3 (blz.113)
Zorge, Marinus van (*1843 - 1892)   VIII-aq **(blz.114)** ; IX-ap (blz.115) ;
Zorge, Marinus Willem van (*1877 - 1878)   IX-ai,4 (blz.109)
Zorge, Marinus Willem van (*1883)   VIII-aq,8 (blz.114)
Zorge, Martina (*1848)   VIII-p **(blz.96)**
Zorge, Martina (*1869)   IX-w **(blz.75)**
Zorge, Martina (*1869)   VIII-r **(blz.96)**
Zorge, Martina (*1871)   IX-e **(blz.65)**
Zorge, Martina van (*1798)   VI-f,5 (blz.106)
Zorge, Martinus (*1714, †<1717)   IV-b,6 (blz.54)
Zorge, Martinus (*1717)   IV-b,8 (blz.54)
Zorge, Mattheus van (*1813)   VI-f,10 (blz.106)
Zorge, Maximiliaan (*1760)   V-j,4 (blz.102)
Zorge, Melle Harmen Anne (Mel) (*2006)   XII-p,3 (blz.89)
Zorge, Merel (*1978)   XII-e **(blz.134)**
Zorge, Nancy   XII-d **(blz.80)**
Zorge, Neal Shannon (*1975)   XII-z **(blz.95)**
Zorge, Neeltje   V-r,1 (blz.123)
Zorge, Neeltje (*1644)   III-a **(blz.53)**
Zorge, Neeltje (*1661)   II-c,4 (blz.117)
Zorge, Neeltje (*1842 - 1842)   VII-w,6 (blz.137)
Zorge, Neeltje (*1869)   IX-bj **(blz.140)**
Zorge, Neeltje (*1880)   IX-bd **(blz.135)**
Zorge, Neeltje (*1903 - 1993)   X-ak **(blz.141)**
Zorge, Neeltje Anthonetta van (*1893)   IX-ao,2 (blz.112)
Zorge, Nehemia (*1834 - 1866)   VIII-f **(blz.66)** ; IX-j (blz.66)
Zorge, Nicolaas (*1902)   IX-az,4 (blz.132)
Zorge, Nicolaas Willem (Nico) (*1939)   XI-i **(blz.83)**
Zorge, Owen Derek (*1970)   XI-q,1 (blz.95)
Zorge, Paulina van (*1828)   VII-o,1 (blz.107)
Zorge, Paulus (*1860 - 1944)   IX-bi **(blz.138)** ; X-ac (blz.139) ; X-ad (blz.139) ;
Zorge, Paulus (*1911 - 1911)   X-ad,1 (blz.139)
Zorge, Paulus Abraham van (*1907)   X-q **(blz.112)**
Zorge, Paulus van (*1784)   VII-p **(blz.108)** ; VIII-aj (blz.108) ; VIII-ak (blz.109)
Zorge, Paulus van (*1826)   IX-ai **(blz.109)** ; X-m (blz.109)
Zorge, Paulus van (*1843 - 1922)   VIII-ak,2 (blz.110)
Zorge, Petra   XI-g,1 (blz.79)
Zorge, Petronella Claziena (Nel) (*1949)   XI-n **(blz.92)**
Zorge, Petronella Louisa (*1918 - 1942)   IX-ad,1 (blz.100)
Zorge, Pieter (*1840 - 1841)   VII-m,1 (blz.103)
Zorge, Pieter (*1860 - 1928)   IX-n **(blz.71)** ; X-c (blz.72)

Zorge, Pieter (*1866, †<1870)   VIII-ax,2 (blz.140)
Zorge, Pieter (*1870 - 1956)   IX-bk **(blz.140)** ; X-ag (blz.141) ; X-ah (blz.141) ;
Zorge, Pieter Adriaans (*1749)   V-t **(blz.136)** ; VI-v (blz.136) ; VI-w (blz.136)
Zorge, Pieter Adrianus (*1807 - 1847)   VII-w **(blz.137)** ; VIII-aw (blz.138) ;
Zorge, Pieter Cornelis (*1943)   XI-k **(blz.87)** ; XII-o (blz.87) ; XII-p (blz.88) ;
Zorge, Pieter Jacobus (*1903 - 1986)   X-h **(blz.74)**
Zorge, Pieter Johannus van (*1909 - 1910)   IX-ak,2 (blz.110)
Zorge, Pieternella (*1864 - 1934)   IX-b **(blz.65)**
Zorge, Pieternella (*1899 - 1903)   IX-s,4 (blz.73)
Zorge, Pieternella Jacoba (*1888)   IX-ae **(blz.100)**
Zorge, Pieternella van (*1823, †1832)   VII-t,2 (blz.113)
Zorge, Pieternella van (*1833, †1833)   VII-t,9 (blz.113)
Zorge, Pieternella van (*1833)   VII-t,10 (blz.113)
Zorge, Pieternella van (*1841, †1844)   VII-t,15 (blz.113)
Zorge, Pietertje (*1714)   IV-g,4 (blz.118)
Zorge, Rachel (*1818 - 1874)   VIII-h **(blz.67)** ; IX-k (blz.67)
Zorge, Regina Amelia Pieternella (*1839)   VIII-a,1 (blz.63)
Zorge, Reijer (*1693, †<1698)   III-f,2 (blz.58)
Zorge, Reijer (*1764 - 1823)   VI-b **(blz.61)** ; VII-b (blz.62) ; VII-c (blz.63) ;
Zorge, Reijer (*1809 - 1839)   VIII-a **(blz.63)**
Zorge, Reinier (*1826 - 1891)   VIII-l **(blz.71)** ; IX-n (blz.72)
Zorge, Reinier (*1827 - 1872)   VIII-c **(blz.64)** ; IX-a
Zorge, Reinier (*1875 - 1929)   IX-z **(blz.76)** ; X-i (blz.76) ; X-j (blz.76) ;
Zorge, Reinier (*1935)   XI-g **(blz.79)**
Zorge, Reinier (*1943)   XI-q **(blz.94)** ; XII-z (blz.95)
Zorge, Reinier Jacob (*1881)   IX-h **(blz.66)**
Zorge, Reinier Johannes (*1845)   VII-h,2 (blz.98)
Zorge, Rhode Petra Carola (*1998)   XII-o,2 (blz.88)
Zorge, Rochus (*1668)   II-b,9 (blz.57)
Zorge, Rogier (Reijer) (*1698)   IV-d **(blz.58)** ; V-g (blz.59) ; V-h (blz.59) ; V-i (blz.59)
Zorge, Rogier (*1756, †<1759)   V-j,1 (blz.102)
Zorge, Rogier (Reijnier) (*1759)   VI-d **(blz.102)** ; VII-k (blz.103) ; VII-l (blz.103) ;
Zorge, Rogier (*1811)   VI-b,14 (blz.62)
Zorge, Rogier (*1843)   VIII-u **(blz.97)**
Zorge, Samuel (*1721)   V-n **(blz.119)** ; VI-k (blz.120) ; VI-l (blz.120) ; VI-m (blz.120)
Zorge, Samuel (*1801, †<1812)   VI-b,11 (blz.62)
Zorge, Samuel (*1812)   VII-j **(blz.101)** ; VIII-ac (blz.101) ; VIII-ad (blz.101)
Zorge, Samuel (*1838 - 1839)   VII-j,1 (blz.101)
Zorge, Samuel (*1841 - 1877)   VII-f,5 (blz.71)
Zorge, Sanne   XII-d **(blz.80)**
Zorge, Sara (*1757)   VI-p **(blz.121)**
Zorge, Sara (*±1830 - 1888)   VIII-d **(blz.64)**
Zorge, Sara (*1857 - 1913)   IX-bh **(blz.138)** ; X-aa (blz.138) ; X-ab (blz.138)
Zorge, Sara (*1862 - 1876)   VIII-ax,1 (blz.140)
Zorge, Sara (*1866 - 1868)   VIII-c,5
Zorge, Sara (*1876)   VIII-ax,7 (blz.140)
Zorge, Sara van (*1793, †1816)   VII-s **(blz.112)**
Zorge, Segerina (*1724)   V-q **(blz.123)**
Zorge, Segerink (*1733)   IV-j,7 (blz.123)
Zorge, Stoffelina (*1838 - 1922)   VIII-z **(blz.99)** ; IX-ac (blz.99)
Zorge, Susanne Marina   X-f,2 (blz.74)
Zorge, Suzanne (*1752, †±1753)   V-o,2 (blz.121)
Zorge, Suzanne (*1754 - 1818)   VI-o **(blz.121)**
Zorge, Suzanne (*1847)   VIII-w **(blz.98)**
Zorge, Suzanna (Suus) (*1937)   XI-h **(blz.81)**
Zorge, SYbilla van (*1793)   VI-f,1 (blz.106)

Zorge, Tanna (Janna) (*1729 - 1809)   V-p **(blz.121)** ; VI-q (blz.122) ; VI-r (blz.122)
Zorge, Tanna (*1756)   V-o,4 (blz.121)
Zorge, Tanner Philip (*2005)   XII-d,2 (blz.95)
Zorge, Tannetje Lucretia van (†1873)   IX-ai,1 (blz.109)
Zorge, Theodora Elizabeth (Thea) (*1941)   XI-j **(blz.83)**
Zorge, Tona   IV-f **(blz.118)**
Zorge, Tonis (*1695)   III-g,9 (blz.118)
Zorge, Tonis (*1718)   IV-g,5 (blz.118)
Zorge, Tonis Janse (*1629)   II-c **(blz.116)** ; III-g (blz.117)
Zorge, Toontje (*1691, †<1694)   III-g,7 (blz.118)
Zorge, Toontje (*1694)   III-g,8 (blz.118)
Zorge, Wilhelmina (*±1841 - 1908)   VIII-at **(blz.125)** ; IX-as (blz.125)
Zorge, Wilhelmina (*1896)   X-ag **(blz.141)**
Zorge, Willemina (Wil) (*1934)   XI-f **(blz.77)**
Zorge, Wilhelmina Cornelia   X-f,1 (blz.74)
Zorge, Wilhelmina Jacoba (*1907)   X-d **(blz.73)**
Zorge, Wilhelmina Maria (*1897)   X-c **(blz.72)**
Zorge, Willem   X-s,1 (blz.130)
Zorge, Willem   XII-d **(blz.80)**
Zorge, Willem (*1755)   V-r,3 (blz.123)
Zorge, Willem (*1762 - 1822)   VI-t **(blz.124)** ; VII-u (blz.124) ; VII-v (blz.135)
Zorge, Willem (*1763 - 1822)   VI-e **(blz.104)**
Zorge, Willem (*1794)   VII-l **(blz.103)** ; VIII-ae (blz.103) ; VIII-af (blz.103)
Zorge, Willem (*1833, †<1835)   VII-w,2 (blz.137)
Zorge, Willem (*1835 - 1894)   VIII-ax **(blz.140)** ; IX-bj (blz.140) ; IX-bk (blz.140)
Zorge, Willem (*1842 - 1843)   VII-u,6 (blz.125)
Zorge, Willem (*1845 - 1936)   VIII-av **(blz.131)** ; IX-az (blz.131) ; IX-ba (blz.132)
Zorge, Willem (*1882)   IX-ax **(blz.130)** ; X-s (blz.130) ; X-t (blz.131)
Zorge, Willem (*1897)   X-u **(blz.132)**
Zorge, Willem (*1907 - 1976)   X-j **(blz.76)** ; XI-f (blz.77) ; XI-g (blz.79) ;
Zorge, Willem (*1958)   XI-p **(blz.94)**
Zorge, Willemina (*1845 - 1846)   VII-i,5 (blz.99)
Zorge, Willemina Pieternella (*1793)   VI-e,2 (blz.104)
Zorge, Willemina van (*1837, †1838)   VII-t,13 (blz.113)
Zorge, Willemina van (*1839, †1v. Chr.)   VIII-ap **(blz.114)**
Zorge, Willie   X-x **(blz.133)**
Zorge, Wouter (*1649, †<1655)   II-a,4 (blz.53)
Zorge, Wouter (*1720)   IV-b,10 (blz.54)
Zorge, Wouter Adriaanse (*1655, †>1717)   III-c **(blz.55)** ; IV-c (blz.56)
Zorge, Wouter Cornelis van (*1875)   III-e **(blz.57)**
Zorge, Ynske (*1979)   XII-h **(blz.135)**
Zorge, Yuri (*1972)   XII-g **(blz.134)** VIII-aq,2 (blz.114)
Zorge, Wouterijntje Cornelisse (*1660)

Gegenereerd met Aldfaer versie 4.2

Kwartierstaat Melle Harmen Anne Zorge

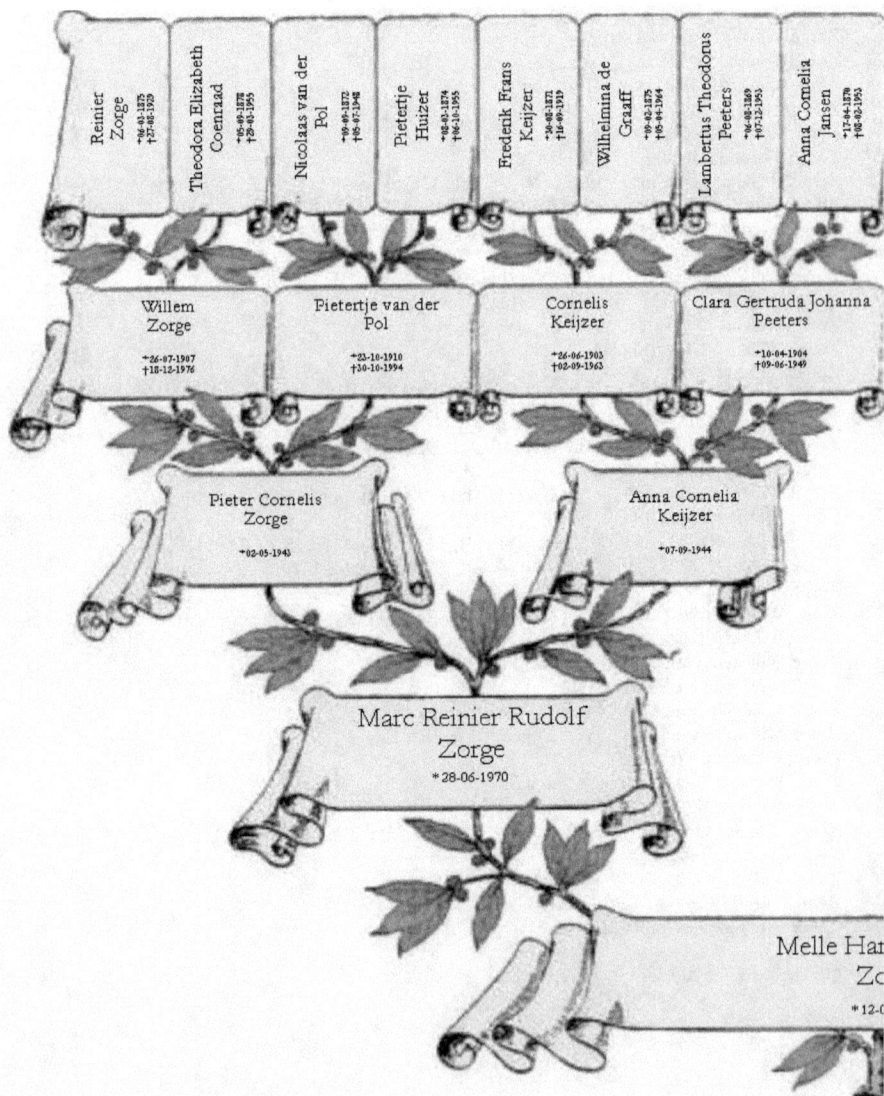

| Reinier Zorge *06-03-1875 †27-08-1929 | Theodora Elizabeth Coenraad *05-09-1878 †28-02-1955 | Nicolaas van der Pol *09-09-1872 †05-07-1948 | Pietertje Huizer *08-03-1874 †06-10-1955 | Fredrik Frans Keijzer *30-08-1871 †16-09-1919 | Wilhelmina de Graaff *09-02-1875 †05-04-1964 | Lambertus Theodorus Peeters *06-08-1869 †07-12-1953 | Anna Cornelia Jansen *17-04-1870 †08-02-1953 |

| Willem Zorge *26-07-1907 †18-12-1976 | Pietertje van der Pol *23-10-1910 †30-10-1994 | Cornelis Keijzer *26-06-1903 †02-09-1963 | Clara Gertruda Johanna Peeters *10-04-1904 †09-06-1949 |

| Pieter Cornelis Zorge *02-05-1943 | Anna Cornelia Keijzer *07-09-1944 |

Marc Reinier Rudolf Zorge
*28-06-1970

Melle Har
Z
*12-0

Harmen van Twillert
*21-06-1905
†06-09-1909

Hendrikje de Graaf
*04-12-1908
†19-09-2000

Willem van de Geest
*09-02-1898
†19-01-1961

Trijntje Huijgen
*14-09-1901
†19-01-1994

Tijmen Koelewijn
*06-10-1899
†15-02-1978

Hilletje van Halteren
*01-06-1898
†11-01-1909

Hendrik van de Groep
*22-10-1887
†28-12-1956

Marretje Ruizendaal
*16-01-1890
†28-03-1971

Lammert van Twillert
*28-06-1927
†17-06-2004

Aartje van de Geest
*04-01-1929
†22-08-2005

Tijmen Koelewijn
*06-06-1923
†05-04-2008

Lutje van de Groep
*28-08-1920
†30-10-2006

Harmen van Twillert
*08-05-1951

Hilletje Koelewijn
*06-12-1954

Astrid Mathilde van Twillert
*11-09-1974

rmen Anne
orge
07-2006

Notities